大学国际化:理论与实践
编委会

主　　任: 郝　平

副 主 任: 李岩松

委　　员:(以姓氏笔画为序)

丁建民　丰镇平　田立新　朱国斌　邹亚军
沈肖肖　严良瑜　张梦萍　张素梅　张　毅
洪成文　唐　忠　高鹏飞

执行编委: 过祖贤

·北大高等教育文库·
高教论丛

大学国际化
理论与实践

中国高等教育学会引进国外智力工作分会/编

DAXUE GUOJIHUA
LILUN YU SHIJIAN

北京大学出版社
PEKING UNIVERSITY PRESS

图书在版编目(CIP)数据

大学国际化:理论与实践/中国高等教育学会引进国外智力工作分会编.—北京:北京大学出版社,2007.11
(北大高等教育文库·高教论丛)
ISBN 978-7-301-13097-1

Ⅰ.大… Ⅱ.中… Ⅲ.高等教育-国际化-文集 Ⅳ.G648.9-53
中国版本图书馆CIP数据核字(2007)第172918号

书　　　名:大学国际化:理论与实践
著作责任者:中国高等教育学会引进国外智力工作分会　编
责 任 编 辑:泮颖雯
标 准 书 号:ISBN 978-7-301-13097-1/G·2248
出 版 发 行:北京大学出版社
地　　　址:北京市海淀区成府路205号　100871
网　　　址:http://www.pup.cn　　电子信箱:zyl@pup.pku.edu.cn
电　　　话:邮购部 62752015　发行部 62750672　编辑部 62767346
　　　　　　出版部 62754962
印 刷 者:三河市新世纪印务有限公司
经 销 者:新华书店
　　　　　787毫米×980毫米　16开本　20印张　301千字
　　　　　2007年11月第1版　2007年11月第1次印刷
定　　　价:28.00元

未经许可,不得以任何方式复制或抄袭本书之部分或全部内容。
版权所有,侵权必究
举报电话:(010)62752024　电子信箱:fd@pup.pku.edu.cn

目　录

序言 / (1)

理 论 篇

建设创新型国家,进一步加强引进国外智力的工作 / (3)
关于高等教育国际化的若干基本问题 / (8)
依附、借鉴、创新?
　　——中国高等教育学科建设之路 / (28)
对高等教育国际化的几点认识 / (41)
国际化·现代化·本土化
　　——新世纪高等学校的办学方向 / (45)
国际文化交流是大学的第四项基本职能 / (55)
对大学国际化与国际影响的一点理解 / (62)
高等教育国际化的多视角分析 / (70)
再谈高等教育国际化 / (78)
论我国大学的国际化 / (92)
大学国际化动因分析及途径研究 / (100)
大学国际化趋势及其实施路径 / (109)
面向未来,推进中国高校国际化进程 / (115)
大学国际化与中国高等教育的战略选择 / (120)
大学国际化趋势下的大学国际交流工作 / (127)
高等教育国际化趋势与对策 / (133)
教育国际化与日本高等教育理念的嬗变 / (138)
借鉴香港经验,推进内地大学国际合作与交流 / (146)

面向全球发展的大学多边合作模式探索
　　——AGS模式分析与启示 /（154）
立足特色,把握机遇,推进高校国际交流与合作 /（161）
试论大学国际化进程中的跨文化管理 /（168）
浅析高校外籍教师管理中的文化冲突与对策 /（175）
引智工作新思考 /（181）

实　践　篇

国际化视野下的中法高教合作模式
　　——以同济大学为例 /（189）
大学国际化的实践与展望 /（196）
推进高等教育国际化的和谐发展
　　——复旦大学的探索、实践和认识 /（204）
从上海交通大学与美国密歇根大学的合作
　　论提升国际化办学水平 /（212）
高等教育国际化和香港城市大学的经验 /（223）
国际合作交流的模式应该有所创新 /（234）
南京大学的引智创新工作 /（240）
挑战、探索、实践 /（246）
以国际化推动厦门大学走向世界 /（253）
交大百年　引智百年
　　——北京交通大学引智历史简述 /（261）
北京大学聘请外籍教师的实践 /（272）
加强智力引进平台的建设,为创新型大学服务
　　——"十五"期间浙江大学引进国外智力工作的回顾和思考 /（283）
明确定位,充分发挥国际合作与交流处在高校引智工作中的主导作用
　　——吉林大学引智工作的经验和体会 /（290）
高等教育国际化视野下的学生跨国流动 /（297）
编后记 /（309）

序　言
国际化挑战与中国大学的战略选择

许智宏*

欣闻《大学国际化：理论与实践》一书即将出版，编委会约我写几句话，借此机会，我想谈谈对国际化带来的挑战以及中国大学应当做出的战略选择的看法，与读者、同行交流，忝作序言。

在这一国际化时代，人们越来越相互依赖。对于大学而言，传统的、以"学术寂寞"为重要特征的学院教育，已经被大规模的留学生扩招、高密度的国际学术会议、跨越国界的科学研究与人才培养、各种区域性和全球性的大学联盟组织所取代。大学与政府、大学与市场、大学与社会，这些关系都发生了变化。国际化已经渗透到了大学的人才培养、学科建设、课程设置、师资队伍建设、学生管理和人员交流等各个方面。

当今世界各地，都在讨论国际化问题。我国作为全世界最大的发展中国家，现代大学的历史还只有一百多年，对于中国的大学，国际化究竟意味着什么？在国际化的背景下，我们又应该怎样规划和管理我们的大学？

国际化给我们带来了巨大的发展机遇。比如，我们可以与发达国家的一流大学共享课程与师资，这样可以帮助我们快速提升教学水准；我们可以帮助教师和学生增加在国外学习生活的经历，使他们的视野更加开阔；我们可以吸引更多的外国留学生，使我们的校园更加多元化；等等。这些机遇，大家充分地认识到了。我希望强调的是，国际化同时也给中国大学带来了巨大的挑战。

第一个挑战是，国际化对大学办学传统和特色的影响。国际化并不意味着全世界的大学都要成为一种模式，但它隐含着这样的危险：许多

---

* 许智宏：北京大学校长，中国科学院院士。

国家和地区都在不约而同地借鉴美国的大学模式。但是,我们必须注意,美国模式并不是唯一成功的模式,何况美国的大学也不是按一个统一的模式发展的。我们要广泛学习各国的成功经验,并且保存和发扬我们自己的传统。

　　大学国际化,导致了不少统一标准的形成。在某些学科领域,如经济学、管理、医学、工程科学等,制定全球统一的入学标准、实施统一的课程模式、颁发统一认可的资格证书,已经在许多国家成为现实。近年来,MBA、MPA等所谓世界课程(world program)的发展便反映了课程全球化的典型发展趋势。在某种意义上,这些课程已经超越了各国之间政治、经济、文化和教育制度等方面的差异,成为全球标准统一的课程。但是,这是否会影响到大学的办学特色呢?

　　第二,大学国际化的结果之一,是大学与社会的互动关系更加密切,大学成为社会中最活跃的一个因素。大学研究知识、发现知识,并且传播知识。市场规律和社会需求对大学的发展产生越来越大的影响。大学随着社会的发展变化而发展,并从社会的边缘走到了社会的中心。于是我们看到,在各个大学,法学院、商学院、工学院以及其他管理应用类的学科快速发展,招收大量的优秀学生,而传统的学科——比如中国大学的文史哲学科,受到了市场的严峻挑战,因为选择这些学科,可能意味着终生的清贫与寂寞。市场化的趋势,对大学的传统使命形成了挑战:我们能否坚守学术的独立、自由与尊严?

　　第三,必须承认,当今的大学国际化越来越受到经济全球化浪潮的影响,越来越受商业利润和经济利益的驱动,各国在留学生生源、跨国教育等方面的国际竞争日益激烈。在竞争中,发达国家处于优势地位,每年仅留学生带来的经济收入就非常可观,另一方面,又造成了发展中国家大量优秀人才的流失。这样的现象,是不利于世界的和谐发展的,也是我们不得不认真应对的巨大挑战。

　　面对大学国际化带来的这些机遇与挑战,中国大学必须积极地进行制度变革,努力追求"规模、结构、质量、效益"的协调发展,这是我们参与全球高等教育竞争的必然选择。

　　在这里,我想简要地说明,我国大学在国际化挑战中应当做出的战略选择。

首先，我国大学应当积极参与大学国际化，但是必须坚持大学的传统与特色，坚持独立的自身价值体系。大学不能自外于社会的发展潮流，也不能忽视市场的需求，大学需要努力去适应社会发展的需求。但是，我们不能把办学等同于商业行为。大学自治、学术自由，仍然是当代大学理想的精髓。大学不是温度计，不能对社会每一种流行的风尚都做出反应。大学基于相对独立的价值体系，与社会保持一定的距离，保持理性批判的立场，只有这样才能够永葆理性精神。

其次，我国大学要在大力发展交叉学科、边缘学科和应用型学科的同时，继续高度重视基础学科的发展。面对功利化的挑战，我认为，大学必须处变不惊、理性应对。要大力发展交叉学科、边缘学科，必须有坚实的基础学科作为支撑。应用型学科当然应该大力发展，而且需要我们投入更多的资源。但是，一流的大学教育，应该寻求"通才"与"专才"、"理论"与"实践"的平衡。宽厚的基础知识和扎实的基础研究能力是人才的根基，大量的尖端技术和重大发明并非来源于发明创造的实用目的，而是来源于对基础知识和科学探索的追求和激情，体现着科学精神、科学方法、思维创新及求实态度的升华。因此，一流的大学教育，必须重视厚积薄发的基础学科，重视学术的文化价值、思想价值和精神价值。

再次，我国大学要在继承自身文化传统的前提下，努力成为跨文化交流的"共同体"。伴随着大学国际化程度的提高，各个大学参与全球竞争的压力越来越大。世界范围的大学的交流，本质上要求各领域的教育和人才培养要有助于更好地理解世界问题，理解高素质人力资源的作用，以及不同文化和价值观念中共同生存的必要性。在继承大学自身文化传统的前提下，我国大学应更多地参与国际竞争，同时应增强国际理解、和平文化的教育理念，共同为促进全球高等教育的发展而作出我们的贡献。

一流大学的国际化既要继承又要借鉴，弘扬本民族和大学长期积淀的优良传统和文化遗产，吸收国外高等教育的先进经验和文化精粹，既要反对跨文化交流中的"种族中心主义"(ethno-centralism)，也要反对片面模仿某一种模式而失去特色。我们主张互补共享，增进合作，弥合发展中国家与发达国家之间高等教育的差距，真正建立起以共同目标、共同利益、相互尊重和相互信任为基础的国际教育合作关系，服务于已初见端倪的知识社会。

　　国际化是双向的,要改变大量留学生单向"出口"、长期"顺差"的局面,我国大学要成为跨文化交际的"共同体",就要增强优势,大批吸收"进口"的留学生,以增加本国学生接触异质文化的机会,使其在各种文化的碰撞和融合中获得解决文化冲突的能力。因此,我们的大学教育应开阔国际视野,加强全球伦理、道德责任、环境保护、种族平等、全球福祉以及对多元文明的理解等国际理念的教育,培养具有"世界眼光的人才"。

　　中国政府倡导,要建设一个和谐的世界。而我认为,在实现文明的和谐与共同繁荣的使命的过程中,大学将扮演不可或缺的重要角色。

　　大学国际化已成为当今世界一股强大的潮流,而我们对它的研究刚刚开始,任重而道远。我期盼着中国高教学会引进国外智力工作分会在组织这一课题研究方面取得更为丰硕的成果。

理论篇

建设创新型国家,进一步加强引进国外智力的工作

周远清　张晋峰[*]

2005年10月,胡锦涛总书记在中国共产党十六届五中全会上明确提出建设创新型国家的战略思想。2006年1月,胡锦涛总书记又代表党中央在全国科学技术大会上提出,要坚持走中国特色自主创新道路,用15年左右的时间把我国建设成为创新型国家。建设创新型国家的问题,是在我国"十一五"规划编制过程中,经过许多领导、专家、学者认真研究了世界上众多国家的发展道路,也联系了我国多年来所走过的道路,在新的起点上探索出来的发展思路。现在,这一发展思路已经成为党和国家的具有指导性的重大战略思想。

建设创新型国家是一个国家在现代化建设进程中所选择的发展道路。学术界认为,现在,世界上的各个国家发展的道路主要有三种模式:资源型,即主要依靠国内丰富的资源来发展,例如中东地区的一些国家;依附型,即主要依靠发达国家的资本、技术来发展,例如拉美地区的一些国家;创新型,即主要依靠自主技术创新,大幅度提高科技创新能力,从而形成强大的国家竞争力优势,例如美国、日本、韩国等二十几个国家。

改革开放以来,我国的经济发展突飞猛进,已经成为世界上最大的经济体之一。但我们必须看到,多年以来,我们更多地注意的是GDP的增长,实际上走的是一条依赖资金高投入、资源高消耗的路子。与欧美发达国家相比,我国每创造1美元的国内生产总值的能源消耗是他们的4—10倍,我国33种主要产品的单位能源消耗量比国际平均水平要高出46%。在我国GDP高速增长的背后,我们不仅消耗了大量不可再生的

---

[*] 作者简介:周远清,原教育部副部长,中国高教学会会长;张晋峰,中国高教学会副会长兼秘书长。

资源,而且也造成了很多环境污染问题和对环境污染治理不力的问题。目前,我国对外技术依存度高达50%,而美国、日本等国家仅为5%左右。因此,我国现在虽然被称为"世界工厂","中国制造"的商品已经销往全球的各个角落,但是,由于我们并不掌握所生产的大多数商品的核心技术,仅能得到少得可怜的一点加工费。相反,我们需要的一些高科技产品,常常被美国等一些国家以各种借口拒售。要避免依赖于人、受制于人,必须走创新型国家的发展道路。其次,我们也应该看到,正如有的专家提出的那样,一个国家在GDP人均1 000美元以下的时候,经济增长方式一般是引进、仿制、利用先进国家已有的技术。但是,当GDP人均1 000美元以上的时候,就要逐渐走引进、消化、吸收或者创新的道路。现在,我国的GDP人均值已经达到2 000美元左右,因此,必须重新思考自己的发展道路,以建设创新型国家作为自己奋斗的目标。再次,我们还应该看到,当今世界,知识经济时代已经到来,经济全球化的趋势正在深入发展。如何应对知识经济时代的到来和经济全球化发展所带来的机遇和挑战,是世界各国所关注的问题,中国也不能例外。中国是一个发展中的人口大国,人均资源相对贫乏,想要依靠别人来发展一个拥有十几亿人口的大国是绝无可能的。要在以现代科学技术为主导的知识经济时代实现现代化,发展自己的国家,只能走自主创新的发展道路,因为知识经济的本质就是创新。同时,在中国于2001年底正式加入世界贸易组织后,将更深入地融入经济全球化的进程之中。要使我们的国家在经济全球化的浪潮中不仅不落在后面,而且能够逐渐走在前列,甚至引领这一浪潮,也必须使自己走上建设创新型国家之路。

建设创新型国家的奋斗目标提出来后,高等教育如何与之相适应的问题也立即提了出来。这一问题需要研究的课题很多。在此,仅想强调一个问题,就是必须要有一个更加开放的高等教育。

首先,这是总结历史经验得出来的一种认识。回顾我国改革开放将近30年的历史,我们不能不承认:我国高等教育能有今天,在很大的程度上,得益于开放,得益于我们大力加强了引进国外智力的工作和国际教育科技的交流与合作。当年,小平同志提出要派遣留学生时,有些同志还担心,派出去的学生会不会不回来?他们人虽回来了,但是满脑子都是资本主义思想,我们该怎么办?后来,小平同志反复强调,我们要成千成万地派遣,大量地派遣留学生,这项工作才比较好地开展起来。现在,历史已经证明了这样做的正确性。例如,在 2005 年度国家自然科学奖获奖项目的第一完成人中,有 73.7% 是"海归派";在国家技术发明奖和科技进步奖的完成人中"海归派"也都占到 30% 左右。中国科学院院士中有 81%、中国工程院院士中有 54% 都有海外留学的经历。有关部门去年统计,大学的校长中很大一部分是留学回来的。现在,各个大学也都在采取各种形式吸引海外留学人员。

其次,建设创新型国家要求我国的高等教育更加开放。这里首先必须明确,自主创新与自力更生是有一定区别的。在抗日战争最艰苦的年代里,面对日本侵略者和国民党顽固派的封锁,我们党在抗日根据地提出了"自力更生、艰苦奋斗"的口号。但是,并没有拒绝来自国内外各方面的援助,相反,我们党领导根据地人民进行了各种努力力图逐渐打破这种封锁。在新中国成立后的一段时间里,面对西方资本主义世界对我国的全面经济封锁,面对前苏联从我国撤走专家、撕毁有关协议,党和国家不得不再一次强调"自力更生"。但是,党和国家同时又采取种种措施,排除"左"的干扰,努力打破封锁。当时发生的邀请尼克松总统访华一事就是一个典型。关起门来搞建设不行,这已经被历史所证明。正因为如此,在党的十一届三中全会后,小平同志高瞻远瞩地将"开放"作为党的基本路线中的"两个基本点"之一明确提出来。今天,我国面对的国际环境已经发生了极大的变化,开放已经成为不可阻挡的世界潮流。在这样的条件下,我们强调自主创新,绝不是想退回去关起门来进行创新,而是要最充分地利用世界上一切能够利用的科学技术、知识成果来为我们的自主创新服务。为此,适应建设创新型国家的要求,就需要我们努力建设一个更加开放的高等教育,进一步提升我国高等教育的开放水平。

更加开放的高等教育有其深刻的内涵,其中一个极为重要的方面就是:充分利用当前有利的国际环境,抓住我国进一步扩大开放所带来的机遇,大大推进引进国外智力工作,推动我国高等教育的改革和发展。

引进国外智力工作应该说是我国的一贯方针,从新中国一诞生,我们就重视引进国外智力的工作。但是,当时由于以美国为首的西方资本主义国家对我国进行全面封锁,同时,也由于新中国刚刚建立,我们还不清楚应该如何建设社会主义,所以,在引进国外智力工作上,我国也采取了"一边倒"的方针,主要倒向当时的社会主义国家——苏联和东欧。当时,学习苏联教育经验,从苏联和东欧引进国外智力,虽然存在一些问题,但是,对我国社会主义高等教育体系的建立,起了积极的作用。

党的十一届三中全会后,我国实行改革开放的方针,高等教育的引进国外智力工作也进入一个新的发展阶段。高等教育战线在党的十一届三中全会的路线方针指引下,观念不断更新,对外教育国际交流与合作和引进国外智力工作有了长足的发展。例如,自 1978 年至 2004 年,我国各类出国留学人员总数 81.49 万人,出国留学去向国 108 个,留学回国人员 19.79 万人。再如,2004 年,我国各级各类学校(主要是高等学校)共聘请各类长、短期外籍教师 34 202 人次,用于聘请外籍的总经费为 56 536 万元。其中,仅教育部直属高校聘请的各类长、短期外籍教师就达到 14 898 人次。我们还积极推动了教育高层领导和学校领导、学者的互访,积极促进了教育的双边及多边的国际合作与交流的全面发展,积极参加并直接承办教育国际会议,积极参加教育国际组织的活动并派出代表参与领导工作。我国的高校与国外(海外)高校积极发展校际间的关系,不少高校与国外高校建立的校际关系数以百计,特别是北京大学、清华大学等著名学校已经成为引进国外智力的重要基地和窗口。

然而,我们也必须看到,引进国外智力工作仍然是高等教育改革与发展中的一个薄弱环节。我们要在建设创新型国家中发挥更大的作用,作出更大的贡献,必须进一步提升我国高等教育的开放水平,必须使我们的引进国外智力工作尽快上一个新的台阶,有更大的发展。

首先,我们应该进一步转变观念,提高对引进国外智力工作的认识。进入 21 世纪后,经济全球化的趋势增强,科技革命迅猛发展,产业结构调整步伐加快,国际竞争更加激烈。这一大的背景,为我们做好引进国外智力工作,既提供了良好的机遇,又带来了严峻的挑战,我们要把进一步做好引进国外智力工作作为一项战略任务来对待。我们还要看到,经过 20 多年的改革开放,我国的综合国力有了很大提高,我国的高等教育的改革与发展有了突破性进展,这些,又为我们加大引进国外智力工作的力度、提高引进国外智力工作的层次,提供了过去所不能比拟的良好的国内环境和基础条件。

其次，我们必须加强基础性工作，为更大规模、更高层次地引进国外智力创造更好的条件。北京大学、清华大学等著名学校成为我国引进国外智力的重要基地的现实表明，加强自身建设，做好基础性工作，提高我国高等教育的质量和水平，建设一批具有国际竞争力的高水平大学，使之成为培养、吸引、使用、交流人才的基地，这实为一项迫在眉睫的任务。没有高质量的高等教育，也就没有高水平的人才和智力的引进；没有高水平的引智工作，也就很难有高质量的高等教育。

第三，我们不仅要进一步扩大引进国外智力工作的规模，而且，更要提高引进国外智力的层次和结构。引智工作也有个与时俱进的问题，不能只是同一水平的简单重复，或者只是简单的数量上的增长。引进国外智力工作，必须根据我国高等教育自身不断发展，不断提高引进国外智力工作的层次，改善引进国外智力工作的结构。例如，在聘请外籍教师问题上，长期以来，语言类教师一直占有较大的比重。现在，有了改变这种状况的条件了。再有，我们自己举办的和出国参加的国际会议，与国外高校建立校际关系和开展合作与交流活动等等，也有一个提高层次的问题。如果，我们在引进国外智力工作的层次和结构方面有较大提高，特别是着力于我们想要重点突破的学科和专业，以及重大项目上，就可能不仅仅使我们的某些学科和项目出现跨越式飞跃，而且，能够推动我国高等教育整体水平的快速提高。

第四，我们要进一步加强引智工作的信息服务，完善引智成果的推广机制，大力提高引进国外智力工作的效益。前面提到，我们的引智工作存在低水平重复、效益不高的问题。这里，既有指导思想上的问题，也有信息渠道不畅、引智成果得不到及时推广的问题。鉴此，我们必须加强引智工作的信息服务，不断完善引智成果的推广机制，提高引智效益。

做好引进国外智力工作，不仅各级政府要加强领导，要有国家外国专家局等业务部门的支持和指导，要有教育行政部门和各高等学校的努力，而且，要充分调动高等学校的广大教职工的积极性，发挥相关群众性学术团体的作用。我们衷心希望，引进国外智力工作分会的建立，能进一步推进群众性的引智工作方面的科学研究，推动高校间的联合科研攻关和引智工作经验的交流与推广，推动相关人员的理论素质和业务能力的提高，为高等教育的引进国外智力工作的新发展做出积极的贡献！

关于高等教育国际化的若干基本问题

陈学飞*

自 20 世纪 90 年代以来,由北美、西欧、澳洲以及日本等发达国家和地区率先起步,拉美、亚洲、非洲不少发展中国家积极参与,形成了一股前所未有的世界性的高等教育国际化潮流。

在这股浪潮的推动下,一些国际组织、不少国家的政府或非政府组织以及高等学校发起了对高等教育国际化问题的研究、讨论,以期采取相应的对策。例如,1992 年秋天,由美国麻省理工学院(MIT)等院校发起,召开了"美国高等教育面临的国际挑战"专题研讨会。会上,MIT 校长和斯坦福大学荣誉校长理查德·莱曼(Richard W. Lyman)等人都明确提出,国际化已经成为高等教育发展所面临的关键性主题。他们甚至提出要把创办"全球大学"(Global University)作为未来发展的目标。

日本早在 1974 年中央教育审议会的咨询报告中就提出"国际化时代的教育"问题。1984 年到 1998 年的日本临时教育审议会提出的几次咨询报告,都把教育适应国际化的需要列为重要课题之一。

在欧洲,经济合作与发展组织在 1993 年 11 月和 1995 年 11 月先后召开了两次高等教育国际化的学术讨论会。会议认为高等教育国际化已从边缘逐渐变成了高等学校管理、规划、培养目标和课程的一个中心因素。

进入新世纪,推进高等教育国际化在很大程度上已经成为了人们的一种共识。2004 年 8 月,我国教育部举办"中外大学校长论坛",高等教育国际化是其中的一个重要主题。美国哥伦比亚大学校长伯林格(Lee C. Bollinger)甚至呼吁:全球化正在迅速而彻底地改变着世界,大学应

---

* 作者简介:陈学飞,北京大学教育学院常务副院长,教授、博士生导师,中国高等教育学会学术委员会委员,研究领域为比较高等教育、外国高等教育史、中国高等教育、高等教育政策。

当立即采取行动,进行根本性变革①。

一、高等教育国际化的动力

高等教育国际化的迅速发展,来源于种种力量的推动。这些力量主要有:

1. 政治力量

正如著名学者阿拉丁(Alladin)所说:"教育可以被看作是'外交政策的第四个层面',它可以提高一个国家的形象。"②他认为教育合作是外交政策投资的一种形式,可以为以后的国家关系带来好处。因为许多出国留学的学生来自本国最有能力的那部分人,他们学成回国后将处于领导或有影响的地位。他们在留学所在国学到的知识,以及他们在异国生活过程中所受到的政治观点、文化、价值观的影响,将会在他们日后的生活中起到一定的作用。许多国家向在本国学习的外国留学生提供奖学金就是基于此种考虑。拿德国的情况来说,罗洛夫斯(Roeloffs)宣称,德国和法国学术交流的动力是关于德法关系的政策——旨在恢复、合作和结合。③ 最近,美国国际外交顾问委员会(Advisory Commission on Public Diplomacy)在《21世纪的国际外交》中指出:"对外交流和培训对美国的对外关系有着直接的和多重的影响,是其最有价值的工具之一。"④ 如联合国前副秘书长明石康就是一位富布赖特(Fulbright)学者,日本现任七名国会成员及日本两家最大的银行总裁也是受过富布赖特项目(Fulbright Program)栽培的人。另外还有5 000多人受益于《富布赖特法案》,并把他们所经历的美国生活带回了日本的院校、政府部门、商业和民间组织中。⑤ 这些人无疑对美日关系起到了不可忽视的作用。日本的情况也是如此,战后日本的经济力量和国际地位逐步提高,其大国意识也不断增长,要从"经济大国"走向"政治大国",甚至成为"国际国家",为了实现这一目标,日本政府和教育界把培养"国际社会所需要的日本

---

① 光明日报.2004-8-10.
②③④ Hans de Wit. Strategies for Internationalisation of Higher Education. Amsterdam: European Association for International Education,1995:11.
⑤ 王凌飞译.富布赖特计划的韬略、世界教育信息,1997(8).

人"作为国内教育的课题,并强调在社会上广泛进行"国际化"的教育。

2. 经济全球化和经济利益的驱动

在高等教育国际化的诸多动力中,最直接的驱动力之一就是经济利益的刺激。因为教育的国际化对技术的进步和经济的发展有着显著的促进作用。"二战"后,尤其是冷战结束后,国际经济形式发生了重大的变化,加快了区域化和集团化的趋势,并迅速向全球化的方向发展,各国经济的增长越来越依赖于参与国际经贸大市场的程度。世界经济和贸易全球化的走向促使各国的高等教育必须培养出精通世界经济贸易、生产和管理的复合型人才。如国际教育交流委员会(CIEE)和教育测验服务中心(ETS)制定的"全球能力方案"(Global Competence Project)指出:要强调全球能力的确认和测量以及设计能够提高国际技能的教育的重要性。[①] 各国政府大力促进高等教育国际化的进程,不仅是为了培养出能够参与世界经济市场竞争的合格人才,更希望通过高等教育的国际交流,谋求较好的国际关系,为国家带来直接和长远的经济利益。如澳大利亚就十分重视与亚太地区的经济联系,目前在澳留学的外国学生中,有55%是亚洲学生。[②] 澳舆论认为,外国留学生在澳学习,有利于增强亚太地区国家对澳的信任和理解,能够扩大澳大利亚与迅速发展中的亚太国家在经贸方面合作的机会。事实证明,澳大利亚的高等教育国际化对近年来澳与亚太地区国家经贸关系的发展,确实起到了重要的促进作用。美国更是从其高等教育国际化中受益匪浅,据美国改进中学后教育基金会主席的估计,外国留学生每年可给美国带来 33.5 亿美元的财富。[③] 每年都有很多外国留学生学成后留在美国工作,仅这些人的培养费而言,每年就可以给美国节省一大笔钱,尚不算这些人每年给美国社会创造的财富。

---

① Hans de Wit. Strategies for Internationalisation of Higher Education. Amsterdam: European Association for International Education,1995:10.

② 冯军,褚晓丽. 澳大利亚积极推进本国高等教育国际化的启示. 吉林教育科学:高教研究,1997(9).

③ K. H. Hanson and J. W. Meyerson. International Challenges to American Colleges and Universities. American Council on Education,1995:20.

3. 文化交流与教育本身发展的要求

从文化交流的角度来说,世界发展到今天,国际化和全球化的趋势越来越明显,和平与发展的主题呼吁各国家民族之间的相互了解和理解,文化的交流是这种相互理解的重要基础。而高等教育国际化具有文化的功能,因为高等学校是一种和谐地生产、传递和再生产文化的机构,而且这种生产、传递和再生产通过反映国家和个人生活中的文化的角色和功能来完成。正是因为这个原因,费德李科·梅奥(Federico Mayor)指出:"欧洲大学的文化功能不仅把人文主义的研究结合起来,而且把它的国际层面结合起来。在当今世界,提高社会和人们相互依赖的意识,必须成为大学的基本功能之一。"[①]最近,加拿大大学和学院协会(AUCC)做的一项调查发现,一些大学推进国际化进程的主要目的是增加学生国际性、跨文化的知识和技能,以及促进有关国家间文化、经济、环境、政治等方面互相依存的研究。[②]

从高等教育自身发展规律的角度来说,国际化是高等教育本身发展的要求。因为任何国家的高等教育都具有本土性,同时也具有国际性。在人类活动范围日益走向全球化的今天,高等教育的国际性变得越来越突出,越来越重要。在当今社会,学生对知识的要求已经超越了国家的疆界,越来越渴望了解其他有关国家和民族的知识,获得在国际市场参与竞争的知识技能;学者们在学术上要不断进步和创新,就必须参与国际交流与合作,掌握本学科的最新动向和最尖端的科技,不断丰富和更新自己的知识体系;大学要提高自己的办学水平和声誉,也要不断地学习和借鉴他国的经验,以至于一国政府在制订本国的重大教育政策时,也往往需要反复进行国际比较,参照他国的经验和模式。任何国家或地区都不可能只依靠自身力量求得高等教育高质量地发展,只有依赖良好的国际环境,互相学习,互相合作,取长补短,才能够适应世界潮流,跟上时代的步伐。

4. 人类对世界和平的追求

人类在发展史上所遭受的最大危害莫过于民族和种族之间的战争,尤其是20世纪所爆发的两次世界大战,给世界各国人民都带来了深重的灾难。战后持续近40年的"冷战"又严重地阻碍了世界众多国家的正

[①][②] Hans de Wit. Strategies for Internationalisation of Higher Education. Amsterdam: European Association for International Education, 1995: 12.

常发展。这使得各国的政府和人民都普遍意识到,人类的生存与发展有赖于和平安定的国际环境。每个国家都能从其和谐的国际关系中受益,各国在维护世界的和平与稳定上有着共同的利益。实现这种和平与稳定的基本前提就是各国人民之间的相互理解,而教育就是达到这种相互理解的最佳途径。20 世纪 90 年代以来高等教育国际化的发展在很大程度上可以归结为是各国普遍追求和平相处的结果。

5. 信息传播的全球化

信息和通讯技术的飞速发展,使当今世界已经进入了信息传播全球化的时代。"秀才不出门,便知天下事",它不仅使人类消除了地域上的障碍,使所有国家都成为近邻,而且正在成为人类进步和财富增长的新的最重要的源泉;它不仅在改变着国际关系,而且在改变着人类对世界的看法。高等教育系统在很多国家都是信息的创造、生产和传播的核心机构。随着信息技术的发展和信息传播的全球化,高等教育系统本身也将随之改变。信息传播的全球化使跨地区、跨国的学术交流变得十分及时简便,形式多样。如 1996 年 7 月,美国计算机与写作年会以"虚拟会议"的方式召开,与会学者不需离开家,更不必经受舟车劳顿之苦,而是借助互联网及其他电子通信方式参加会议,会上,数以千计的学者和大学生讨论了有关的学术问题。信息技术的发展,为高等教育的国际化提供了便利的条件,同时也对高等教育提出了新的挑战。信息社会要求各行各业的人才都尽可能多地懂得和掌握信息技术。据预测,在 21 世纪的信息社会中,三分之二的职业将与信息有关,三分之一的职业将高度依赖于信息资源。因此人们必须掌握有关信息技术的知识,从而具备在未来信息化的环境中工作、生活和学习的能力。这就要求高等学校将信息技术知识渗透到课程体系之中,不仅要使学生能够通过信息技术获取信息,还要使他们具备选择信息的能力。据统计,目前科学与技术信息以每年增加 30% 的速度增长,即每五年半增加一倍,而由于能量更大的信息系统的出现,以及科学家数量的增多,这个增长率将会很快跃至每年 40%,也就是信息将每二十个月增加一倍[①]。这就要求学生具备在浩

---

① (美)约翰·奈斯比特著,梅艳译.大趋势——改变我们生活的十个新方向.北京:中国社会科学出版社,1984:23.

如烟海的信息中迅速选择有用信息的能力。总之,信息技术的发展和信息传播的全球化不仅为高等教育国际化提供了物质和技术条件,同时也促使高等教育必须培养出大批具有国际交往能力的人才。

6. 国际组织的推动

在高等教育国际化的进程中,诸多国际组织扮演着重要的角色。其中联合国教科文组织更是起着举足轻重的作用,通过教育部长会议,国际教育局专家会议定期的区域性会议或世界性会议,以及其他的交流渠道,联合国教科文组织积极地促进着国家间的交流和沟通。还有其他一些国际机构如国际教育局(IBE)、经济合作与发展组织(OECD)、东南亚教育部长组织(SEAMEO)、国际劳工组织(ILO)等等。这些机构开展国际教育问题的研究,就各国共同的教育问题进行讨论,提出种种教育改革的建议和计划,对高等教育国际化的进程起到了很大的促进作用。

二、高等教育国际化的含义

那么究竟何谓高等教育国际化,抑或高等教育国际化的含义到底是什么?近年来不少学者从不同的角度出发给予了多种不同的解释。综合起来考察,大体有以下四种界定高等教育国际化的角度或方法:

1. 活动方法

活动方法是从各种各样的具体活动出发来描述高等教育国际化的。这些活动主要包括课程的改革、人员的国际交流、技术援助、合作研究等方面。如美国的阿勒姆(Arum, S.)和范德瓦特(Van de Water, J.)使用的就是这种方法。他们基于对美国在过去30年中使用的概念和定义的分析,认为高等教育国际化包括三种主要因素:(1)课程的国际内容;(2)与培训和研究有关的学者和学生的国际流动;(3)国际技术援助与合作计划。因此,他们给出的高等教育国际化的定义是"与国际研究,国际教育交流与技术合作有关的各种活动,计划和服务"。加拿大大学与学院联合会也认为"没有简单的、唯一的或无所不包的关于大学国际化的定义。它是多种多样的活动,目的在于提供一种在真正融入全球意识环境中的教育经验"。①

2. 能力方法

能力方法是从培养发展学生、教师和其他雇员的新技能、态度和知识的角度来界定国际化的,它侧重的是人而不是学术或组织管理方面的问题。如加拿大大不列颠哥伦比亚国际教育理事会专家小组认为,"国际化就是一国为成功地参与日益相互依赖的世界做准备的过程。在加拿大,多元文化的现实就是国际的舞台。这一过程应该渗透到中学后教育系统的各个方面,促进全球的理解,培育有效地生活和工作在多样化世界的各种技能"。

3. 精神气质方法

这种方法侧重的是那些注重和支持跨文化的、国际的观点和首创性的大学和学院中形成发展国际的精神气质与文化氛围。如美国教授哈若瑞(Harari, M.)使用的就是这种方法。他把国际教育与教育的国际化视作同义语,认为国际教育不仅应当包括课程、学者和学生的国际交流、与社区的各种合作计划、培训及广泛的管理服务,还应当包括"明确的赞同,积极的态度,全球的意识,超越本土的发展方向及发展范围,并内化为学校的精神气质"。他在这里强调的是态度,观念方面的国际化,即要树立全球意识并形成国际化的精神气质和氛围。

4. 过程方法

这种方法把国际化看作是将国际的维度或观念融入到高等学校的各主要功能之中的过程。注入、整合、渗透、结合等词经常被用来作为描述这种方法的特征。各种各样的学术活动、组织策略、程序与战略都是这一过程的组成部分。如奈特认为国际化是将"国际的维度"整合到高等学校的教学、研究和服务等诸项功能中的"过程"。② 其中所谓的"国际维度"主要是指国际的/跨文化的/全球的观念。得威特(Hans de Wit)

---

① Arum, S. & Van de Water, J. The Need for a Definition of International Education in US Universities, in: C. Klasek(Ed.) Bridges to the Future: Strategies for Internationalizing Higher Education. Carbondale: Association of International Education Administrators, 1992: 191-203.

② Jane Knight. Internationalization: Management Strategies and Issues. International Education Magazine, 1993: 21.

也赞成国际化是"过程"的观点："通过这一过程,使教育沿着更加国际化的方向发展。"成立于1989年的欧洲国际教育协会曾申明："国际化是一个总的过程,在这一过程中,高等教育更少地趋向于本国,更多地趋向于国际发展。"过程方法是目前得到较广泛认可的界定国际化的一种方法。

上述四种不同的角度和方法并非相互排斥,而是互有交叉或补充。他们有助于扩展人们的视野,加深人们对高等教育国际化涵义的理解。

三、高等教育国际化的历史渊源

近年来出现的高等教育国际化浪潮具有悠久的历史渊源,最早可以追溯到古希腊时代,那时,跨国的"游教"和"游学"之风相当盛行。只不过这种国际交流是在当时已知的非常狭小的范围内进行的。古代的高等教育之所以自萌芽时起就具有了国际性,其根本原因在于知识具有普遍性。中世纪大学所追求的也是这种普遍性,认为人文学科是一切知识的基础,一切学问在范围上都是全球性的。正是基于这种观念,当时的大学在入学方面没有国籍方面的限制,吸收来自不同地区、民族的学生和学者。这种学生和学者的跨国流动对当时的社会产生了重要的影响。正如得赖德(De Ridder-Symoens)所描述的那样："拉丁语作为普遍的教学语言,统一的教学体系和考试制度,使得游学的学生能够从一个学园转向另一个学园,并使他们的学位得到承认。除了学术知识以外,他们还获得了许多新的经验、思想、观点、新的政治原则和见解。他们熟悉很多新的艺术表达方法、不同的生活环境、风俗习惯、生活方式和各种饮食习惯,而所有这些都是他们以前所不知道的。由于大多数游学的学者在他们的国家属于精英分子,很多人后来身居高位,所以他们能够很好地运用和传播所学的知识。这种学术流动的影响远远超出了游学的学者在数字上所占的比例。"①

这种状况到了16世纪上半叶开始变化。由于欧洲的基督教改革运动使各地的新教教派兴起,在学术界树起了宗教的藩篱,从而严重破坏

---

① Hans de Wit. Strategies for Internationalisation of Higher Education. Amsterdam: European Association for International Education, 1995: 7.

了知识普遍性的观念。继而民族国家的边界进一步加固了这些藩篱。1648年威斯特发里亚和约(结束1618—1648年持续了30年的欧洲历史上第一次大规模国际战争的和约)使学术界的基本价值观念变得更进一步从属于教派和地方势力。直到现代欧洲的早期,由于科学的兴起,才出现了相反的发展趋势。随着地理大发现、探险、贸易的增长和传教活动的扩大,各国之间的教育交流更加频繁。自18世纪到"二战"前,由于殖民主义的扩张,这一时期的教育交流主要是以宗主国向殖民地国家输出教育模式为主。如英国在亚洲、非洲、加勒比海和南美的殖民地的高等教育都是模仿英国的教育模式,而法国在这些地区的殖民地的高等教育则按照法国的高等教育系统办学。即使独立以后,在这些国家,宗主国的影响依然存在。美国的高等教育系统也是在模仿欧洲高等教育模式的基础上建立起来的。澳大利亚和加拿大高等教育系统的建立基本上也是遵循这个模式。与此同时,学者和学生的交流也很频繁,如一些宗主国的教师到殖民地国家的大学和学院中任教,很多殖民地国家的学生到欧洲的大学留学,有些人归国后按照欧洲大学的模式创建新的大学。除此以外,当时各国的学者还通过讨论、会议、出版物等方式保持联系,交流思想和信息。到"二战"前,开始有了专门的机构来组织这种国际交流和合作。1919年,美国成立了国际教育研究中心;1934年,英国议会设立了国际教育研究所。

"二战"以后,尤其是东西方"冷战"状态结束以来,使各国普遍开始意识到新的全球性的国际化时代的到来。在这个时代,国际竞争已从主要是军事对峙转向了经济,包括技术、知识、人才的竞争;以往各国所面对的许多问题已越来越成为国际性问题,如环境问题、能源问题、发展问题、妇女问题、和平问题等等;知识日益全球化。由于信息技术的发展,知识的传输已越来越不受国界的限制,各国的发展也愈益依赖知识和信息技术的广泛运用。在这一全球化的时代,一个国家要想在世界民族之林占有一席之地,其高等学校就必须参与全球性的人才市场和智力资本市场的竞争;受教育者对教育的要求,也已经突破了国家的疆域,有越来越多的学生相信,要在未来的就业市场获得成功,就必须具有国际的知识和经验,因此,要适应时代的要求,高等学校就必须以新的观念和姿态,向全球范围的国际化方向发展。

四、高等教育国际化的诸要素

高等教育国际化涉及到高等教育的各个方面,包含着极为广泛的内容。但概括地说,其基本构成要素包括以下几个方面:

1. 国际化的教育观念

高等教育国际化的前提首先在于要有国际化的教育观念,要从全球的视角出发来认识教育的改革与发展问题。如日本政府早自20世纪50年代中期即已开始意识到:"以国际化观点进行教育改革是关系到我国生存与发展的重要问题。"日本文部省编写的1995年《教育白皮书》提出:"为增进国际理解,确保世界和平与国际社会的稳定,必须继续有计划地推进教育、文化、体育领域内的交流与合作,建立国际信赖关系,并且进一步对外开放。"日本教育理论家喜多村和之教授强调高等教育应该向三个方向发展:一是能够为他国、他民族所承认和接受;二是能够与外国进行平等交流;三是能够充分对外开放。美国教育家、前卡内基高等教育政策研究理事会主席克拉克·科尔(Clark Kerr)曾明确指出,"我们需要一种超越赠地学院传统的新的高等教育观念",就是高等教育要面向世界发展。他认为,教育关注的是整个世界,而不只是其中的某一部分。知识无国界。各国知识分子都有助于扩展人类的知识和人类相互理解的广度。通过获得知识和技能,能够使受过教育的人们在更多的国家和文化中发挥作用。各国面临的核心问题之一是不可再生资源的利用。包括核战争和抑制通货膨胀在内的许多问题使得国际合作变得越来越重要。各国除非能够相互理解,这种合作才会有效。大多数公众具有良好全球意识的国家,在国际上将具有优势。在法国,坚持大学的开放性是近年来政界和教育界的共识,认为唯有高等教育才能够在欧洲范围内为法国培养精英奠定坚实的基础,在欧洲构建中承担一定的责任。无论对于大学还是大学校,国际化都具有优先地位。1992年,法国有1.5万大学生参加了旨在鼓励和促进欧共体成员国之间大学生的交流,发展高等学校之间的联系的伊拉斯莫斯计划(ERASMUS)。澳大利亚政府认为国际教育在澳大利亚的国际关系中占据着越来越重要的地位,能够在其国际关系中扩展经济、文化和人际层面,能够通过更广阔的国际视野丰富其教育培训系统,并拓宽社会纬度。

2. 国际化的培养目标

越来越多的国家在高等教育培养人才的目标上增加了国际化的内容。一方面是在思想上要培养学生的国际意识,主要是指为增进不同民族、文化的相互理解而加强国际理解教育,使学生能够深刻理解多元文化,能够在国际文化交流中充分沟通思想,能够从国际社会和全人类的广阔视野出发判断事物。如美国提出要培养"有国际眼光的人",使大学生"会讲一门外语并通晓别国文化"。日本"临时教育审议会"在对高等教育国际化的有关建议中指出,只有做一个出色的国际人,才能做一个出色的日本人。在国际社会中要想生存下去,除了牢固掌握日本文化外,还应该对各国的文化和传统加深理解。中央教育审议会也指出,国际交流的基础是"培养在国际社会中被信赖和尊敬的日本人,同时还应该增进相互间的团结与发展"。另一方面是培养具有在国际市场竞争的能力,使学生掌握一些将来在国际社会中工作所必备的知识和技能。具体来说,要使培养出来的人才能够懂科技,通外语,会经营,善管理,具有较强的国际意识,通晓国际贸易、金融、法律知识,能够适应国外工作和生活环境。为此,必须注重外语的教学,因为外语不仅是学习别国文化、了解世界文明、扩大不同国家人民之间交流的重要工具,同时,掌握外语也是政府机构、跨国公司和许多社会部门未来雇员的重要条件。

3. 国际化的课程

为了实现高等教育国际化的目标,在课程中增加国际化的内容至关重要。国际化的课程是一种为国内外学生设计的课程,在内容上趋向国际化,旨在培养学生能在国际化和多元文化的社会工作环境下生存的能力。从实用的角度来说,课程的国际化有两个长处:一是给那些没有去国外留学的学生提供接受国际化教育的机会;二是能够提高课程对外国留学生的吸引力,他们的参与对本国学生和教学过程都有益处。[①] 课程的国际化,不仅要开设许多关于其他国家和国际问题的课程,而且所有课程都应该体现国际观点。美国的伯恩教授曾经指出,一个学科如果只

[①] Yu Kameoka. The Internationalisation of Higher Education. OECD Observer, Oct.-Nov. 1996, No. 202: 34.

体现本国经验,而排斥其他国家的经验,"就是欺骗学生和反映一种愚蠢的沙文主义"。课程的国际化基本上有以下几种方式:一是开设专门的国际教育课程。正如伯恩教授所说的,国际教育要求在国际的框架内讲授一个学科,以便使学生意识到所有国家的相互联系以及诸如贫穷和种族歧视等问题的普遍性。二是开设注重国际主题的新课程。如有些大学创设国际关系、国际经济、国际贸易等新系科,或是增设信息科学、比较文化学等有国际化内容的课程。三是在已有课程中增加一些国际方面的内容。如在教材上或采用国外教材,或在自编教材中大量吸收国外同类教材中的内容,或指定相当数量的国外教材和有关论著作为教学参考书目。在内容上紧密关注国际上本学科的最新动向,及时让学生了解最新研究成果。四是推进国际普遍关注的重大课题的研究。如环境科学、航天科学、能源科学、宇宙科学、生命科学等等。五是注重地区研究。地区研究不仅对于加强和促进学术发展必不可少,而且对于国家利益也至关重要。六是建立校际联系,把到国外参观学习与课程联系起来。如日本的 Ajia 大学制定了"二年级学生出国"计划,即每年派遣约 800 名学生到美国的姊妹学校进行为期 6 个月的学习。丽泽大学有 25% 的学生参加了在美国、英国、德国、泰国等国家和台湾地区的 5 所大学和专科学校中 9 项课程之一的学习。[①] 这种方式为学生提供了较好的国际交流实践的机会,有利于开阔学生的视野,增长学生的国际知识。

4. 人员的国际交流

人员的国际交流是高等教育国际化中最活跃的方面,其中包括学生的国际交流和教师的国际交流两个部分。

(1) 学生的国际交流

据联合国教科文组织调查,目前大约有 130 万学生在其祖国之外继续中学后教育。[②] 大规模的学生留学国外,不仅有助于各国学生之间的相互学习,而且有利于扩展课程内容的国际广度,开展跨文化的研究与讨论,招聘更多的具有国际经验的专家。

---

① Toru Umakoshi. Internationalisation of Japanese Higher Education in the 1980's and Early 1990's. Higher Education,1997,(34):259-273.
② 葛长丽译.1994—1995 年度美国学生出国留学人数大大增加.国外高等教育快讯.北京大学高教所主办,1997(1)—(2).

与其他国家相比,美国高等教育系统在资金的投入量、学校的类型和层次的多样性、大部分学校的高质量、比较开放的入学传统以及英语作为世界性语言等方面的优势都是其他许多国家所难以比拟的。所以长期以来美国一直是世界上接受外国留学生最多的国家。1990—1991学年,在美国学习的各国留学生总数达407 529人,占美国高校在校学生总数的2.9%,占同年世界留学生总数的35%。① 大批国外学生到美国的大学和学院学习,除了为美国的高等教育系统注入新鲜血液外,还对美国的社会有着种种现实和长远的重大利益:如给美国带来巨大的经济利益;有助于美国高等学校学术发展和杰出的国际中心的建设;有助于美国与留学生派遣国未来政治及其他关系的发展;同时还有助于为美国培养和吸引大批英才。

鉴于开展国际学生教育能够带来多方面的利益,学生的交流已经形成一个充满竞争的国际留学生市场,许多国家纷纷制定政策吸引外国留学生。如日本政府在20世纪90年代中期对进入日本大学学习的外国留学生的人数制定了一个明确的目标,即到2000年,日本将接纳10万海外学生。在这10万学生中,将有1万学生接受日本政府的全额奖学金,其余9万人中,将至少有1%的人会获得学费减免、部分奖学金,或获得来自日本教科文组织的其他类型的经济支持。② 这为了实现这一目标,日本政府大量增加了对外国学生实施经济援助的费用,并在校园、课程和日语教学等方面加以调整,以适应外国学生的需要。澳大利亚政府认为,吸引较多的外国留学生来澳学习,有利于增进澳洲同世界的联系,增加自己在处理国际事物中的影响力。目前在澳留学的海外学生已达6.4万人,约占澳大学生总数的9%。澳大利亚计划到2010年,接受海外学生达到20.6万人。③

现代科技文化交流是一种双向交流,许多国家都已意识到,要培养

---

① K. H. Hanson and J. W. Meyerson. International Challenges to American Colleges and Universities. American Council on Education, 1995:20.

② Toru Umakoshi. Internationalisation of Japanese Higher Education in the 1980's and Early 1990's. Higher Education, 1997,(34):259-273.

③ 冯军,褚晓丽.澳大利亚积极推进本国高等教育国际化的启示.吉林教育科学:高教研究,1997(9).

出国际型人才,增进民族间的相互理解,就必须派学生到相关国家去了解该国的历史、文化、风土人情,去参与该国的生活,才能够真正深入地理解对方。因此,在吸引外国留学生到本国留学的同时,这些国家也加大了选派学生出国留学的力度。如美国在 1994—1995 年度有 84 400 名学生出国留学,比 1993—1994 年度增加了 10.6%,几乎是 9 年前的 2 倍,当时仅有 48 500 名学生出国留学。[①] 日本高等教育国际化的一个重要方面就是创造条件让学生到海外留学。日本很多大学与国外的高等学校签订了双边或多边协议,给学生提供出国学习的机会。据统计,最近有近 500 所高校签订了 1 600 项此类协议,这种合作方式极大地推进了国际化项目的发展和实施,促进了日本高等教育向国际化方向发展。如在 20 世纪 80 年代,许多大学和专科学校开发了几种海外研究课程,或与国外大学订立协议提供短期培训课程,主要目的是为学生提供一个学习外语,并置身于外国语言环境中的机会。此外,一些私立大学还在海外设立分校增加学生出国学习的机会。一个来自日本北九州和其他地方的调查发现,4.3% 日本私立大学在国外有分校,另外还有 11.8% 的正在计划建立分校。[②]

(2) 教师的国际交流

教师的国际交流是高等教育国际化的一个核心部分。具有国际知识和经验的教师可以直接推动教学、科研向着国际化的方向发展。因此近年来许多国家的高校都采取多种形式增加教师出国访问进修的数量,同时还面向世界招聘教师和学者。如新加坡国立大学分别在纽约和伦敦设立教师招聘办事处,派专人到欧美、日本、澳洲等地名牌大学物色人才,高薪聘请著名学者专家来校任教。日本也在修改有关法律和政策以增加外籍教师,吸引高水平的专家。而美国更是以其强大的政治影响、雄厚的经济实力、先进的教学科研条件和优厚的工作生活待遇吸引了大批国外优秀的专家学者。除了聘请高水平的教师来校任教外,不少学校还邀请国际知名学者、专家进行短期访问和讲学,或聘请著名学者为名

---

① 葛长丽译. 1994—1995 年度美国学生出国留学人数大大增加. 国外高等教育快讯. 北京大学高教所主办,1997(1)—(2).

② Toru Umakoshi. Internationalisation of Japanese Higher Education in the 1980's and Early 1990's. Higher Education, 1997,(34): 259-273.

誉教授或客座教授。这样一方面使教师队伍趋于国际化,另一方面也使教育思想观念、课程和教学向着国际化的方向发展。

5. 国际学术交流与合作研究

大力开展国际学术交流与合作研究,是高等教育国际化的又一重要内容。国际学术交流无论对学生的发展还是对学者的研究都有着极为重要的意义。联合国教科文组织1995年提交的《关于高等教育的变革与发展的政策性文件》中指出:"国际合作是世界学术界的共同目标,而且还是确保高等教育机构的工作性质和效果所不可缺少的条件。高等教育已在知识的发展、转让和分享方面发挥了主要作用,因而学术上的国际合作应为全面开发人类的潜力作出贡献。"目前国际学术交流与合作研究主要有以下几种方式:一是通过有关国际组织进行国际合作研究。如通过联合国教科文组织、国际学术联合会议(ICSU)等机构设立的有关项目进行共同研究;1972年联合国大会决定设立的联合国大学,以网络的形式将世界各大学的研究、研修中心与有关大学、机构联系起来,对地球环境、人口、城市、世界和平等问题进行研究。二是进行校际合作研究。如日本与进行合作研究的国家,各自设立"定点学校",根据特定研究领域的交流项目,在其他大学的协作下,各大学之间进行有组织的共同研究。三是进行研究人员的交流,即各国邀请国外学者来访问、讲学或派本国学者出国留学、访问等等。四是通过国际会议进行学术交流。各国都制订了一些制度,支持、推动学者积极参加国内外组织的各种学术活动。五是开展学术信息交流,如资助研究成果的发表,推动高等学校通过国际互联网交流数据和研究成果等等。

6. 一些教育资源的国际共享

现代交通和通信技术突飞猛进的发展,缩短了时空的距离,使各国间人员、物资、信息的交流极为便利,这就给一些教育资源的国际共享提供了条件。从信息资源的角度来说,现代信息传播的便捷,尤其是"信息高速公路"的世界联网,使得信息资源能够实现一定程度的国际共享。目前,已有不少跨国教育网络问世,如在1996年7月,中国—日本—泰国三国多媒体远程教育系统开通。该项目由日本邮政省电波部立项,北海道信息大学组织实施,中国南京大学和泰国索克多王工业大学为合作对象。这是由政府出面组织的跨国界实施教育、进行国际合作的最新尝试之一。此外,国际互联网、虚拟大学、电子图书馆等设施把全世界各个角落的学生、学者和研究人员联系起来,使他们坐在家中就能够掌握最前沿的科技知识,了解最新的学术动态,与地球另一端的有关人员进行探讨。从物资资源的角度来说,目前物资资源在国际范围内的流通更加广泛快捷。主要通过两种方式进行,一是通过国际有关组织的协调。如联合国教科文组织、经济合作与发展组织、世界银行等组织,从多方面进行援助,协助各个国家尤其是发展中国家的教育事业。如世界银行向中国贫困山区提供的无息贷款,组织各国专家就有关教育问题进行研究等等。二是发达国家对发展中国家的援助,提供人员、技术和资金方面的支援。如派出专家学者到发展中国家讲学、任教,在教学设备或教育技术等方面提供技术援助,向发展中国家大学提供研究经费,向国外留学生提供助学金等等。这些方面的援助使发展中国家在一定程度上克服技术落后、资金不足等困难,赶上世界高等教育发展的潮流。

五、高等教育国际化的新特征

1. 新的历史背景

近年来的高等教育国际化,是在一个崭新的历史背景下迅速兴起的。这就是随着东西方"冷战"的结束,和平与发展成了世界性的主题;经济发展呈现出前所未有的全球化趋势;现代交通和通讯技术的发展,使世界变成了"地球村","村民"间的交流与合作不仅成为可能,而且成为必须;以往世界各国所面临的许多国内问题都已变成了国家间和国际性的问题,越来越需要多国以至于世界各国参与合作来共同解决。在这样的历史背景下,高等教育的国际化,便成了社会历史发展的必然要求。

2. 更加有组织、有明确的指导思想

古希腊和中世纪时期的高等教育国际化,是基于知识无国界的朴素认识,是出于学者个人追求学问和传播知识的动机,是一种自发的、私人性质的活动。而当今的高等教育国际化,不仅有一系列国际组织的推动,而且许多国家的政府和高等学校都有明确的指导思想,还设立有专门的组织机构,并且制订有明确的战略和策略。如在加拿大,有三个全国性的机构,即加拿大国际教育署(CBIE)、加拿大大学和学院协会

(AUCC)和加拿大社区学院协会(ACCC),都把推进高等教育国际化作为最重要的职责。1990年,加拿大国际教育署提出一个名为《没有国界和边界的教育》的报告书,要求国内各大学把国际化作为自己的组织目标之一,并要制订相关政策来推进和保证国际化进程。[①] 一些大学也成立了专门的组织,如有些大学设立国际办公室以提供咨询、协调、日常事务管理与通讯支持,有的大学董事会把国际化作为大学的使命纳入决策过程,或制定各种相关的政策,激励和奖励教师、研究人员开展国际活动。此外,一些国家和大学也开始注重有关高等教育国际化的理论研究。目前,有关高等教育国际化、比较高等教育和外国教育资料的期刊、杂志和论文越来越多,这些都进一步推动了高等教育国际化的进程。

3. 规模前所未有

近年来的高等教育国际化,已经达到相当宏大的规模。从人员交流的数量来说,在20世纪60年代末期,全世界留学生的数量将近50万人,到1980年,国际留学生的数量增加了一倍,达到100万人以上,而到1995年,已经达到了130万人。教师的流动也很活跃,如在1987年至1995年间,欧共体发动的大学生流动计划使5万名教师有机会到其他国家的大学任教。从人员流动的方向来说,加强了双向流动的趋势,除了发展中国家向发达国家流动外,发达国家也加强了向发展中国家派出留学生的力度。1991年,美国通过了《全球教育良机法》和《国家安全教育法》,建立专门基金资助美国学生留学发展中国家。从国际交流的范围看,已经从区域性的小范围交流发展成全球性的大范围;从主要是发达国家之间的交流、发达国家向发展中国家的援助发展成为发达国家之间的交流、发达国家与发展中国家的交流、发展中国家之间的交流等多种途径和范围。从交流的因素来说,以前主要是人员的流动,发展成为包括物资、资金、技术、信息等各种要素的交流。这种大范围、全方位的国际交流在"冷战"期间是无法想象的。

4. 不平衡性

当前高等教育国际化的另一个显著特征是不平衡性。虽然高等教育

---

① Hans de Wit. Strategies for Internationalisation of Higher Education. Amsterdam: European Association for International Education, 1995: 101.

国际化是双向或多向的文化交流活动,但是,由于发展速度、重点和环境的不同,这种交流对各个国家的影响是不同的。相对而言,西方发达国家位于世界科学技术的中心,有着强大的政治影响和坚实的经济后盾,往往会在这种双向交流中占主导地位。首先从人员的国际交流来说,目前主要的流向是从发展中国家流向发达国家。麦克马洪(McMahon)的研究发现,国际学生流动主要是流向美国、英国、法国和俄罗斯,其中,美国更是遥遥领先。[1] 如在 1990/1991 学年,世界留学生总数的 35% 分布在美国,13.7% 分布在法国,10% 分布在德国,6.5% 分布在英国,3.1% 分布在加拿大。[2] 如前所述,大批外国留学生来到这些国家学习,给这些国家带来了很多直接的和长远的利益。而人员的这种单向流动,如果长期持续下去,就会给发展中国家带来严重的人才流失问题。如在美国,外国学生每年获得博士学位的人中,约有 60% 留在美国工作。其他发达国家的情况也大体如此。这就形成了"马太效应":人才济济的欧美发达国家源源不断地吸引着世界各地的人才,而人才贫乏的发展中国家却在不断地失去急需的各种人才。这种人才流动不平衡的情况在一定程度上也存在于发达国家之间,主要是美国与其他发达国家之间。如加拿大与美国之间的人员流动就很不平衡:90 年代初期有 19 000 名加拿大学生留学美国,而只有 3 000 名美国学生留学加拿大。[3] 其次从文化的影响来说,发达国家借助于先进的科技,拥有众多的文化输出渠道,再加上其领先的政治经济地位,就会在一定程度上形成文化殖民主义。其社会价值观、思维和行为模式、生活方式甚至包括政治观点等方面都会随着知识技术的输出而传播到发展中国家。目前有的学者认为,当一大批接受了国际化教育的人才脱颖而出后,欧美化的知识分子也宣告形成。异国的留学生活在他们的工作、生活、思维方式、人格等方面打下了深深的烙印。回国后他们一般处于较有影响的地位,就会把这种异国文化的影响更广泛地传播开去,就会使外来文化日益扩张,本土文化日益受到忽视。

---

[1] Hans de Wit. Strategies for Internationalisation of Higher Education. Amsterdam: European Association for International Education, 1995: 72.

[2] Id., p.20.

[3] Philip G. Altbach. NAFTA and Higher Education: the Cultural and Educational Dimensions of Trade. Change, July-August 1994: 48.

再次,发展中国家在向发达国家学习先进的教育经验时,往往存在着照搬照抄发达国家教育模式的情况。这种照搬照抄往往会脱离本国的实际,培养出的人才不能适应本国国民经济发展的需要,从而造成浪费或人才外流。在推进高等教育国际化的进程中,如何既学习和借鉴西方发达国家先进的科学文化和经验,又保持本民族文化的特色,发展适应本国国情的高等教育,是发展中国家在高等教育国际化的浪潮中面临的一个严峻问题。

参考文献

1. 陈学飞.美国、德国、法国、日本当代高等教育思想研究.上海:上海教育出版社,1998.
2. 联合国教科文组织编著.学会生存——教育世界的今天和明天.北京:教育科学出版社,1996.
3. 联合国教科文组织编著.教育——财富蕴藏其中.北京:教育科学出版社,1997.
4. (美)约翰·奈斯比特著,梅艳译.大趋势——改变我们生活的十个新方向.北京:中国社会科学出版社,1984.
5. 香港浸会大学林思齐东西学术交流研究所.大学推行高等教育国际化之策略.香港浸会大学印刷部印刷,1996.
6. 陈学飞.高等教育国际化——从历史到理论到策略.上海高教研究,1997(11).
7. 葛长丽译.1994—1995年度美国学生出国留学人数大大增加.国外高等教育快讯.北京大学高教所主办,1997(1)—(2).
8. 冯军,褚晓丽.澳大利亚积极推进本国高等教育国际化的启示.吉林教育科学:高教研究,1997(9).
9. 王凌飞译.富布赖特计划的韬略.世界教育信息,1997(8).
10. Arum, S. & Van de Water, J. The Need for a Definition of International Education in US Universities, in: C. Klasek(Ed.) Bridges to the Future: Strategies for Internationalizing Higher Education. Carbondale: Association of International Education Administrators, 1992: 191-203.
11. Hans de Wit. Strategies for Internationalisation of Higher Education. Amsterdam: European Association for International Education, 1995.
12. Jane Knight. Internationalization: Management Strategies and Issues. International Education Magazine, 1993: 6-22.
13. K. H. Hanson and J. W. Meyerson. International Challenges to American Colle-

ges and Universities. American Council on Education, 1995.
14. Internationalisation of Higher Education. OECD DOCUMENTS, 1996.
15. Philip G. Altbach. NAFTA and Higher Education; the Cultural and Educational Dimensions of Trade. *Change*, July-August 1994, (26)4: 48.
16. Toru Umakoshi. Internationalisation of Japanese Higher Education in the 1980's and Early 1990's. Higher Education, 1997,(34): 259-273.
17. Yu Kameoka. The Internationalisation of Higher Education. OECD Observer, Oct.-Nov. 1996, No.202: 34.

依附、借鉴、创新？
——中国高等教育学科建设之路

潘懋元　陈兴德[*]

中国教育理论领域依附理论的出现，一是缘于全球化时代发达国家推行"后殖民主义"、"文化殖民主义"，二是鉴于我国全方位对外开放，学术界对我国在国际交往中扮演角色和所处地位的反思，三是西方学者教育依附观点的传播。但是，依附理论基本概念、立场和研究方法值得商榷；高等教育研究套用依附理论的合理性受到质疑；将中国教育近代化笼统归结为"依附性发展"，忽视百年来中国教育在引进与借鉴西方教育模式中的主体自主创新。

中国教育近代化的起步阶段，的确是引进西方（包括日本）的教育制度与教育理论的。但是，从总体来看，中国教育近代化的历程，具有强烈的民族性与本土性，是一个不断借鉴与创新的历程。至于中国高等教育学科则是"土生土长"，自主创新，并在其发展过程中，不断借鉴、开拓、丰富、完善，走出一条摆脱依附发展的道路来。

中国高等教育学科的自主创新，主要体现在三个方面，第一，中国高等教育学科，是在中国本土产生与发展起来，而不是从他国引进的；第二，中国高等教育学科研究紧密追踪中国高等教育的重大现实问题、热点问题，体现出鲜明的主体意识；第三，中国高等教育学科建设重视学科建制，与西方高等教育的"问题研究"取向有明显不同。

当前，在全球化进程中，中国高等教育研究中出现一些值得注意的问题，例如，高等教育研究者自觉不自觉地认可学科的"西方中心主义"，

---

[*] 作者简介：潘懋元（1920—　），男，广东揭阳人，厦门大学高等教育科学研究所教授，博士生导师，厦门大学高等教育研究中心名誉主任，中国高教学会顾问，中国高等教育研究会名誉理事长，主要从事高等教育基本理论研究；陈兴德（1974—　），男，四川富顺人，厦门大学高等教育科学研究所博士生，西南师范大学教育科学学院讲师，主要从事高等教育史研究。

呈现一定的主体性的迷失等等,导致中国高等教育研究存在依附发展的倾向。笔者提出,第一,应进一步扩大高等教育对外合作与交流,积极吸收人类一切先进的文明成果。为此,需要进一步厘清依附和借鉴的区别:依附是主体迷失,丧失自我意识,被动地照抄西方模式,而借鉴则是主体根据其发展需要,主动地选择有益的东西,为我所用。简单说,被动的学习是依附,主动的学习是借鉴,第二,要进一步重视本民族文化传统,增强文化自觉意识。在新世纪,中国高等教育学科建设应当克服"民族虚无主义"和"民族本位主义"两种倾向,努力做到在继承和借鉴中超越,实现中国高等教育学科创新。

一、问题的提出:依附理论及其在高等教育研究中的应用

依附理论,最初是用来解释和指导拉美和"外围"地区经济成长的一种发展理论。[①] 就"依附"现象的类型来说,一开始指的是发展中国家在经济上对发达国家的依附,之后,"依附"的外延逐渐扩大,如马来西亚学者够斯(B. N. Ghosh)提出包括学术依附和文化依附在内的10种依附类型。随之,一些西方学者尤其是比较教育研究者开始用依附理论的视角来解释教育(高等教育)领域内的现象。其中,美国学者阿尔特巴赫(Philip G. Altbach)教授的观点比较典型。阿尔特巴赫教授认为西方发达国家与第三世界国家之间在教育上存在控制与被控制的不平等关系,并指出广大第三世界国家在世界学术系统中处于边缘地位,发展中国家对发达国家在教育和学术领域存在不可避免的依附甚至是依赖,这样一种文化和学术领域的"国际格局",短时间内不可逆转。第三世界国家发展教育,只能走依附性发展的道路。

国外教育依附理论的兴起,主要是20世纪70到80年代,但由于这一理论本身的诸多不足,并没有引起太大的反响。倒是在世纪之交,在中国高等教育国际化的讨论中,教育理论界开始关心这一理论,认为"后发外生型"的中国教育,应当研究依附理论,可以走依附性发展道路。

---

① 周长城.发展理论的演变[J].国外社会科学.1997(4).

依附理论在中国教育理论领域受到重视，主要原因有三：

一是新一轮全球化浪潮兴起，发达国家对全球化的强势推动与发展中国家为维护弱势经济与文化权益形成拉锯，依附理论在一定程度上批判和解释了全球化过程中西方发达国家"后殖民主义"、"文化殖民主义"现象，获得国内学者的共识。

二是中国学者对于中国在全球化中地位角色的关注。随着我国加入WTO，国际间教育和学术交流日趋频繁，在某些领域和西方发达国家高等教育和科学研究比较，还存在一定差距，在国际交往中处于不利地位。依附理论揭露发展中国家与发达国家在国际学术与文化交流中的不对等、不均衡现象，引起国内学者的强烈共鸣。

三是受阿尔特巴赫教授有关发展中国家高等教育依附发展的观点的影响，国内一些学者开始用依附理论来解读中国高等教育的历史和现实。

基于上述原因，出现了"中国高等教育依附发展"的理论观点，譬如，有学者认为，中国高等教育近代化的历史是依附发展的历史，中国高等教育所获得的成就是通过依附性发展获得的，即使是在当前，中国高等教育对西方高等教育的依附也是客观存在的。

由于上述观点涉及对中国高等教育历史与现实的基本评价，涉及在高等教育现代化过程中如何处理与西方发达国家高等教育的交流与合作，尤其是如何正确对待引进、消化、吸收西方学说等重大问题，因此，需要对上述观点作有针对性的分析：

一是依附理论，其本身的概念、立场、研究方法是否站得住脚？

二是将经济学领域的依附理论套用于高等教育研究是否适宜？

三是依附理论是否符合中国高等教育的实际状况，即中国教育自近代以来所走过的道路，是否可以称之为依附发展的道路？

仔细分析，我们认为，教育依附理论无论是其前提预设，还是将其引入高等教育研究或者是有关高等教育依附发展的诸多观点，都值得商榷。

第一，依附理论的基本概念、立场和研究方法都值得商榷。

首先，自依附理论提出以来，对于该理论基本概念的质疑和批评就从来没有停止过，对于什么"依附"和"依附性发展"，多大程度上算是"依附"，怎样区分借鉴、学习与依附的关系等问题依附论者对此无法给予有效解释。其次,从研究对象和研究方法上看,依附理论倚重拉美,但是对拉美问题的实证性研究并不充分,没有做到理论框架和现实的有机结合。同时,过于倚重拉美,忽视了其他不发达地区的研究,就贸然将其泛化于所有第三世界国家,在方法论上有以偏概全的特点。再次,依附理论有关"中心与边缘"的理论带有浓厚的"西方中心主义"特征。依附理论认为西方发达国家处于世界体系的中心,是现代文化的代表,同时假定第三世界国家没有民族文化,或者说这些国家的传统文化都是前科学、前现代社会的产物;认为西方发达国家在世界教育体系和学术领域里的先进状态是无可挑剔的,而且会永远保持下去。① 因此,依附理论看似对东方或第三世界温情脉脉的关照,实质是站在强势的西方文化立场上来为东方代言,用西方的话语系统来消解东方独立发展教育的话语权。它只强调教育的外部因素,而对第三世界的民族文化,政治体制等内在的发展动力没有任何的论述和关注。

第二,高等教育研究套用依附理论的合理性受到质疑前已述及,在经济学领域,依附理论已经被证明是过时和缺少解释力的理论。将依附理论移植到高等教育领域,其合理性更值得商榷。高等教育与文化制度,和经济领域的资本和技术之间存在本质上的差异,技术转移的机制未必适用于高等教育。此外,中心国家的经济强权并不必然导致它对边缘国家的文化和教育控制,这中间还有一系列复杂的因素。依附理论将这一问题做了过于简单的归纳。因此,教育的依附理论比经济的依附理论呈现出更加多元且复杂的现象,要得出一般结论更为困难。就是在依附理论运用最多的比较教育领域,也有学者指出:"试图把中心——边缘作为比较教育研究的基本解释框架,这虽然有其独到之处,但若作为统整这门学科的理论基础,则明显尚显视野过于狭小。"②正因如此,有学者曾经针对西方一些移植依附理论所进行的几个经典研究指出:"几个研究均是发人深省且研究过程相当完美,可是不论就个别或整体来看,他

---

① 王长纯.超越"边缘与中心",促进中国比较教育理论的新发展:阿尔特巴赫依附论的因革观分析(论纲).外国教育研究[J],1999(6).
② 项贤明.比较教育学的文化逻辑[M].哈尔滨:黑龙江教育出版社,2002:4.

们均未能证实依附理论的基本命题。"①因此,依附理论是否可以移植到教育研究,还需要进一步论证。

第三,将中国高等教育近代化归结为"依附性发展"失之笼统,中国高等教育的近代化是一种"后发外生型"的近代化,不可避免地存在制度和理论等方面学习以至模仿西方(包括日本)的教育模式,这恐怕是一切后发国家近代化起步时的必然现象。但一开始,中国就提出"中体西用"的政策原则,表明并非舍弃主体的依附。在随后的近代化发展中,有识之士始终反对"全盘西化",强调独立自主。

近代中国高等教育走过的道路,总体上看,是一个学习与借鉴西方并有所创新的过程。在此过程中,曾经向日本、德国、美国学习(建国以后也曾经向苏联学习),但是,今天却没人能说中国教育是日本模式的教育或者美国模式的教育。为什么?近代中国对西方的学习,是一个主体意识逐渐增强的过程,它本质上是为了探索一种适合自己发展的模式。这种探索,是在不断尝试错误、积累经验中形成的,最终的结果所形成的既不是日本式的,也不是德国式的,或者美国式"中国教育",而是具有典型民族特征,符合中国文化土壤与实际需要的"中国特色"的教育制度与理论。西方的教育模式与理论,始终是作为"他者"为中国所学习和借鉴的。中国总是根据各个时期需要有选择地学习西方(包括日本)的教育,并在一定程度上沿袭了中国传统教育的某些成分。举个例子来说,一般认为《壬寅·癸卯学制》是照搬日本明治维新时期的学制。但是,该学制最突出的一点是,《癸卯学制》中规定大学堂分8科,其中经学科最大,有11个学门,这是日本学制中所没有的。所以,如果认为只有照搬而没有按主体的需要改造,是与事实不符的。《壬子·癸丑学制》也是如此,《壬戌学制》更是这样。《壬戌学制》从酝酿到颁布有8年之久,广泛征求了各方面的意见,得到了"颇有独到之处"(陶行知语)和"不是好学时髦,或盲从美制"(廖世承语)的好评。② 总体来说,从京师同文馆创办到《壬戌学制》颁布,近代中国高等教育走过了60年的艰辛历程。尽管这一过程

---

① (美)诺亚,艾克斯坦.依赖理论在比较教育的应用及其课题[M].选自施瑞尔,霍姆斯主编,杨国赐、杨深坑主译.比较教育理论与方法.台北:师大书苑发行,1992:168、187、173、174.

② 朱国仁.西学东渐与中国高等教育近代化[M].厦门:厦门大学出版社,1996:236.

尚有许多不完善之处,但毕竟确立了与中国传统高等教育制度完全不同的、崭新的教育制度,实现了从传统向近代的转变,顺应了中国近代社会与文化发展的趋势,从这个意义上来说,用依附性发展来概括中国高等教育近代化的全部历史,显得有失片面。

二、中国高等教育学科建设之路

如果说,中国近代新教育制度,包括高等教育制度,在初始阶段,是从西方(包括日本)引进,同时,翻译介绍西方的普通教育著作,那么中国高等教育学科则是"土生土长"的。按照"中心——边缘"的逻辑,处于边缘的发展中国家的学术和教育,只能是仰赖中心的"辐射",不可避免地只能走依附性发展的道路;那么,中国高等教育学科发展之路,否定了这个必然性的"全称判断"。中国高等教育学科发展的历史证明,通过提升文化自觉,立足本国实际,总结自己的经验,适当借鉴,勇于创新,完全可以走出一条非依附发展的道路来。

第一,中国高等教育学科,是在中国本土产生与发展起来的,而不是从他国引进的。

中国高等教育学科建设,酝酿于20世纪50年代,创建于70—80年代。当时中国正处于封闭时期和改革开放之初,对于西方的高等教育经验与理论,知之甚少。这段经历,我是历史的见证人。我们当时的研究,是从中国高等教育的实际需要,积累并提升实践经验,形成这门学科的框架、主要观点和基本理论。其后相当的一段时间,也主要是结合中国高等教育改革的实践,对学科框架、知识内容逐渐充实、提高。因此,中国高等教育理论的主流,始终带有浓厚的本土气息。这种"土生土长"、"土里土气"的学科建设,它的缺点是显而易见的:视野不宽,水平不高,但与中国实际血脉相连。当然,后来同国际学术交流增多了,对国外的高等教育研究了解较多,也就在一定程度上受国外尤其是美国某些高等教育理论与经验的影响,这对学科的建设与发展是起了促进作用的。而高等教育经济学、比较高等教育等交叉学科以及某些研究领域,如继续教育、合作教育、教育评估理论,的确是从国外引进之后才开始研究的,但大量的研究课题仍是从中国高等教育的改革与发展的实际出发,进行了理论探讨的。

国际交流,相互借鉴,是发展中国高等教育理论重要的助力,但中国不可能也不应当把立足点放在国外,崇奉西方的教育价值观,照搬国外的理论。我们要建立的是有中国特色的社会主义高等教育学科。即使上述开始时从国外引进的分支学科或研究领域,也应立足本国,不应成为依附性发展。

第二,高等教育科学研究紧密追踪中国高等教育的重大问题

中国高等教育研究,在其发展历程中,始终紧密追踪中国高教改革中的重点、热点问题,体现了研究者强烈的本土意识和主体反思。例如,20世纪80年代以来,中国关于高等教育体制改革问题(投资体制改革、宏观与微观管理体制改革、办学体制改革、招生体制与就业体制改革,以及成人高等教育体制、民办高等教育体制等等)一直是高等教育研究的热点。这些问题,显然很难依附于西方的教育经验与理论。即使像高等教育大众化问题,"大众化"的概念及其数量指标是从西方引进的,但大众化的"质量指标",以及在大众化过程中的诸多问题,却与西方大不相同,无法依附于西方的理论与经验来解决。90年代,由教育部原副部长周远清同志主持的大型课题:《建设有中国特色的社会主义高等教育研究》、《21世纪的中国高等教育》、《面向21世纪教育内容和课程体系改革》等,规模庞大,人员众多,都是立足于中国高等教育实际,为中国制定政策提供理论与实践依据,在研究过程中,虽对西方有所借鉴,但显然其研究成果不是从依附中得来。在中国高等教育发展过程中所出现的问题,要么是其他国家所没有的,要么是其他国家已经经历或尚未经历的,但是,对中国高等教育发展却意义重大。对此,广大高等教育研究者所注重的是针对性和实效性,取得了丰富的研究成果。近年来,中国高等教育研究在促进高等教育思想解放和观念更新中发挥了先导作用,在建立新学科、完善学科体系,提高中国教育研究的科学化水平中发挥了推动作用,对政府高等教育决策发挥了咨询作用,在培养教育研究高层次专业人才方面发挥了提升作用,在中外高等教育理论成果和先进经验交流方面发挥了桥梁作用。高等教育研究是中国教育科学事业的重要组成部分,在推进理论创新、指导教育实践中发挥着不可或缺的重要作用。① 这些作用的发挥,离开了中国高等教育学科建设将中国高等教育

---

① 高宝立.中国高等教育研究:进展、问题与前景[J].教育研究,2003(7).

问题作为研究对象,离开了对本国国情的把握,离开了高等教育研究者鲜明的主体意识,是不可能的。

第三,中国高等教育学科建设重视学科建制,和西方高等教育的"问题研究"取向有明显不同。

这是我国高等教育学科建设和西方高等教育理论建设的重要区别。中国的高等教育学在初创阶段便是以学科建制为特点的,尽管这里面还有很多需要完善的地方,但是中国教育学在学科建设方面走在了前面,形成了和西方高等教育理论建设的不同轨迹。在西方,高等教育研究历来被看作"问题研究",至今未形成高等教育学科;前苏联的高等学校教育学,也只限于狭义的学校教育。中国高等教育研究则具有学科指向的特点,重视构成学科的基本概念、基本理论的研究,如高等教育的本质与特点、高等教育的定义、高等教育的结构与功能、高等教育的基本规律,以及高等教育可持续发展的理念,都有许多原创性的研究成果,为西方高等教育理论所未解决或未涉及的,体现了中国高等教育研究的本土化与先进性。从这个意义上说,中国的高等教育研究和西方的高等教育研究植根于各自不同的文化土壤,是两种不同类型的高等教育研究,它们以各自的文化传统为前提,产生于各自不同的文化传统之中,在各自文化范围之内都具有很强的解释力和规范性,彼此之间不存在"先进"和"落后"、"科学"与"非科学"、"现代"与"传统"之分,是典型的"和而不同"。今后,这两种不同的学科建设风格,可以相互借鉴,平等对话。

三、在继承中学习、在借鉴中超越:中国高等教育学科创新的必然选择

在新的世纪里如何推进中国高等教育研究和学科发展?我们认为,当前的突出问题是,在把握当前中国高等教育实际的同时,必须要对中国高等教育面临的时代环境有深切的认识。思考高等教育研究应如何积极面对全球化,有效应对全球化,要走出我国高等教育学科的自主创新之路,避免在全球化中沦为发达国家的附庸。

当代世界格局和国际规则,一开始是由西方资本主义发达国家所制定和主导的。以后,随着发展中国家的崛起,世界日益多元化和多极化,

发展中国家的声音逐渐得到展现。因此,发展中国家在全球化的浪潮中,不应当是毫无作为的依附者。问题在于,只有有"为"才会有"位"。当前的不利局面是,发达国家力图利用其先发优势和有利位置,不断巩固其强势地位。也就是说,发达国家作为全球化的既得利益者,主张过程上的平等竞争,但却对起点上的不平等视而不见,回避和掩盖发达国家历史上对发展中国家的压迫剥削造成这些国家的贫困落后,体现出明显的傲慢和不公平。比较典型的,就是"后殖民主义"和"文化殖民主义"。他们力图让发展中国家成为发达国家的附庸,通过文化的依附实现对发展中国家的间接控制。以高等教育和研究来说,正如一些学者所讲,当前,存在一个不平等的国际知识生产和消费的产业链条,形成一个不公平的国际知识网络,在这个网络中,处于"中心"与"边缘"的大学往往处于不平等的地位。举个例子来说,当前"主要的学术杂志、出版社、文献及图书馆都在欧洲和北美。学术杂志主要面向本国读者而对第三世界的科研进展几乎不予关注。这一简单的事实决定了知识的流向,还意味着第三世界国家的许多学术需求并没有得到满足。出版商几乎对第三世界的作者不感兴趣。第三世界的知识分子取得的学术成就、创造性的著述和研究报告很少有出路"。①

在不均衡的国际知识网络里,高等教育发达国家采取柔性的力量使发展中国家的文化和学术向发达国家标准看齐,最典型的,就是强调发展中国家与国际规则(实质是发达国家主导的规则)接轨。对外输出价值标准和学术规则,确立一尊的文化、学术地位,使发展中国家从拒斥到逐渐认同,最后走向主动接纳,从反对被殖民到不自觉地自我殖民,希冀通过依附的途径获得发展。比较典型的,是近年来出现的发展中国家主动要求接受发达国家的学术认证,以获得进入发达国家学术领域的机会,希望由此而获得与发达国家"平等"对话的机会。在与所谓的国际接轨过程中,发展中国家逐渐丧失文化主体意识和对域外文化的反思批判能力,觉得自己"万事不如人",对本国和本民族文化产生历史和文化虚无主义,滋生民族自卑情结。在香港和美国执教多年的杜祖贻教授深有感触地谈到,近年来,发展中国家高等教育交流出现的人才流失现象,牵

---

① (美)阿尔特巴赫.作为中心与边缘的大学[J].高等教育研究,2001(4).

涉的因素固然很多,其中又与本国人失去对本土文化的自信一项关系最大。发展中国家的基层教育长期忽略培养少年的民族情操,又不断压抑本国传统文化而崇尚流行于西方的潮流,实为主因,这是所有发展中国家今日必须深深反省以解决的严重问题。①

高等教育研究者,对一国的学术与文化再造具有不可推卸的责任和无可替代的作用,因此,高等教育研究者必须对上述问题有清醒的认识。当前高等教育研究,有些问题需要引起警觉。

一是自觉不自觉地认可学科的"西方中心主义"。对于这个问题,石中英教授提出一个观点,叫"教育学的文化性格",很有启发。他认为,"就不同文化传统下的教育学而言,我们也很难在一般意义上说谁比另一方更'科学',更符合或反映了教育的'规律',更很难说,谁代表着教育学未来发展的方向。我们只能说,它们各自在自己的文化传统内,为着不同的文化生活的需要,形成和发展了不同文化性格的教育学。这种不同不仅是量上的不同,更是质的差异;不仅表现在教育学形式上,更表现在教育学的内容和精神上。总之,是类型的不同,而非水平的不同,更不是'科学'与'非科学',或'成熟'与'不成熟'的不同"。② 但是现在一说到学术研究,都要求"科学",怎样才算是科学的标准呢?就是要符合西方近代以来的学术范式。这样一个标准,用于自然科学,可能比较合适,但是对于同历史文化传统、民族心理、价值观和思维方式密不可分的人文、社会科学来说,恐怕就不一定符合。现在的倾向是,一些研究者恰好认为,如果与西方的理论、方法有差异,或者没有大量引述西方学者的论点以壮声势,那么这些研究就是"非科学"、"不成熟"、"不合格的",一味强调向西方靠拢,最后却发现越靠差距越远。

二是高等教育研究者呈现出一定的主体性的迷失。这是由于在上述心态主导下,以西方理论和方法为高等教育研究的圭臬,盲目的追求理论和方法的国际"时尚"和"潮流",忽略对其理论与研究方法深度反思与改造,以切合己用。一言以蔽之,是研究者主体意识的丧失和批判能

---

① 杜祖贻.中国高等教育对外交流现象研究·序[M].见:田玲主编.中国高等教育对外交流现象研究.北京:民族出版社,2003:序.
② 石中英.教育学的文化性格[M].太原:山西教育出版社,1999:301.

力缺失。我想举一个例子来说明。一向认为我国台湾地区的研究方法是比较贴近欧美的,是比较讲求"科学"的研究方法的,但是,有台湾地区学者沉痛地回顾说,"近四十年学术的发展,具有相当浓厚的'加工性'、'殖民性'、'实用性'、'实证性',以及受到学术研究'边陲'性格的影响,因此研究品质并不十分理想。表面上看,学术市场相当热闹,有逻辑实证论、行为科学、现象学、诠释学、批判理论、结构主义、存在主义、后现代主义……可说'菜单'十全,但若深究其'营养',实在贫乏得可怜,就像流行服饰般地'无根'"。① 而"造成此一流弊,主要是近百年来,中国学术文化受西方强势文化的冲击,逐渐失去信心,反而对外来理论或思想过度依赖,再由于'急功近利'心态的作祟,因此研究变成了与自己社会文化'疏离'。其中概念的借用、方法论的混杂、膨胀、导致了'知'与'行'的严重差隔,理论无法指导实践,而实践也无法导正理论"。② 实际上,就科学研究主体性的迷失而言,香港的情况也和台湾的情形有某种相似性。不少学者担心,这种削足适履、舍本逐末的学术国际化模式日见蔓延,大陆也有可能步香港和台湾的后尘,这是我们不能不警醒的。

笔者同意杜祖贻教授的观点,正所谓"亦步亦趋,终为奴仆;借鉴超越,方成主家"。③ "亦步亦趋"的学术发展模式对于中国学术文化发展来说,是歧途而不是正途,对于我们这样一个发展中的大国来说,走依附发展的道路是不可能真正获得学术与文化独立的。因此,我国的学术文化发展必须另寻途径。唯一可行的做法,便是"先借鉴、继超越"的策略。从落后而追赶,从追赶到超越,自有其必经的过程。"这个过程应该是:从检讨到借鉴,从借鉴到取人之长,进而认定方向,凝聚力量,开辟捷径,直达目标"。④ 在新世纪里,中国高等教育研究如何走好自主创新之路呢? 我们提出两点建议:

第一,正确区分依附和借鉴,进一步扩大高等教育对外合作与交流,积极吸收人类一切先进的文明成果。

实际上,不同文化和不同国家之间相互学习和借鉴高等教育模式、

---

① 杨莹.转型社会中的教育.[M].台北:财团法人民主文教基金会,1991:168.
② 同上.
③ 杜祖贻.借鉴超越:香港学术发展的正途[J].比较教育研究,2000(5).
④ 同上.

理论和研究方法,是高等教育发展的通例。借鉴不仅存在后来者对先行者之间,不是单向的,而是双向的甚至是多向的。① 依附理论的一个重要缺陷,就是将学习作片面的理解,认为只要是后来者对先行者的学习就是依附,只要是发展中国家向发达国家学习就是依附,混淆了主动借鉴与和被动依附的本质区别。依附,讲的是丧失自我意识,被动的学习;而借鉴,则是主动的学习。所以,主动学习是借鉴,被动学习是依附,这是一个基本的判断标准。历史上,国家与国家之间的学习和借鉴,从来没有中断过,之所以这些国家不是依附性地发展,很重要的原因就是强调学习的主动性。我们知道,"18世纪末到19世纪初的德国高等教育体制及办学理念更是受到当时许多国家的推崇,以至于'在英、美大学的血液中,都有德国大学的宝贵传统',只是各国为适应本国的学术性传统和社会风尚而有所取舍罢了"。② 同样的,近代日本教育也曾经大规模地学习德国而获得发展。有借鉴,有改造,有创新,最终形成具有本国特色的高等教育模式,这种借鉴,能说是依附吗?

在保持外交、国防和文化主权基础上,根据本国国情的需要,选择符合本国特点的发展道路和模式,这样的学习,才是我们所需要的。全球化时代,我们不仅要向西方国家学习,也向一些发展中国家学习,努力吸收一切先进的文明成果。

第二,进一步重视本民族文化传统,增强文化自觉意识。

高等教育研究者如何避免在全球化过程中主体性的迷失,我们认为,还需要重视的是发挥传统文化在高等教育现代化中的积极作用,进一步凸显文化自觉意识。

对于"后发外生型"现代化国家来说,民族传统文化一个重要作用在于它对于培育民族自信心和自豪感,增强民族内聚力,振奋民族精神,在不利条件下进行现代化建设有着更为突出的作用。"后发外生型"现代化国家,由于其"后发性"和"外生性",面临的是不甚公平的国际政治、经济秩序,承受着"早发性"现代化国家带来的种种冲击和压力。这就要求这些国家的人民具有更强的民族内聚力和健康的民族心理素质,特别是

---

① 褚宏启.教育现代化的路径[M].北京:教育科学出版社,1996:82.
② 张珏.百年来中国高等教育依附式发展的反思[J].现代大学教育,2002(3).

民族自信心和自豪感以及自强不息、奋发向上的民族精神。传统文化作为各民族人民在长期的共同历史生活中创造的文化财富,是凝聚民族内聚力的黏合剂,具有整合社会价值的强大力量。尽管传统文化中存着糟粕和落后的东西,但在总体上它却是这些民族国家现代化建设的根本保证。在东西亚国家的现代化历程中,人们无一不对民族的传统文化倍加珍爱。这就从另一方面说明,传统文化是现代化的基础。[①] 如何从传统文化中汲取力量,是我国这个有着悠久高等教育历史的文化古国的重要课题。中国高等教育的现代化,需要高等教育研究者以饱满的热情,充分挖掘历史和文化资源,探索适合中国国情、符合科学规律的措施与对策。

我们相信,超越了民族虚无主义和民族本位主义的中国高等教育研究,将一手携着深厚的民族文化和教育的优秀传统,一手携着当代人类先进文明成果,在中国高等教育自主创新道路上阔步前进。

---

① 潘懋元、张应强.传统文化与中国高等教育现代化[J].清华大学教育研究,1997(1).

对高等教育国际化的几点认识

张笛梅*

20 世纪最后 30 年,经济全球化是十分迅速、十分突出的一种世界发展趋势。在经济全球化趋势之下,政治、文化、科技以及教育,都受到影响。教育特别是高等教育的国际化也成为世界关注的一种必然趋势,是不容回避的重大问题。这一趋势,不仅对发展中国家至关重要,而且对发达国家也有重大的影响。

一、对高等教育国际化的理解

对高等教育的国际化,实际上存在多种理解:有的认为存在世界共同的高等教育范式,国际化就是各国必须和这种共同的范式"接轨";有的则从 WTO 的服务贸易协议(GATS)出发,认为国际化就是执行教育服务贸易协议。而比较普遍的理解,是认为高等教育国际化,就是要加强高等教育在学术、人才、教学等方面的国际交流、合作;要积极向世界开放教育资源和市场,并充分利用国际教育资源和市场;要在教育内容、教育方法上适应国际交往和发展的需要,培养具有国际意识、国际交往能力、国际竞争能力的人才;要在国与国之间建立学位、教衔互认关系,等等。

如果从这样的意义上来理解高等教育的国际化,那么,就可以认为,高等教育的国际化是一种存在已久的国际活动和现象。西方发达国家,在高等教育发展过程中,始终是互相学习、互相借鉴、互派留学生,促进了各国高等教育的发展和提高。翻开中国高等教育发展史,也可以看到,中国近现代高等教育正是学习西方各国而产生发展起来的。从这个

---

* 张笛梅,编审,现任中国高等教育学会副秘书长、《中国高教研究》杂志编委会副主任。

意义上说,没有高等教育的国际化,就没有中国的近现代高等教育。这是无法回避的历史事实。因而,可以说,当代高等教育的国际化是历史的继续和发展,只是在当代世界大背景下,交流更加广泛,联系更加紧密,有其新的特征和意义而已。

中国的高等教育是在上一个世纪之交"废科举、兴学校"的更替中产生的,一百年来,在中西方文化的冲突和交融中,经历了种种磨难和曲折,新中国成立后,特别是改革开放以后,中国高等教育才得到了巨大发展。进入新世纪,中华民族终于建成了世界高等教育大国。而在世纪沧桑的曲折发展历程中,也有过或"全盘西化"或"闭关锁国"等深刻教训。在新的世纪之交的时代,我们面对高等教育国际化的新形势、新局面,既要吸取历史上的经验和教训,又要把握住新的机遇和挑战,使中国由一个高等教育大国走向高等教育强国。这是我们新的历史使命。为了完成这一新的历史使命,在经济全球化的新形势下,我们更加需要把握高等教育国际化这一历史机遇。

二、高等教育国际化的双重影响

正如同经济全球化是一把双刃剑,高等教育国际化也有双重影响。经济全球化实际上是经济发达国家推动的,它可以给世界经济带来活力和繁荣,也可能像亚洲金融危机一样给发展中国家带来灾难,以至在一些国家和地区反对经济全球化的呼声和活动不断。高等教育的国际化,一方面,有利于多种文化的交流和借鉴,有利于新知识、新技术的传播和更新,有利于教育资源的互补和共享,有利于国家、民族之间的相互了解和融合;而另一方面,也可能强化发达国家的文化霸权地位,可能造成欠发达国家本土文化的衰败和湮灭,可能有利于强势国家对人力资源的掠夺,可能影响一些国家的教育自主和自立。正如美国学者罗伯特·塞缪尔对于经济全球化所说的:经济全球化对发展中国家究竟是利大于弊还是弊大于利,不取决于发达国家的恩赐和施舍,而取决于发展中国家有没有相应的对策。对高等教育国际化,也是这样。

三、高等教育国际化的发展趋势

当今世界发展呈现出错综复杂的矛盾和斗争的状况,有政治多极化与单边主义的斗争,有文化多元化与文化霸权主义的斗争,有经济全球化与经济保护主义的斗争,有教育国际化与本土化、民族化的斗争,等等。但是,全球化、国际化是不可逆转的趋势,正如联合国科教文组织(UNESCO)21世纪教育委员会报告《学习:财富蕴藏其中》(*Learning: Treasure Within*)所分析的那样,"当今存在着一个世界舞台,无论人们愿意与否,每个人的命运在一定程度上都在这个舞台上决定"。

虽然此消彼长的矛盾和斗争在可预见的未来不会停息,但和平、发展、进步的人类愿望同样是不会放弃的。矛盾和斗争也并非绝对对立、不可调和,正如同中国经济在经济全球化发展中仍然保持高速稳定的发展态势,没有损害别国利益而走向和平崛起,也可以绕过亚洲金融危机而继续破浪前进,中国高等教育也在不断加强国际化的同时,实现了突飞猛进的发展。可以说,中国高等教育在改革开放以来的辉煌成就,正在于坚定地实行了"教育要面向现代化,面向世界,面向未来"的正确方针,既坚持根据中国的实际走中国特色社会主义道路,又坚持加强高等教育国际化的结果。坚持加强高等教育国际化的方向不应当改变、不会改变,高等教育国际化的发展趋势也不会逆转、不可能逆转。

在这里,要强调提出的是:高等教育的国际化,是一种趋势;适应这种趋势,应当成为我们制定高等教育发展方针政策的一个基点;通过国际化,促进我国高等教育的发展、提高,应当是我们把握的一种机遇和途径、方法。但高等教育的国际化,绝不是一个目的,不能理解为朝向"全球一体化"的目标,更不能以某一强势国家的模式作为国际化的唯一目标。

实际上,国际化和本土化、多元化是相对立而存在、相联系而发展的。国际化寓于多元化、本土化之中。没有多元化、本土化,完全趋同一致,也就不需要交流、融合,何来国际化?可以断言,未来世界高等教育的国际化趋势,必定是与本土化、多元化同时存在、共同发展的;中国高等教育,也必定要在进一步利用、加强国际化的过程中,建立有中国特色的高等教育体系。

四、加强高等教育国际化的对策

我国中南大学原校长胡冬煦教授在 2001 年高等教育国际论坛上曾提出"和而不同"的对策,我认为很有道理。两千多年前,孔夫子曾说过:"君子和而不同。"胡冬煦教授认为,对于高等教育国际化来说,"和"就是在办学目标上要有强烈的国际定位意识,要构建面向世界的培养目标,要培植具有世界先进水平的学科体系,要充分利用世界的教育资源,要增加教育内容和方法对国际因素的包容性,要在教育管理上采取向世界开放的积极态度。而"不同",就是在加强高等教育国际化的同时,要有创新意识和创新精神,要根据中国国情走中国特色的道路,要避免机械照搬、趋同发展,要发扬本土优秀文化,形成独特的优势。

实际上,国际化和本土化是可以一致的,因为,本土化形成的多元化,既是国际化的根基,又是实现国际化的落脚点,还是创新和发展的必要条件。国际化的生命力正存在于多元化和本土化之中。如果国际化的结果是趋同化、一体化,那国际化的生命和活力也就终止了。纵观近现代世界文化发展的历史,也确实是在国际化和本土化、民族化、国家化的相互促进、相互补充之中发展的。这也就是两千多年前,我国儒家学者在《国语·郑语》中所揭示"和实生物,同则不继"的发展规律。今天,我们可以把这种思想理解为多样文化的交流、融合可以产生新的事物,而强求完全一致就不能继续发展。

在现实中,要确定正确的对策,就更为复杂和困难了。我们必须面对世界丰富的文化遗产,既要充分地吸收、引进,又要辨明优劣、真伪而决定取舍。我们必须面对世界的人力资源和人才竞争,既要走向世界,又要保护人才和引进国外智力。我们必须面对信息化世界,既要充分享受信息资源,又要在信息天地占有一席之地。面对国际教育市场,既要充分利用国外优质教育资源,又要打造高水平教育走向国际市场。

高等教育国际化,有着广阔的天地和诱人的前景,也充满着许多风险和矛盾,需要我们研究的问题还很多。

国际化·现代化·本土化
——新世纪高等学校的办学方向

黄 进[*]

人类已经步入21世纪,在新的世纪里,经济发展、社会变革和科学技术进步都将以史无前例的速度向前推进。处在急剧变革时代的高等学校无疑应把握时代的脉搏,聆听时代的呼声,顺应时代的需要,实现自身的革命性变革,推动时代的进步与发展。在这种大背景下,结合高等学校的本质特性,笔者认为,新世纪高等学校应该把国际化、现代化和本土化作为自己的办学方向。

一、国际化——不可逆转的趋势

高等教育国际化虽然是一个新鲜名词,但却是一种历史现象。早在古希腊与我国春秋战国时期,"游教"、"游学"之风就已经盛行。到了中世纪,欧洲的不少大学更是真正的国际性机构,学生和教师来自各国,学位在各校之间相互承认。不过,早期的高等教育国际化尚处于较浅的层次,无论在广度和深度都不能与现代意义上的国际化相提并论。真正现代意义上的高等教育国际化肇始于19世纪,发展于20世纪,尤其在"二战"以后得到了迅猛发展,现在更成为一种世界潮流。

(一)高等教育国际化的内涵

高等教育国际化的含义涉及面很广,从不同的角度出发,有不同的认识。日本广岛大学教育研究所喜多村和之教授提出了衡量高等教育国际化的三条标准,即通用性、交流性和开放性。他指出,国际化首先是指本国文化被别的国家与民族所承认、接受并得到相当的评价。一

---

[*] 作者简介:黄进,武汉大学副校长,教授,博士生导师。

个国家的大学学术水平在国际上获得一定的评价,就意味着该大学教育、研究的机能和制度是国际上普遍存在的,它为外国学者和留学生所接受,在国际社会里具有一定的通用性。其次,确立能够活跃不同国籍、不同民族的学者之间的交际、交流、交换的制度,并使之发挥得恰到好处。第三,像对待本国人一样对待有不同文化背景的异国的个人和组织。[①]

欧洲国际教育协会把国际化看作是一个总体的过程,在这一过程之中,高等教育更少地趋向于本国,更多地趋向于国际发展。[②]

我国由汪永铨主编的《教育大辞典:高等教育卷》把高等教育国际化界定为"各国高等教育在面向国内的基础上面向世界的一种发展趋势"。[③]

还有的学者从内容的角度对高等教育国际化进行了界定。阿勒姆和瓦特认为,高等教育国际化包括三种主要因素:(1)课程的国际内容;(2)与培训和研究有关的学者和学生的国际流动;(3)国际技术援助与合作计划。我国学者王留栓、韩延明认为,高等教育国际化的主要特征有教育目标的国际化,教育内容的国际化,教育合作的国际化等。[④]

综上所述,高等教育国际化是一个不断发展的过程,要求高等教育要面向世界,通过广泛的国际交流与合作,在吸收、借鉴国外高等教育经验和文化成果的同时,传播本国的教育和文化精华,培养具有国际竞争力的人才,促进国际理解。在内容方面,包括教育教学的国际化和教育管理的国际化。其中教育教学国际化又包括人才培养模式的国际化(还可细分为培养目标的国际化,教学内容的国际化,教学方式、方法的国际化,教学手段的国际化等)、师资队伍的国际化、管理人员的国际化、学生的国际化、教学设施的国际化。而要把教育教学的国际化真正有效地实现,还有赖于教育管理的国际化。

[①] (日)喜多村和之.大学国际化.广岛大学教育研究所.大学论集 15,1986.转引自欧阳玉.高等教育国际化的内涵、历史与发展趋势[J].机械工业高教研究,2001(1).
[②] 陈学飞.高等教育国际化——从历史到理论到策略[J].上海高教研究,1997(11).
[③] 同上.
[④] 同上.

(二) 中国高等学校的国际化之路

当今时代,世界经济全球化的步伐正在加快,各国政治、经济与文化交流极为频繁,科学技术的发展使地球浓缩为一个小小的"村落"。在新世纪的曙光中,我国如愿以偿地加入了世界贸易组织(WTO)。在这种背景下,我国高等教育既面临空前的发展机遇,也面临来自国际社会的严峻挑战。走国际化之路,与国际接轨,已成为我国高等学校的必由之路。

1. 加强外语教学和培训

外语是进行国际交流的基本工具,也是了解外国文化的钥匙。因此,为了更快地融入国际社会,密切与外国高等教育机构的联系,我国高等学校必须进一步加强外语教学。加强外语教学并不仅仅是增加外语教学的课时数,而是要改变目前外语教学的"应试模式",注重外语听说能力、交流能力的训练,创建浓厚的外语氛围,从根本上提高学生的外语水平和能力。对于广大教师和管理人员,高等学校也要针对性地进行培训,使外语成为每个人都必须掌握的一项基本技能。

2. 加强国际性课程建设

1998年,联合国教科文组织在巴黎召开了世界高等教育大会。会后发表了《21世纪的高等教育:展望和行动世界宣言》,其中明确指出:"以团结一致、互相承认和支持有利于合作伙伴公平获益的真正的伙伴关系为基础的国际合作原则和跨国界交流知识和技能的观点,应成为指导发达国家和发展中国家高等院校之间的合作原则和观点……国际合作精神应融入课程设置和整个教学过程。"[1]国际性课程实则是实施国际理解教育的课程,要求教师在国际框架下讲授某一学科的知识,培养学生的国际意识。国际性课程的形式大致有以下几种:专门的国际性课程;注重国际主题的新课程;在已有的课程中加入国际方面的内容;使用国际通用的先进教材;举办国际问题的专题讲座等。

3. 加强师生的国际交流

师生的国际交流是高等学校办学国际化的基本特征。首先,高等学校要扩大校际师生往来和交流。如互派教师到对方学校研修、讲学,对

---

[1] 联合国教科文组织.21世纪的高等教育:展望和行动世界宣言[Z].

学生进行分年段的联合培养,学生之间的短时互访。其次,要扩大留学生规模,向海外大量招生。最后,还要面向国际招聘教师和高层管理人员。

4. 加强国际合作研究

在科学技术迅猛发展的今天,面对日益复杂的社会问题和尖端技术,单靠一个国家或一所高等学校的力量往往难以完成,这就需要在科学研究方面进行广泛的国际合作。我国的高等学校要加强与国外高等院校和科研机构的联系,利用国外先进的设备,开展国际合作研究,实现资源共享,提高我国科学技术的发展水平。

5. 加强国际合作办学

世界各国的高等教育都有自身的特色,都有值得借鉴和学习的地方。开展国际合作办学是高等教育国际化的深层次发展,也是培养具有国际竞争力人才的有效途径。当前,很多国家都开展了国际合作办学,成效显著。如在马来西亚400所私立高等学校中,2/3左右采取与国外对口学校合作办学的形式。我国的高等学校也必须加快国际合作办学的步伐,学习国外的经验,提高人才培养的质量。

二、现代化——不懈的追求

高等教育现代化的内涵非常丰富,包括高等教育观念的现代化、高等教育活动的现代化、高等教育设施的现代化、高等教育管理的现代化等,但笔者以为,在高等教育现代化内涵中,最根本、最紧要、最核心是大学制度的现代化。没有一种现代化的大学制度作保证,高等教育现代化之路必然会崎岖蜿蜒。因此,笔者无意全面探讨高等教育现代化的内涵,而试图以现代大学制度为切入点,窥一斑而见全豹。

(一)现代大学制度的内涵

大学制度通常可从宏观和微观两个层面进行界定。宏观的大学制度是指一个国家或地区管理大学的制度,包括大学的管理体制、投资体制和办学体制等。微观的大学制度是指大学内部的组织机构和运行机制,包括组织结构的分层、内部权力体系的构成等。① 宏观的大学制度是界定政府与大学关系的规范,而微观的大学制度则是界定大学内部关系的规范。

大学制度取向是意识形态和国家管理制度的缩影和体现,不同的价值取向决定着大学制度的偏向。在社会价值取向占主导的国家里,大学制度偏向于国家主义和行政中心,即国家对大学,以及大学内部都实行集权管理,行政权力至上,学术权力弱化。在强调个人价值的国家,大学制度倾向于自由主义和学术中心,即大学具有很大的自主权,国家对大学实行松散的有限度的管理,在大学内部,则以学者为重,学生为重。

近代严格意义上的大学制度起源于中世纪大学的"行会制度"和组织形式,它以保持独立、维护自身利益尤其是学者利益,排斥外来干涉为目的。在此基础上,近代大学制度逐渐形成了大学自治和学术自由的基本理念。"大学者,研究高深学问者也"②,大学自治和学术自由体现了大学作为学术组织的本质和特性,构成了维系大学制度的基本内涵,延续着大学的生命与活力。虽然,随着社会和大学自身的发展,大学逐渐演变成为一个多功能的复合体,大学制度也随之不断发生变化,但大学自治和学术自由作为大学制度的根基却始终没有动摇。《21世纪的高等教育:展望和行动世界宣言》明确指出:高等院校"享有作为自己的权利与义务的充分的学术自由和自主权"。③

简而言之,现代大学制度是反映社会发展需要和大学作为学术组织的本质和特性,使大学有效运行并充分发挥大学职能的各种规范和机制。

(二)现代大学制度的构建

我国的大学制度具有高度集权的特征,在市场经济体制基本确立的今天,大学仍基本按照计划经济体制的模式运作,已不能适应经济和社会发展的需要以及来自国际社会的激烈竞争。因此,建立现代大学制度不仅非常必要,而且还十分迫切,其中最根本的就是要夯实大学自治和

---

① 邬大光.现代大学制度的根基[J].现代大学教育,2001(3).
② 蔡元培.就任北京大学校长之演说[M].杨东平.大学精神.沈阳:辽海出版社,2000.
③ 联合国教科文组织.21世纪的高等教育:展望和行动世界宣言[Z].

学术自由的根基。

1. 建立政府宏观调控、高校自主办学的管理体制

我国的高等教育管理体制是在计划经济体制下形成的,政府对高校管得过多,统得过死,高校的自主权很小,缺乏对社会需求的灵活应变能力和发展的主动权。尽管20世纪80年代以来,高校的办学自主权在不断扩大,但集权管理的特征并没有根本改变。在我国即将向国外开放教育市场、高校将面临严峻挑战和教育的产业特性越来越鲜明的情况下,建立政府宏观调控和高校自主办学的管理体制势在必行。正如《中国教育改革和发展纲要》中所指出的:"政府要转变职能,由对学校的直接行政管理,转变为运用立法、拨款、规划、信息服务、政策指导和必要的行政手段,进行宏观管理。"同时,"要按照政事分开的原则,通过立法,明确高等学校的权利与义务,使高等学校真正成为面向社会自主办学的法人实体"。

2. 民主办学

学校的发展与学校内每一个人都息息相关,广大师生员工对学校的决策有知情权。也只有充分调动广大师生员工的积极性,群策群力,才能使学校的决策更为科学,更有助于学校的发展。因此,在学校的内部管理中,要弱化等级制,增加透明度,实行民主管理,尤其是要充分发挥教授群体在学校咨询与决策中的作用。"所谓大学者,非谓有大楼之谓也,有大师之谓也。"[①]教授作为大学中的一个特殊群体,最能代表大学的精神,最能体现大学的气质,对大学的发展起着至关重要的作用。在国外,教授拥有很大权力,有专门的组织——教授会,不仅参与审议学校的发展规划和工作报告,还参与课程设置、教学计划、招生、学位要求、教师聘任、晋级和解聘等政策的制定,在部分大学,教师还拥有对学校主要学术行政领导的选择权。"尤其在大学里,尽可能确保全体教员参与授课、研究、辅导学生和管理校务。"[②]在现代大学制度的构建中,要尽可能创造教授参与学校内部管理的机会,逐步实现学校行政的学术化,形成学术至上和教授中心的氛围,在条件成熟的时候,建立教授治校的制度。

---

① 梅贻琦.就职演说[M].杨东平.大学精神.沈阳:辽海出版社,2000.
② 联合国教科文组织.高等教育改革与发展的优先行动框架[Z].

3. 依法办学

依法办学有两层含义,一是指政府要依法管理大学,二是指大学要依法自主办学,同时在学校内部要建立健全的规章制度,照章办事。通过界定政府与大学之间的关系,从法律上明确政府管理大学的内容和权限,将有利于增强大学的办学自主性和灵活性。同样,大学也必须在法制化的轨道上办学,既享有法律赋予的办学权限,也承担应尽的法律义务和责任。此外,在大学内部,通过一系列的制度建设,形成科学、有效的运行机制,使大学的内部管理有法可依,有章可循。

三、本土化——不变的中心

任何国家的高等教育都是植根于各国独特的历史文化土壤中,毫无例外地打上了各国民族文化、经济与政治体制的烙印,具有鲜明的本土特色。对他国的先进经验的学习和借鉴,也必须联系本国的实际情况,进行本土性改造,才能真正发挥应有的作用。

(一) 高等教育本土化的内涵

很多人都可能有这样的体会,有些制度和做法在国外运转良好,可一旦引入国内,却适得其反,收不到预期的效果。究其原因,则在于环境变化了,条件不同了,功能也就丧失(或消耗)了。"橘,生于南,则为橘;生于北,则为枳"。任何制度的产生和运作都不能脱离具体的环境,都与各国独特的文化传统、民族心理、政治体制等有着千丝万缕的联系。不顾具体情况,盲目照搬,则会食古不化,食洋不化。所以,在借鉴国外经验的同时,一定要结合本国(或地区)的实际情况,使其融入到本土社会中,成为本土的一部分。

高等教育与民族文化和政治制度的关系非常密切,高等教育的基本功能就是文化的承传、评价、选择、创造与转化,对于国家的政治稳定、经济发展和社会昌明有直接的推动作用。高等教育的文化形态主要是制度文化和精神文化,其本土化进程将受到诸多因素的制约,难度远甚于器物文化的本土化。

高等教育的本土化是与民族化相近的两个概念,但本土化的内涵要较民族化丰富。从层次上讲,本土化分为三个层次,第一层次是国家化,第二层次是民族化,第三层次是地区化。从内容的角度看,本土化包括三方面的内容,即承传、弘扬、创新本国、本民族、本地区的传统文化;办学要适应国情、民情和区情;办学要为本国、本民族和本地区的经济、社会发展服务。综而言之,高等教育本土化是指在高等教育的比较和借鉴中,要具体问题具体分析,并进行创造性的改造,使其成长为高等教育本土文化的一部分,为本国、本民族和本地区的经济和社会发展服务。

(二)中国高等教育本土化之路

当今世界,高等教育交流日益频繁,高等学校之间的联系空前密切,基于不同文化背景下的高等教育也在碰撞、融汇中,凸显出本土特色。高等教育的国际化和现代化不是西方化或某国化,而最终将落脚于本土化。我国高等教育的本土化进程也必须分层次、依内容逐步推进。

从本土化的层次方面而言,首先,要实现国家化。根据我国宪法,我国是一个社会主义国家,依宪办学是高等学校本土化的首要前提。不管我国的高等学校怎样改革,不管与国外高等学校采取什么方式联合办学,这一前提是不可动摇的。其次,要实现民族化。高等教育本土化的一个重要方面,就是要把民族文化传统纳入到高等学校的教学中,尤其是要加强传统文化教育,使广大学生了解中华民族的历史,了解传统文化的瑰宝。不过,值得注意的是,高等教育也是一种文化,如同一般文化一样,有时越具有民族特色的高等教育越具有世界性。我们既不能只看高等教育的民族化而忽视其国际化,也不能过分强调高等教育的国际化而不充分尊重高等教育的民族性。最后,要实现地区化。我国幅员辽阔,地区差异很大,对外来文化的移植不仅要考虑到国家层面、民族层面,还要考虑到地区层面。

从本土化的内容方面来看,第一,高等学校要担负起承传和弘扬中华民族传统文化的重任,并根据时代的需要实现文化创新,延续民族文化的生命活力,同时,传统文化还具有各民族特色和地区特色,高等学校在本土化进程中也必须考虑所处的民族文化氛围和地区环境,保存和发扬各民族的文化特色和地方文化特色,实现百花齐放,百家争鸣。第二,高等学校要适应国情、民情和区情的需要培养人才和从事科学研究,使办学具有明确的针对性和方向性。第三,高等学校要为国家、民族和地区的经济与社会发展提供精神动力和智力支持,做出应有的贡献。

四、国际化·现代化·本土化——并行不悖的统一过程

高等教育的国际化、现代化和本土化进程,是一个并行不悖、相互促进的统一过程。就现代化来说,它是一个历时性的发展概念,是社会发展到一定阶段的产物,又是社会发展领域里带有整体性变迁的一种现象、一种形式,是"传统的制度和价值观念在功能上对现代性的要求不断适应的过程,"[①]也是"在科学和技术革命影响下,社会已发生和正在发生的转变过程"。[②] 高等教育现代化本身就是高等教育现代性的实现,是通过学习和借鉴国外先进的教育经验,不断提高现代性程度的过程。要推进高等教育的现代化,就必须打开国门,走出去,引进来,在比较中鉴别,在鉴别中取长补短。因此,高等教育现代化和高等教育国际化是相伴而生的,要提高高等教育现代化的程度,就需要面向国际社会,加强国际教育交流与合作,不断推进高等教育国际化。而要实现高等教育国际化,也必须以高等教育现代化为基础,没有现代化的高等教育观念和现代大学制度,也会影响高等教育国际化的进程。

国际化、现代化与本土化是既对立又统一的关系。一方面,国际化和现代化的进程本身就意味着是对原有制度和运作过程的革新和改进,是对传统的突破;另一方面,国际化和现代化并不意味着"全盘西化"和"国际一体化",而是在不同本土文明基础上生长和发展起来的,本土化是国际化和现代化过程中不可或缺的组成部分。"较后发展的社会面临的问题,不是抛弃自己的制度而一味向西方借用各种制度,而是要评价自己的制度遗产,并且决定在多大程度上对它进行改造以适应现代性的要求。""现代性是对传统性的补充而不是取代,现代的习惯、信仰和制度不过是传统的习惯、信仰和制度的增加。现代并不单纯是现代的,而是

---

① (美)西里尔·E.布莱克编,杨豫,陈祖洲译.比较现代化[M].上海:上海译文出版社,1996.

② 罗荣渠.现代化新论——世界与中国现代化进程[M].北京:北京人民出版社,1997.

现代加传统的。"①同样,高等教育的国际化和现代化,最终都要落脚于高等教育的本土化。"借鉴外国高等教育经验应当考虑中国的具体情况,取长补短,为我所用。如果一味地模仿某国教育,甚至提倡'某国化',把本国高等教育的民族性都给'化'掉了,则不足取,也不可能长期行得通。"②在高等教育发展的历史中,这样的教训比比皆是。如新中国成立以来,对苏联高等教育模式的全面照搬,导致了管理体制高度集权和专业划分过细过窄等问题,以致于现在不得不扩大高校的办学自主权、进行专业合并,加强学科渗透等。但高等教育本土化,并不是对高等教育国际化和现代化的抗拒和排斥,而是要求我们在推进高等教育国际化和现代化的同时,要考虑到具体国情和地区差异,使其符合本土需要,即建立有中国特色的与本国国情相适应的高等教育体系。

---

① (美)西里尔·E.布莱克编,杨豫,陈祖洲译.比较现代化[M].上海:上海译文出版社,1996.
② 刘海峰.高等教育国际化与本土化[J].中国高等教育,2001(2).

国际文化交流是大学的第四项基本职能

纪宝成*

一、国际文化交流是大学的基本职能

1. 大学基本职能的内涵随着经济社会发展与高等教育发展而不断丰富,国际文化交流已经成为大学的第四项基本职能

大学的职能,是大学本身性质决定的,会随着时代的发展而不断丰富。21世纪以来,国际文化交流成为大学继人才培养、科学研究、服务社会之后的第四项基本职能。这是时代发展赋予大学的新的社会职能。

11—12世纪,在欧洲诞生的中世纪大学是为传授知识而产生的,教学是它最基本的职能。19世纪以后,随着科学技术的迅速发展,大学的职能进一步发展,高等学校成为发现、创新知识的场所。洪堡在19世纪初创办柏林大学时明确提出了"通过研究进行教学"的思想和"教学与研究统一"的原则,至此,科学研究正式成为大学的第二项职能。1862年的《莫雷尔法案》创造了美国历史上著名的"赠地学院","赠地学院"开创了高等学校从"象牙塔"向"社会服务站"转变的先河,威斯康星大学的"威斯康星思想"[②]更是明确地把社会服务作为大学的

---

* 作者简介:纪宝成(1944年11月—):中国人民大学校长,教授,博士生导师,国务院学位委员会委员兼学科评议组成员,中国教育国际交流协会副会长。

② 威斯康星思想(Wisconsin ideal)是20世纪初由威斯康星大学的校长范海斯(Charles R. Van Hise)提出,其核心是大学为地方的经济社会发展服务。内容包括三个方面:一是大学必须参与州的各项事务;二是大学与州政府密切合作;三是致力于学术自由。威斯康星思想对美国高等教育产生了重大影响,它的产生使得社会服务成为美国大学继教学、科研之后的第三项职能。

重要职能。从此,应用知识在高等学校有了新的内涵,服务社会成为高等学校的第三项基本职能。21世纪,随着经济全球化的进展和信息技术的普及,知识经济的到来提出了文化交流的时代课题,国际文化交流在大学中的作用日益显现。1996年国际21世纪教育委员会向联合国教科文组织提交的报告《教育——财富蕴藏其中》,在论及"高等教育的功能"时指出:"大学被赋予四种社会职能:(1)培养学生从事研究和教学工作;(2)提供适合于经济生活和社会生活需要的高度专业化的培训;(3)全民开放,以满足最广义的终身教育各个方向的需要;(4)国际合作。"至此,国际文化交流已经成为大学的第四项职能。

2. 国际文化交流成为大学的第四项基本职能是由大学的性质所决定的

国际文化交流成为大学的第四项基本职能,是由大学本身性质所决定的,存在其必然性。曾任哈佛大学校长的内森·普西1963年在《学者时代》一书中指出,在一个较大规模的现代社会,无论它的政治、经济或学校制度是什么类型,都需要建立一种机构来传递高等的知识,分析批判现存的知识,并探索新的学问领域。也就是说,以高深知识为核心是大学组织最基本的特征。大学组织以探索、创新与传播高深知识为己任,而知识是具有普遍性的,纽曼[①]认为,"大学(University)是一个传授普遍知识(Universal Knowledge)的地方"。从词源学上来说,universal是指各地的学生集中在一所大学里的国际性特征,这种知识的普遍性决定了大学的国际性,从而决定了国际文化交流有可能成为大学的一项基本职能。联合国教科文组织的报告《教育——财富蕴藏其中》也指出"高等教育机构拥有利用国际化来填补'知识空白'和丰富各国人民和各种文化之间对话的很大优势。同一学科的科学工作者的合作正在跨越国界,成为研究工作、技术、概念、态度和活动国际化的一个强有力的工具"。

古希腊时期的学者普遍认为,大学本身具有国际性,其基本原因就在于知识具有普遍性。中世纪的大学追求的也是这种普遍性,认为人文

---

① 纽曼(John Henry Newman):19世纪英国维多利亚时代的著名神学家、教育家、文学家,曾任都柏林天主教大学的首任校长.著有《大学的理念》。

学科是一切知识的基础,一切学问在范围上都是世界性的。正是基于这种观念,拜占庭的学者到了波伦亚和佛罗伦萨,来自欧洲各地的学者在巴黎、牛津和剑桥仿佛是生活在自己的家园一样。然而,16世纪欧洲的宗教改革运动在大学之间竖起了宗教派别的藩篱,从而严重破坏了知识普遍性的观念。继而民族国家的边界进一步加深了这种藩篱。1648年的《威斯特伐利亚和约》[1]使大学基本价值观念变得更进一步从属于教派和地方势力。到了19世纪,随着科学的发展,才出现了相反的趋势,科学知识的世界普遍性越来越广泛地得到承认。第二次世界大战后,科学技术特别是信息技术的迅猛发展,经济全球化的趋势日益明显,加之"冷战"状态结束后,国际竞争已从军事对峙转向了经济竞争,大学间的国际文化交流日益活跃。而经济的发展,知识、人才的竞争,也使得许多问题,如环境问题、和平问题成为人类共同面临的问题,大学必须通过国际文化交流加强多样性,共同为人类发展服务。如果说最初的欧洲中古大学是由于欧洲共同的文字(拉丁文)和共同的宗教(基督教)使得人们能够在一起坐而论道、相互切磋、相互交流,而天然具有国际性,那么,今天大学的国际性已经超越了文字和宗教的约束,成为大学的一项固有属性、一项传统,成为大学不可或缺的一项基本职能。

　　进入21世纪以后,随着经济全球化和信息技术的发展,文化学术交流已经成为时代的主题。知识的传输已越来越不受国界的限制,知识全球化已经显现。越来越多的教师和学生相信,要在未来取得成功,就必须具有国际的知识和经验。正如美国高等教育专家克拉克·克尔[2]所说,大学的重要目的之一是帮助个人和国家为未来做准备,而未来更多地取决于全球的发展;大学是知识体系的核心组成部分,而当今的知识体系是国际性的,它们甚至包括了外层空间。克尔明确指出,我们需要

---

　　[1]　《威斯特伐利亚和约》于1648年10月24日在德意志威斯特伐利亚的明斯特签订,是法国、瑞典和德意志新教诸侯为一方,哈布斯堡王朝神圣罗马帝国皇帝和德意志天主教诸侯为另一方,为结束三十年战争(1618—1648)而缔结的和约。《威斯特伐利亚和约》创立以国际会议解决国际争端的先例,确定了国际关系中应遵守的国家主权、国家领土与国家独立等原则。

　　[2]　克拉克·克尔:美国著名的高等教育学者,曾任加州大学伯克利分校校长、多校区加州大学校长,出版有三卷本的高等教育文集,其中第三卷《高等教育不能回避历史——21世纪的问题》有中译本。

一种超越赠地学院传统的新的大学观念。这种观念实际上就是大学要面向世界,国际文化交流已日益成为大学的重要职能。

3. 大学的国际文化交流与大学的全球化、国际化不完全相同

大学的国际文化交流是不同国家、不同区域或不同文化类型下的大学系统的多向交流,不仅指人员流动等有形的物质层面,而且包括无形的制度层面和理念层面。有形的物质层面,主要指教师、学生的国际交流、课程设置与教学内容的国际合作交流、科研上的合作交流及各种培训等。理念层面,就是大学发展必须认识到知识的普遍性,只有通过国际文化交流才能吸收人类文化遗产和当代新成果,才能真正发挥大学的作用,才能使普遍主义的知识观在专业教育中占据主导地位,也才能获得国际认同,享有世界性声誉。制度层面,即大学的机构设置、大学与政府关系、人才培养模式、管理体制与运行机制等方面的相互交流。在我看来,大学的国际化、全球化虽然也大体包括这三个方面,但似乎更多地强调有形的物质层面的交流。

真正不同的地方在于,国际文化交流是一种状态描述,是国与国之间大学的平等交流方式,是由双方主动行为形成的一种相互关系。而国际化、全球化则是一种趋势把握,"化"总是带有强势(主流)价值介入的含义,含有强制性或自然性的主观意识成分,向某一方倾斜的倾向性往往不言自明,而很难是平等的合作与交流关系。

二、大学国际文化交流的重要意义

1. 国际文化交流有助于大学自身的发展

从大学发展的历史和国际经验看,国际文化交流是建设世界一流大学的重要途径。美国高等教育的发展史就是一部国际文化交流的历史。20世纪以前,大批美国青年赴欧洲留学,通过学者交流,学习欧洲国家的办学经验,特别是英国和德国的办学经验,对美国大学的发展产生了深远影响。美国大学的成功很大程度上得益于国际文化交流。后来,随着美国大学科学研究能力的加强,招收外国优秀学生和专家学者,加强国际文化交流已成为美国一流大学不可缺少的组成部分。1998年5月4日,前中国国家主席江泽民在庆祝北京大学建校一百周年大会上的讲

话中就指出,世界一流大学应该是民族优秀文化与世界先进文明成果交流借鉴的桥梁。国际文化交流已经成为衡量一个国家在全球化社会中教育发达程度、大学发达程度的重要标志。

随着世界战略格局的演变,当前多元文明之间的沟通、交流、互补正成为世界文化存在与发展中的主流;世界各国对中国传统文化的兴趣与关注正日趋浓厚,越来越把了解中国传统文化作为认识中国的重要途径,视之为展开多元文化对话、交流的有效渠道;也越来越把中国传统文化视为当代世界文明的一个重要组成部分,视为解决人类当前面临的共同问题、谋求整个世界和谐发展的重要智慧来源。中国人民大学是一所有着优良传统的、以人文社会科学为主的研究型大学。目前,我校和37个国家和地区的135所大学签订了校际交流合作协议,其中包括美国、欧洲以及亚洲的日本、韩国和中国香港、中国台湾等国家和地区的许多著名大学;在我们的校园内,则有来自75个国家和地区的在校留学生1 423人。我校非常重视对中国传统文化的继承与弘扬,为此,学校相继成立了孔子研究院、国学院等专门的传统文化研究机构。另外,中国人民大学在欧洲和北美已经筹建了四所孔子学院,与津巴布韦大学合作建设孔子学院也已排上日程,孔子学院加深了当地人民对中国传统文化的了解,加深了当地人民与中国人民的友谊。大学通过文化交流形成对社会的辐射力,已经取得良好成效。

2. 国际文化交流有助于不同文化、不同民族之间的相互理解、相互信任和相互尊重,有助于实现建立和谐世界的目标

一种文化总是需要传承、创新,而且还需要不断吸收、融合其他文化的优秀成果。没有传承的文化是断裂的文化,没有融合的文化是狭隘的文化,没有创新的文化是没有活力、没有生命力的文化,文化交流是文化创新、融合的源头之一。大学的国际文化交流在文化创新、融合上具有独特优势,从而有助于不同文化、不同民族之间的相互理解、相互尊重。

其一,大学是传承、创新文化的场所,大学之间的国际文化交流不同于其他组织之间的交流,它是建立在知识的普遍性之上,具有独立性和一定的超越性,在一定程度上,它可以超越不同国家之间的政治、经济纷争。通过大学之间的国际文化交流,不同文化背景的人们更容易相互接纳、相互宽容、相互尊重。

其二,大学是培养青年人才的地方,国际间的文化交流可以塑造青年一代对其他文化的认同、理解和宽容,从而促进跨文化间的相互理解和信任。特别是在全球化时代来临之际,这种相互理解与信任是十分重要的,它关系到世界未来的和平与稳定。正如联合国教科文组织21世纪教育委员会主席德洛尔所认为:通过了解他人,了解他人的历史、他人的传统和他人的精神进而学会与人共处。只有通过交流和沟通,各种文化、意识形态和信仰之间才能相互尊重或相互接受,从而促进人类和平、共同发展,实现建立和谐世界的目标。

三、充分发挥大学国际文化交流的职能

1. 充分发挥大学的国际文化交流的功能,推动大学发展,必须借助于国家的力量

在经济全球化和科学技术迅猛发展的今天,国家与大学的关系从来没有如今天般重要。大学是国家和民族利益的代表,在国家经济发展、社会进步和民族复兴中担负着重要职责。大学国际文化交流的主要目标是提高大学创新能力、促进人才培养,从而为国家发展作出更大的贡献。由于原本处于世界大学发展的边缘,发展中国家的大学欲摆脱困境,通过国际文化交流加快科技创新的速度、培养高质量的人才,就必须依靠国家的强大支持。近代德国大学的崛起依靠的是国家力量,现代美国大学的辉煌和研究型大学的兴盛在很大程度上得益于国家的重点扶植,发展中国家的大学要有所作为,也未必能超越这一逻辑。因此,政府对大学国际文化交流的政策支持与经费扶助是至关重要的。

2. 充分发挥大学的国际文化交流的功能,大学必须努力创新

创新是一个民族的灵魂,高水平、高质量的科技与文化学术创新活动和创造性人才的培养,是大学义不容辞的责任,是大学真正的价值之所在。世界各国大学发展的历史已充分证明:一个国家大学的创新力、生命力很大程度上是由其与外界交往的机会和频率、对外界实践知识、学术文化吸收的强与弱、学术文化所依存的社会活力及活动范围等因素所决定。因此,任何国家的大学都必须眼睛向外,面向社会,面向实践,理解并解决国家乃至世界面临的重大问题,围绕关系科学发现,关系国

家利益、关系民族福祉的重大问题和发展目标,加强基础性、前瞻性的科学研究,取得创造性的成果。只有这样才能形成高水平的大学国际文化交流,这样的交流也才能持续下去。需要特别指出的是,发展中国家、新兴国家大幅提高大学的创新能力,提升大学竞争力,还具有特别的意义。那就是,唯此,才能使这些国家的大学在日趋激烈的国际竞争和国际交流中逐渐占据主动地位,逐步实现在国际文化交流中的平等权。

3. 充分发挥大学的国际文化交流的功能,大学必须注重学术文化的本土化与民族化

国际文化交流并不是照搬他国的发展模式,也不是各国走向趋同,而是世界各国根据本国大学的历史传统和发展现状,发展本土的经验和特色。充分发挥大学的国际文化交流的功能,使大学通过交流与合作而获得发展,一方面必须经历一个外来文化学术与本国、本民族学术文化相互交流、融合而实现的本土化过程。没有这种本土化,就不可能运用国际文化交流的学术成果来解决每一个国家与民族所面临的不同的实际问题,从而也就必然使国际文化交流失去生命力与活力。另一方面,放开发展民族优秀文化是走向世界学术之林的必由之路。我们要着力研究开发中国优秀传统文化的当代价值,要着力研究中国现代化发展进程中具有普世价值的当代问题,要着力研究中国这一特定空间和条件下的特殊问题,找出解决这些问题的独特途径、探索其运行的特殊规律,在此基础上形成我们的理论框架、研究方法和知识体系,并在国际文化学术交流中奉献给世界。

对大学国际化与国际影响的一点理解

唐 忠[*]

20世纪90年代以来,中国的引领大学都提出了一个雄心勃勃的发展目标,在不太长的若干时间内把自己建设成世界一流大学。世界一流大学无疑要具有比较高的国际化程度,而且要产生广泛的国际影响。

一、对大学国际化的理解

一所大学的国际性或国际化包括哪些方面?学界有不同的观点。

关于高等教育国际化,联合国教科文组织(UNESCO)所属的国际大学联合会(IAU)给出的定义是:"高等教育国际化是把跨国界和跨文化的观点和氛围与大学的教学、科研和社会服务等主要功能相结合的过程,这是一个包罗万象的变化过程,既有学校内部的变化,又有学校外部的变化;既有自下而上的,又有自上而下的;还有学校自身的政策导向变化。"

就我所掌握的文献来看,关于高等教育国际化,一般有两种理解。一是理解为一种结果。所谓"国际化了的高等教育",应当是一个先进的、开放的、充满活力的体系,是人们为适应今天的竞争、迎接明天的挑战而孜孜以求的、近乎理想的大学教育模式。二是理解为一种趋势和过程。它是相对于传统的封闭的教育体系而言的,它注意的不单是"国际化"实现的程度,而是更强调实现"国际化"的过程。顾明远等把高等教

---

[*] 唐忠,1964年生,经济学博士,中国人民大学农业与农村发展学院农业经济学教授,学校国际交流处处长。兼任教育部农林经济与管理类教学指导委员会主任委员、北京市政府专家顾问团农业经济组顾问、中国农业经济学会副秘书长、亚太国际教育协会(Asia-Pacific Association for International Education, APAIE)创始成员及理事等。主要研究领域:农业经济理论、农业政策分析与土地资源经济。

育国际化的要素概括为"人员要素、财物要素、信息要素和结构要素"。人员要素的国际化指的是各类教育主体在国际范围内的流动。其中,学生、教师和学者的国际交流是其主要组成部分。财物要素的国际化主要包括教育经费的来源和分配的国际化,以及教学与科研设施的国际化。信息要素的国际化包括教育观念、教育目标、课程内容以及教育知识等的国际化。另外,随着教育国际化程度的提高,教育领域的国际规范条例也将增多。结构要素的国际化包括课程学习的学分制度、外国问题研究机构和国际合作与交流机构等。它们是教育国际化的基本保障。陈学飞把高等教育国际化构成要素归纳为六个方面:国际化的教育观念、国际化的培养目标、国际化的课程、人员的国际交流、国际学术交流与合作研究、一些教育资源的国际共享等。戴晓霞认为高等教育的国际化应包含:(1)学生的国际化:招收外国学生或本国学生前往他国就读,包括长期和短期停留,主要在获得文化经验和语言能力。(2)教师的国际化:包括教师的短期访问和外籍教师的征聘。(3)课程的国际化:可能的作法包括扩大课程的国际视野,开设关于其他文化和语言的课程,通过远距或网络修习外国大学所开设的课程。(4)研究的国际化:通过研讨会、期刊及书籍等交换和推广研究成果。

在我看来,一个大学的国际化要素至少应该包括(1)办学观念的国际化,大学要有国际化的发展理念,确立面向世界的培养目标;(2)教师队伍和管理队伍的国际化,包括本国教师和管理者的国际经验、国际交流能力和国际影响,以及教师队伍构成的国际化(外国教师的比例)两方面;(3)学生的国际化,包括国际学生的数量和本国学生的国际经验、国际视野两个方面;(4)研究的国际化,包括交流与研究活动的国际化和研究成果的国际影响。

二、大学国际化与国际影响的关系

1. 国际化与国际影响不能画等号

必须指出,从结构性指标来衡量的一所大学的国际化程度不完全等同于其国际影响的大小。也就是说,即使从学生结构,教师和管理者的受教育背景、外籍教师的数量、国际交往活动等方面来看,一所大学的国际化水平很高,但如果其教师的科研成果没有太大的国际影响,也没有产生有国际影响的校友,那么这所大学的国际影响并不一定大。教师的教育背景等是大学国际化的投入因素或影响因素,它们非常重要,但还不是产出因素,产生有重要国际影响的科研成果和科研成果后面的被国际广泛认可的学者,更是一个大学国际性影响的关键。

什么是有广泛国际影响的科研成果?如何定义和衡量?不是一个容易达成共识的话题。因此,除了科研成果外,在此我提出一个相对简便的办法来衡量一所大学的国际影响:大学吸引外国博士研究生和外国访问学者情况,尤其是其优势学科领域吸引来的外国博士研究生和外国访问学者的情况。如果世界各国的青年人都以能获得这所大学的博士学位为荣,其他国家的年轻学者都以有机会到这所大学做一段时间的访问学者为荣,在这所大学获得博士学位后,很容易进入本国的学术界,并有成为学术骨干的极大可能,那这所大学必然是有重要国际影响的大学。

一个能用流利的外语进行学术交流的学者,不一定有多大的国际影响,一个不会说外语却经常有来访者的学者,那他一定是做出了有重大国际影响的科研成果,成为了国际知名的学者。陈景润没有在国外受教育的经历,其论文用中文发表在中国的学术刊物上,但产生了世界性影响,也许是一个例子。杂交水稻之父袁隆平也是同样的例子。如果一所大学有若干领域的教授在本大学做出了一批具有重大国际影响的科学研究成果[①],那么这所大学一定有重要的国际影响。

2. 对中国的大学而言,提升国际化程度,就意味着提升其国际竞争力

对于一个在科技上处于追赶阶段的国家,提升其大学的国际化程度,就意味着提升其核心竞争力,提升其国际影响。我国在教育和科技领域目前还不能说是世界的引领者,更多时候还是追赶者,在此前提下,提高国际化水平在一定意义上就意味着提高其追赶的速度,提升其缩小与国际引领大学差距的能力,从而提升其国际竞争力和影响力。

---

① 如果只是引进已经成名的大师,虽然很重要,但意味着这些人有重要影响的科研成果是在别的大学时取得的。

对于已经处于引领地位的国家,它的大学教授是否在国外受过教育或做过访问学者,并不是太重要,就像美国不少有重要国际影响的学者,并不掌握英语以外的语言,也未必在国外留过学或访过学,但这并不削弱他们在国际上的影响,因为他们的母语就是国际强势语言。但对处于追赶阶段的大学,是否有能力与科技文化处于强势的国家的大学建立联系,与之进行对话、交流与合作,就显得十分重要,因为这在很大程度上影响了解、把握进而引领本学科国际前沿的能力。

三、我国大学的国际影响:一个侧面的观察

1. 我国的大学任重而道远

大学的产出,主要是高质量的学生、有影响的科学研究成果、对文化的传承与传播等等。

从科研成果来看,我国在国际上还谈不上有太大的影响。

在自然科学和技术领域,科研成果的国际影响相对容易衡量。也正是用这些容易衡量的指标来评估,在上海交大的排名里,中国没有1所大学进入前150名。排名最靠前的台湾大学排在153—201组,北大、清华、香港大学、香港中文大学、香港科技大学5校排在202—301组,复旦大学、南京大学、浙江大学、中国科技大学、香港理工大学、香港城市大学、新竹清华大学等7所中国学校排在302—403组,吉林大学、台湾成功大学排在404—502组。而美国和英国有11所大学、德国有7所大学、我们的近邻日本有5所大学进入全球100强。中国的大学任重而道远!

从国际学生来看,我们的大学吸引了一批国际留学生,在东亚国家有一定影响。留学生主要分布在大文科,即使是以理工科著名的大学,其留学生绝大部分也分布在大文科,这也说明我们的理工科没有太大的国际竞争力。就是留学生集中的大文科,读博士学位者、访问学者的数量并不多,发达国家来的学生也不多,还没有多少在中国毕业的文科博士成为所在国家的学术中坚和社会栋梁。就这些而言,我们中国与世界引领大学还有非常大的距离。这就是我们今天所面临的严峻现实,中国的大学实在是任重而道远!

2. 国家的经济实力与大学的国际影响

对于读不懂中文的外国人,中国在人文社会科学方面的国际影响还很有限。人文社会科学如何比较?不是一个容易给出答案的问题。在不同的语言与文化背景下,人文社会科学能不能进行比较,恐怕都是一个问题。

尽管如此,有一个现象还是可以观察的:以中文来表达的人文社会科学领域的研究成果,在今天的世界上还不太容易引起注意。在以英语为国际学术语言,以欧美文化为国际强势文化的环境下,以中文来表述的人文社会科学的学科,要具有世界影响就面临特殊困难[①]。

这又会引出一系列有争议的问题:是否有这个必要?是否有这个可能等等,用英语写出来的有关中国的文科论著就一定比用中文写的更深刻?更有学术价值?或者是相反?或者是一样?人们还可以追问:同样是中国语言,其今天在世界上的吸引力,远大于30年前,学习中文并参加汉语水平考试的外国人越来越多,这是我们的文化更有吸引力了、人文社会科学更发达了,还是经济更发达了?或者都是?这些问题也同样值得我们思考。

按市场汇率计算,我国的GDP接近2.5万亿美元,人均GDP接近2 000美元。我想,不要说中国的人均收入达到美国的水平,如果今天中国的人均收入达到美国的三分之一,那么中国的经济总规模就将是美国的1.44倍,达到15万亿美元,中国就成为世界最大的经济体,以中文发表的人文社会科学的论著受世界关注的程度恐怕就完全是另一个样子,可能中国的一些优秀学术刊物就成了国际刊物。我们相信,国家的综合国力,国家在世界上的综合影响,与其大学的国际影响是相辅相成的。

中国与日本的相互留学,不就是这样的例子吗?唐朝时的中国,应该是世界强国,来自东邻日本的留学生充斥于中国的首都长安。而19世纪末20世纪初以来,在日本各大学的中国留学生也不在少数。今天虽然互有学生在对方留学,但在中国大学任教的教师里不乏曾留学日本

---

① 一个不严密的例证是,在美国学术界的华人学者中,在物理学、化学等自然科学领域出现了一批世界知名学者,在经济学领域也有若干具有国际影响的学者,但在人文科学领域能在英语世界里引领的学者就寥若辰星。

者,而在日本大学的教师里鲜有在中国获得博士学位者。美国与欧洲之间也有类似的情况。19世纪时,美国人乐于留学西欧,而在今天西欧的大学里,很多教师以有在美国的经历而骄傲。

大学能否领先于国家经济发展的水平以更快的步伐进入世界一流?能领先多远?人文社会科学更容易先于国家的综合实力的发展而引领世界?还是更不容易?恐怕是后者。

四、提升我国大学国际化的原则

第一,提升国际化必须以提高学校的核心竞争力为出发点和落脚点。紧紧瞄准国际学术前沿,提高教师的教学科研能力和学生的培养质量,提升学校的核心竞争力,扩大学校的国际影响,是提升国际化的根本目的。

第二,必须注重合作与交流的实质性。大学在选择合作伙伴、签署合作协议时,应把是否能进行实质性的交流与合作作为优先条款加以考虑。如果能提升学校的国际影响,能进行教师或学生的交流,能合作进行科学研究,能联合办学等等,就是有实质性的合作。

第三,必须紧紧依靠院系和教师。可以说,在大学里,没有教师参与的国际交流,只能流于形式。教师是学校国际交流的根本,院系是学校国际交流的主体。只有我国教师与外国大学教师之间建立起学术联系和学术信任,院系与对方院系之间建立起合作机制,学校的合作与交流才能展开,才能深入,才能落到实处。

第四,必须投入资源,主动积极。现今的中国,完全要求对方出钱进行国际合作与交流的时代已经过去,没有相应的资源,就没有平等对话的权利,就没有主动性。

第五,充分认识提升国际影响的长期性和艰巨性。我们要只争朝夕,努力工作,主动出击,以积极进取的姿态从事国际合作与交流。我们要以自己优秀的工作来证明我们的能力,争得我们的国际地位。但必须看到,这是一个需要长期努力才能实现的目标,是伴随国家的发展才逐步实现的目标,必须进行长期艰苦的努力。急于得到国际领先者的承认和认可的心情是完全可以理解的,我们也必须大力宣传自己的优势。但过于急迫,也会欲速则不达。我们要有信心,更要有耐心。

第六,处理好造势、借势与提升自己的关系。适当造势、巧妙借势,对处于追赶型的大学提升国际影响是非常必要的,但必须以踏实的学术研究和学术实力为后盾。中国的大学是各国名家的讲坛,这非常好!但不能仅仅只是剧场,是别人发挥影响的舞台。邀请名人,举行国际会议或学术活动,要以提升学校的核心竞争力为依归。不能仅仅满足于我们搭台,请外国名家来"唱戏",我们自己只是在组织、跑龙套,而能力和影响没有得到实质提升。造势和借势必须以强自己之势为出发点,以提高和推出自己的学者为出发点。

五、对我国引领大学提升国际化的建议

1. 提升教师队伍的国际化程度

第一,增聘外籍教师。外语教学:本科生以20人为教学班,每周至少4个小时的外教外语课程,进行两年。专业教学:每个学科至少每年聘请1名外籍教师讲授专业课程。

第二,建立教授海外学术假制度。对学校现职教授在工作6年之后,可休1年或6个月的学术假,其间必须有3个月赴国外大学交流或合作研究。

第三,新聘教师海外访学。对在国内获得博士学位的新聘教师,争取在其来校工作三年内公派出国进修,有过海外进修经历之后的人员方可参加副教授职称的竞聘。

第四,资助教师出国参加国际会议。

2. 增加外国留学博士生和交换学生数量

在学校的优势学科多招收一些外国博士生。学校每年派出5%—10%的本科生赴国外高校学习1学期或1学年,派出10%左右的博士研究生出国学习一年。

3. 建设若干全英文教学的学位项目

针对学校的优势和重点学科,建设若干个全英文学位项目。全英文学位项目的设立,一是有助于国际学生交换项目的开展;二是有助于招收非汉语语言专业学习的留学生;三是有利于促进教师队伍的英文授课

水平,扩大海外影响力。中国人民大学已经设立了两个全英文教学的硕士学位项目,计划在其优势学科里建设5个全英文硕士学位项目,招收外国学生。

4. 在海外设立研究机构

中国人民大学已经在比利时的布鲁塞尔设立了"布鲁塞尔当代中国研究所",对欧洲学生进行学位教育,为欧洲社会提供咨询和培训等,还将探索在北美和亚洲建立中国人民大学的当代中国研究所。

参考文献

1. 邝正.教育国际化与后发展社会[J].高教研究与实践,1997(3).
2. 蔡永莲.全球化趋势对高等教育的影响——关于国际合作办学的一点思考[J].教育发展研究,2002(6).
3. 陈昌贵.国际合作:高等学校的第四职能——兼论中国高等教育的国际化[J].高等教育研究,1998(5).
4. 陈学飞.高等教育国际化:跨世纪大趋势[M].福州:福建教育出版社,2002.
5. 李延成.高等教育课程的国际化:理念与实践[J].外国教育研究,2002(7).
6. 欧阳玉.高等教育国际化背景分析.高等教育研究,2000(3).
7. 唐玉光.国际化——知识经济时代大学新职能[J].高等师范教育研究,2000(5).
8. 王冀生.高等教育国际化的科学内涵[J].现代大学教育,2002(1).
9. 王庆石.大学教育国际化的基本含义.厦门晚报,2003-07-18.
10. 余新.国际理解教育发展的研究[J].外国教育研究,2002(8).
11. 张芹.高等教育国际化的内涵、标准与实施对策.继续教育研究,2005(1).
12. 张应强.文化视野中的高等教育[M].南京:南京师范大学出版社,1999.

高等教育国际化的多视角分析

徐海宁*

随着经济全球化进程的加快,高等教育国际化是当前高等教育重要的发展趋势,受到世界各国的普遍重视。何谓高等教育国际化？目前意见并不一致,对其概念和内涵的界定真可谓是林林总总,其原因是研究者的视角不同而造成的。从不同的视角出发,就会对高等教育国际化的形成、演变和发展产生不同的看法,也会对其概念的表述和内涵的界定产生差别,从而彰显出不同的教育价值观。本文拟从历史的、政治的、经济的和教育的不同视角,来研究高等教育国际化问题。

一、历史视角：从国际性到国际化到全球化

高等教育国际化是一个历史的范畴,也是一个发展的概念。高等教育的国际化是随着历史的发展而发展的,不同时代的高等教育国际化有不尽相同的背景和内涵。

陈学飞教授(2002)指出："20世纪90年代所出现的高等教育国际化浪潮具有悠久的历史渊源,最早可以追溯到古希腊时代,那时,跨国的'游教'和'游学'之风相当盛行。只不过这种国际交流是在当时已知的非常狭小的范围内进行的。"[①]欧洲中世纪大学在承认知识普遍性的基础上采用同一种语言(拉丁语)教学,开设的课程也大体相同,并且相互承认授予的文凭。这种高等教育国际化的特征,后来因16世纪上半叶欧洲基督教改革运动中新兴的教派的出现和民族国家的形成而有所淡化。但随着现代大学的出现,"特别是1810年德国柏林大学的建立,强调教

---

* 作者简介：徐海宁,南宁师范大学国际交流处处长,副研究员。
① 陈学飞.高等教育国际化：跨世纪的大趋势[M].福州：福建教育出版社,2002.5.

学与科研的统一,不仅成为德国大学新精神的代表,而且迅速成为世界各国纷纷效仿的榜样,促进了高等教育的国际交流"。① (张寿松,2003)第二次世界大战以后,尤其是东西方"冷战"状态结束以后,国际关系发生了许多变化,高等教育的国际化随之进入了新的发展阶段。在这个时代,国际竞争已从军事对峙转向经济、科技和人才的竞争,需要国际协作才能解决的诸如能源、环境、贸易、发展、民族、妇女、毒品和平等国际性问题越来越普遍。知识的产生、传播和应用由于信息技术的发展而越来越不受国界的限制,高等学校也越来越深刻地感悟到要建设高水平大学就必须以新的观念和姿态,向全球范围的国际化方向发展。

现今,国际化已从边缘逐渐成为了大学规划、管理、培养目标和课程设置的一个核心要素。当前高等教育的国际化,主要表现为加强高等教育在教学、科研和人才培养方面的国际交流与合作;确立国际化理念,培养具有较强国际合作意识、国际交往能力、国际竞争能力和国际理解能力的人才;积极向世界开放教育资源,并充分利用国际教育资源;在国与国之间建立学分、学位互认关系,等等。

如果从这样的意义上来理解高等教育的国际化,那么,就可以认为高等教育的国际化是一种存在已久的国际活动和现象。不仅欧洲中世纪大学具有国际化的某些特性,而且中国近代大学,特别是教会大学也具有国际化的某些特性,但这并不是现代意义上的高等教育国际化。现代意义上的高等教育国际化始于第二次世界大战以后,它在范围、形式、国际跨度等方面都远远超过过去。因此,我们可以将第二次世界大战以前高等教育所具有的某些国际化特征,称之为高等教育的国际性,而现代意义上的高等教育国际化则出现在第二次世界大战之后,尤其是 20 世纪 90 年代以后。

还有一个问题是全球化。全球化概念最早出现在经济领域,它是指商品(包括服务)、信息和生产要素跨国流动,各国经济相互依存程度日益加深,世界经济越来越趋于一体化的过程和趋势。应该承认,全球化与国际化是有密切联系的,但两者不能混为一谈。黄福涛教授(2003)指出:"全球化强调在世界范围内建立超越国家,建立一种不受任何约束或

---

① 张寿松.高等教育国际化的十个基本问题[J].大学教育科学,2003(3).

排除任何政治、特别是文化差异的统一标准,即建立一种放之四海皆准的模式或世界一元化;而国际化则主要表现为国家与国家或异文化之间的交流,国际化的目的并不在于建立世界范围内统一的模式或世界一元化,相反,却以主权国家或不同文化的存在为前提。"① 因此,我们不能将现今的高等教育国际化视为全球化,因为现在的高等教育国际化着眼于国家之间的交流与合作,注重交往中各国的自身利益,也存在着国际化与本土化和民族化的争斗。即使我们认为高等教育国际化必然要向全球化方向发展,最终必将导致全球化,但将现在的高等教育国际化视为全球化还为时过早。

以上提到的国际性、国际化和全球化三个概念之间是有差别的。国际性的特征是活动的范围较小或以单向"传递"为主;国际化则在交流与合作中注重各国的自身利益;而全球化则淡化国家界限,着眼于全球范围。

二、政治视角:为民族国家的利益服务

高等教育国际化作为21世纪世界高等教育发展的一个重要趋势,已经得到世界各国的普遍认同和高度重视,但发达国家和发展中国家对这一问题的认识是有分歧的。发达国家非常喜欢称其为"全球化"(globalization),其核心思想是把你扩张进来,由他来主导;发展中国家则称其为国际化(internationalization),其核心思想是提升高等教育的水平,缩小与世界高等教育先进水平的差距,尽快实现高等教育的现代化。两者之间的差异在于前者是一个空间的概念,后者是一个时间的概念。但无论分歧多大,却有其共同之处,就是为各自的民族国家利益服务。

中科院院士、英国诺丁汉大学校长杨福家(2001)认为:"高等教育国际化就是要培养融通东西方文化的一流人才,在经济全球化中更好地为各自国家的利益服务。"② 发达国家在高等教育国际化中是纯粹获利的占

---

① 黄福涛.高等教育的国际化与全球化——历史与比较的视角[J].国际高等教育研究,2003(1).

② 杨福家.国际化是高等教育发展的必然趋势[J].中国高等教育,2001(13).

尽优势的群体,它们国际化的程度高、内容广泛,活动形式多样,并且政治目的强烈。一些发达国家甚至把高等教育国际化作为外交政策的一个重要方面和政治的延续,不断地灌输和传播本国的政治价值观和意识形态。比如:美国的高等教育国际化强调推广美国的思想和文化,把美国的意识形态引向全世界。"二战"以后,美国为了其政治目的,一直把高等教育国际化作为全球发展战略的一个重要组成部分,美国人历来相信教育交流是实现美国全球影响力的有力手段。美国先后制定了《美国新闻与教育交流法》(1948年)、《国防教育法》(1958年)和《国际教育法》(1966年)。《国际教育法》提出:"在促进国家间的相互理解和合作中,有关其他国家的知识是至关重要的……要确保这一代和未来几代的美国人在整个有关其他国家、人民和文化的知识领域,有充分机会并在最大可能的程度上发展其智力。"这充分表明了美国政府支持开展国际教育和推动高等教育国际化的意愿,积极主张高等教育应加强学生对世界各国政治、经济、科学、文化、民族乃至风土人情的了解,使自己成为国际问题专家,实现美国全球化霸权的理想。

日本对高等教育国际化问题更表现出了异乎寻常的重视。日本文部省的教育咨询机构——中央教育审议会也于1966年明确建议文部省适应高等教育国际化潮流并努力培养"世界通用的日本人"。同时,日本政府十分重视吸引外国学生赴日学习,将留学生政策确定为面向21世纪最重要的国策之一。1983年日本政府在《日本政府21世纪留学生政策提案》中指出:"在未来的21世纪的世界中,日本不仅要经济实力强大,与此同时在各个领域中也要不断强大起来。因此,留学生政策的制定对提高日本的国际声誉具有极其重要的意义。"[①]"学成归国的留学生,正在为加强和发展日本与本国之间的友好关系起着重要的桥梁作用。从这个意义上看,对于期待着21世纪的日本来说,留学生政策在文教政策、对外政策中必须占有极其重要的位置,也可谓是重要的国策之一。"[②]

我国也十分重视高等教育的国际化。对于我国这样的发展中国家来说,高等教育国际化有利于提高社会开放程度,拓宽社会成员的文化

[①] 日本政府21世纪留学生政府提案,1983.8.31.

[②] 同上.

视野;有利于提高学术起点,培养学术精英,缩小与世界水平的差距;有利于借鉴先进的科技文化、价值观念及办学模式,实现跨越式发展。总之,有利于提高高等教育的办学水平和教育质量,促进高等教育的现代化。但推进高等教育的国际化,也有国家利益的考虑。比如,在来华留学生政策方面,政府就认为:"接受和培养外国留学生,是我国外交工作的组成部分和应尽的国际主义义务,也是促进我国改革开放,加强与世界各国教育、科技、文化交流和经济合作,积极吸收和利用外国智力为我国社会主义建设服务,同时增进我国人民同世界各国人民之间的友谊和了解,创造和维护国际和平环境的一项具有重要战略意义的工作。这个工作做好了,在以后几十年里都会发挥作用,从某种意义上讲,比一时的经济援助效果还要好。"①(徐海宁,2001)可见,世界各国在关注和推进高等教育国际化的同时,也十分注重各自的民族国家利益。高等教育的国际化与民族国家的高等教育是相互存在、相互促进的。国际化促进和改造民族国家的高等教育,而民族国家则是高等教育国际化进程的最大推动者。尽管发达国家在高等教育国际化中居于优势地位,可能增强它们对发展中国家的文化渗透和影响能力,甚至有利于它们对人力资源的掠夺,使发展中国家的利益受损,但高等教育国际化对发展中国家究竟是利大于弊还是弊大于利,并不取决于发达国家的恩赐和施舍,而取决于发展中国家高等教育国际化的对策。当今世界高等教育的国际化,事实上了也对发展中国家造成了很大的压力。所以,在参与高等教育国际化的进程中,要有必要的防范意识和准备,努力维护国家的利益和安全。

三、经济视角:经济全球化和经济利益 是高等教育国际化的外在动力

经济全球化已成为当代世界经济发展不可逆转的时代趋势,是当代世界的最主要特点。经济全球化的内容,一方面是指商品市场和要素市场在相互联系和相互作用过程中形成的市场体系的全球一体化;另一方

---

① 徐海宁.中美日三国留学生教育的状况与政策比较研究[J].河北科技大学学报,2001(1).

面是指经济行为和经济规则的全球统一化。它是一个复合性的概念,其辐射是多层次的。"第一层次是产品的国际化;第二层次是生产产品所需生产要素的国际化,包括资本、劳动力、技术的国际化;第三层次是生产要素生成的国际化,包括资本生产的国际化即生产国际化,资本流通国际化即资本市场国际化,劳动力生产的国际化即教育国际化尤其是高等教育国际化,劳动力流通的国际化即劳动力市场国际化,技术生产的国际化即科学研究的国际化(包括高等院校的科学研究)等。"[1]

经济全球化对高等教育产生强大的影响,要求高等教育在经济全球化中发挥重要作用,加速了高等教育的国际化进程。首先,经济全球化必然导致高等教育人才培养的国际化。经济全球化使得国际经济竞争更为复杂和激烈,这种竞争归根到底是综合国力的竞争,而人才和人的素质的竞争是经济全球化中综合国力竞争的基础内容。在经济全球化的背景下,除了少数战略性资源外,一般的物质资源在综合国力中的地位下降,而作为生产力要素的劳动力(人才)作为一种人力资源,其作用和地位上升。再加上经济全球化使人才在世界范围内的流动性加大,所以,人才的竞争在当今世界表现得越来越突出。许多国家都把教育尤其是高等教育作为国家发展和振兴的基础,大力培养精通世界经济、贸易、生产和管理的复合型人才。发达国家则用吸引留学和提供较好的就业机会等方式,大量吸引高级人才,导致许多发展中国家的人才,纷纷流向发达国家。其次,经济全球化必然导致高等教育科学研究的国际化。经济全球化要求高等教育科研活动的国际化(如科研选题的国际前沿性、举办和参加国际学术会议等)、科研成果的国际化(如科研成果、论文在国外发表、引用等)和科研机构的国际化(如建设国际合作科研平台等)。第三,经济全球化必然导致高等教育直接为社会服务的范围的国际化。经济全球化要求高等教育在一些科技领域形成有本国特色和优势的技术和产品,向国际市场拓展,并为全球新兴科技的发展和信息交流提供全方位的服务。

在经济全球化的背景下,各国大力推进高等教育的国际化,不仅是为了人才培养,科学研究和直接服务社会的国际化,更希望通过高等教

---

[1] 林元旦.经济全球化与高等教育国际化[J].广西社会科学,2005(1).

育的国际化,谋求建立良好的国际关系,为国家带来直接和长远的经济利益。比如,美国作为世界经济强国,有大量的资金投入高等教育,目前吸引了约45万外国留学生赴美学习,这些留学生也给美国经济带来了巨大的收益。例如,仅就留学生的学费而言,1995年留学生的学费对美国经济的贡献是70个亿,这还不包括留学生在美国的其他花费。英国是第一个提出"留学生市场"概念的国家,"目前留学生人数突破16万人,贡献了10亿英镑,给英国的高等学校和经济发展注入了活力"。① 更为重要的是,留学生学成后留在这些发达国家为其服务,留学国从中长期获得的人才经济价值则是一个相当可观的天文数字。即使是学成回国的留学生,由于他们对留学国的理解和信任,也必然扩大了与留学国经贸合作的机会,而给留学国带来长期的经济利益。这些隐形的财富,更是难以用数字来统计的。

四、教育视角:高等教育自身发展的内在要求

"高等教育的主要要素包括知识、教师、学生、信息和技术手段等,这些要素的国际化客观要求构成了高等教育自身国际化的主要内容。"②

首先,知识具有广泛的普遍性,高等教育从产生之日起就以传播和发展知识为己任,而传播和发展知识是没有国界的。高等教育作为高深知识的传播和发展机构,在知识的传播和发展上发挥着独特的作用,因此高等教育在世界范围内的交流与借鉴也就理所当然了。其次,教师支撑着高等教育的大厦,教师的职业行为是传播知识和探求科学,这就是通常所说的教学与科研。而教师只有在学术上不断进步和创新,才能获得持续传授知识和探求科学的能力,这就要求教师要掌握本学科最前沿的动态和最尖端的科技,不断丰富和更新自己的知识体系,使自己始终站在学术的前沿。而要做到这些,就必然要参与到国际合作和交流中去。第三,学生是求学者,他们接受高等教育是为了获取知识和培养能

---

① 周焱.澳、英、美高等教育国际化的基本经验及启示[J].重庆学报(哲学社会科学版),2002(4).

② 王剑波.跨国高等教育与中外合作办学[M].济南:山东教育出版社,2005.38.39.

力,而学生对知识和能力的渴求是没有国家疆界的,尤其是在当今世界经济全球化的背景下,学生们更渴望学习世界各地产生的新知识、新观念、了解其他国家和民族的知识,以获取在国际社会的生存和竞争能力。第四,信息和技术的发展,使得知识的及时共享成为可能,从而成为高等教育活动的实践手段。总而言之,这些高等教育主要要素的国际化要求,成为高等教育国际化的内在动力。

另外,作为高等教育机构的高等学校,要提高自己的办学水平和声誉,也必须学习和借鉴国际上其他国家的先进经验,在办学理念、运行机制、管理方式、教学内容与方法等方面进行沟通、交流与整合,并实现资源的共享。这样,才能使高等学校得到较快发展,从而提高竞争力。

参考文献

1. 陈学飞.高等教育国际化:跨世纪的大趋势[M].福州:福建教育出版社,2002.5.
2. 张寿松.高等教育国际化的十个基本问题[J].大学教育科学,2003(3).
3. 黄福涛.高等教育的国际化与全球化——历史与比较的视角[J].国际高等教育研究,2003(1).
4. 杨福家.国际化是高等教育发展的必然趋势[J].中国高等教育,2001(13).
5. 日本政府21世纪留学生政府提案,1983.8.31.
6. 徐海宁.中美日三国留学生教育的状况与政策比较研究[J].河北科技大学学报,2001(1).
7. 林元旦.经济全球化与高等教育国际化[J].广西社会科学,2005(1).
8. 周焱.澳、英、美高等教育国际化的基本经验及启示[J].重庆学报(哲学社会科学版),2002(4).
9. 王剑波.跨国高等教育与中外合作办学[M].济南:山东教育出版社,2005.38—39.

再谈高等教育国际化

吴言荪[*]

2006年12月11日,中国加入WTO已经五周年,标志着入世过渡期的结束,我国经济发展已经融入世界经济全球化的大循环之中。在知识经济初见端倪的今天,高等教育是经济持续发展的重要支撑,它们相互依赖,相互促进,国内外有识之士纷纷关心经济全球化对高等教育的影响,特别是高等教育国际化的进程。

一、高等教育国际化是21世纪的大势所趋

1. 关于高等教育国际化

高等教育国际化(Internationalization of Higher Education)是目前国内外许多学者正在研究的课题。有的认为高等教育国际化是"各国高等教育在面向国内的基础上面向世界的一种发展趋势[①]"。有的认为是"指跨国界、跨民族、跨文化的高等教育交流与合作,即一个国家面向世界发展本国高等教育的思想理论、国际化活动以及与他国开展的相互交流与合作[②]"。有的认为是一个"把跨国界的或跨文化的氛围与大学的教学工作、科研工作和社会服务功能相结合的过程[③④]"。联合国教科文组织的大学联合会 IAU(International Association of Universities)在综合

---

[*] 作者简介:吴言荪,重庆大学校长助理,教授,曾任重庆大学教务处长、科技处长和外事处长,研究方向为高等教育研究。

[①] 汪永铨.教育大词典:高等教育卷.上海:上海教育出版社,1991.

[②] 陈旭远,曲铁华.21世纪中国高等教育的发展趋势.东北师范大学学报,1999(4).

[③] Jane Knight. A shared vision? Stakeholders' Perspectives on the Internationalization of Higher Education in Canada. Journal of Studies in International Education, Spring, 1997.

[④] Hans de Wit. Changing Rationales for the Internationalization of Higher Education. International Higher Education, Spring, 1999.

各种意见的基础上提出"高等教育国际化是把跨国界和跨文化的观点和氛围与大学的教学工作、科研工作和社会服务等主要功能相结合的过程,而且是一个包罗万象的变化过程,既有学校内部的变化,又有学校外部的变化,既有自下而上的,又有自上而下的,还有学校自身的政策导向①"。著名学者 Jane Knight 根据 IAU 的定义和近期的研究成果,认为②"高等教育国际化是把国际间的、跨文化的和全球的纬度与高等教育的目标、功能(教学、研究、服务)和传递相结合的过程"。

笔者认为,高等教育国际化是立足本国,面向世界,面向未来,把本国的高等教育工作放在跨国界、跨民族、跨文化的国际大背景之下不断追求卓越的发展进程。高等教育国际化是经济发展全球化、世界经济一体化的产物,是现代信息社会发展的趋势,是解决目前环境、资源、人口、种族、贫困、毒品等若干世界性难题的需要,也是各国高等教育和科学技术自身发展、自我完善、攀登高峰的需要。高等教育国际化不是目的,而是培养具有世界眼光,在素质、知识和能力诸方面具有国际竞争力的优秀人才的必要手段。

高等教育国际化要求加强和深化各国高等教育的交流与合作;在教学理念、教学内容、教学方法、教学手段等方面与国际先进水平接轨;开放各国教育市场,并按国际惯例招收学生、聘任教师;着眼点是培养具有世界眼光、胸怀全球,具有国际交流能力和国际竞争能力的人才。

2. 国内外高等教育国际化概况

1997 年 IAU 提出高等教育国际化包括教师和学生的双向交流,教学科研合作和课程国际化。虽然大学生的双向流动仅仅是高等教育国际化的一个方面,但却是很重要的方面,它往往反映了一所大学、一个国家高等教育国际化的规模和程度。

根据联合国教科文组织提供的资料③,1995 年全世界有 8 200 万学生在接受高等教育,其中有 160 多万学生到外国留学。约 2/3 的外国留学生在 6 个国家上学:美国(28.3%)、英国(12.3%)、德国(10.0%)、法国

---

① http://www.unesco.org/iau/tfi_framework.html.
② http://www.unesco.org/iau/internationalization/i_definitions.html.
③ 从统计数字看世界高等教育. 教育参考资料,2000(1)—(2).

(8.2%)、俄罗斯(4.2%)、日本(3.4%),如表 1 所示。2004 年全世界有 1.32 亿学生在接受高等教育①,其中有 245 万人到外国留学。不到 10 年,全世界跨国留学生人数增加了 53.1%。6 个国家的留学生人数占全世界的 67%:美国(23.3%)、英国(12.2%)、德国(10.6%)、法国(9.7%)、澳大利亚(6.8%)、日本(4.8%)。显然,西方发达国家,特别是美国,是世界上最大的高等教育输出国。澳大利亚留学生规模增长最快,几乎是 1995 年的 3.5 倍。其次是中国,改革开放和经济建设成就是留学生发展的重要原因。

表 1　世界主要高等教育输出国

国　家	1995 年留学生人数	占全球比例%	2004 年留学生人数	占全球比例%	增长率%
全世界	1 603 487	100%	2 455 250	100%	53.1%
美国	453 787	28.3	572 509	23.3	26.1%
英国	197 188	12.3	300 056	12.2	52.1%
德国	159 894	10.0	260 314	10.6	62.8%
法国	130 431	8.2	237 587	9.7	82.1%
澳大利亚	47 834	3.0	166 954	6.8	249.0%
日本	53 847	3.4	117 903	4.8	118.9%
中国	35 759	2.2	110 844	4.5	210%
俄罗斯	67 025	4.2	75 786	3.1	13.1%
加拿大	31 435	2.0	40 033	2.0	27.3%
比利时	34 966	2.2	37 103	1.5	6.1%
奥地利	26 883	1.7	31 101	1.3	15.7%

根据美国国际教育协会 IIE(the Institute of International Education)的资料②,1996/1997 年外国留美学生人数为 457 984 人,2005/2006 年为 564 766 人,十年增长了 23.3%。表 2 和表 3 反映了留美学生的主要生源情况。可见,亚洲是向美国输送留学生最多的地区,留美外国学生的一半以上来自亚洲,印度、中国和韩国是赴美留学生最多的国家,而且还保持强劲的增长势头。

---

① UNESCO. Global Education Digest 2006. Comparing Education Statistics across the World.

② Institute of International Education,opendoors 2006 Fast Facts.

表 2 留美学生的主要来源地区

排序	生源地区	1996/1997	2005/2006	增长率%
1	印度	30 641	76 503	150%
2	中国	42 503	62 582	47.2%
3	韩国	37 130	58 847	58.4%
4	日本	46 292	38 712	−16%
5	加拿大	22 984	28 202	22.7%
6	中国台湾	30 487	27 876	−8.5%
—	全世界	457 984	564 766	23.3%

表 3 留美学生的来源分布

生源地区	1996/1997	2004/2005	增长率%
亚洲	260 743	325 112	24.7%
欧洲	68 315	71 609	4.8%
拉丁美洲	49 592	67 818	36.7%
中东	29 841	31 248	4.7%
非洲	22 078	36 100	63.5%
北美洲	23 611	28 634	21.3%
大洋洲	3 690	4 481	21.4%
全世界	457 984	565 039	23.4%

根据美国国际教育者协会 NAFSA（Association of International Educators）的报告,美国在 1997/1998 学年接纳了近 50 万外国留学生,他们的学费、生活费达 80 亿美元,使留学生教育成为美国第五大服务出口业。应该看到,高等教育国际化已经成为美国等一些发达国家的基本国策。他们认为,保护美国的利益和处理世界的事件需要美国人懂得世界事务;经济全球化已经使得其国内和国际的事情难以区分,经济、就业、股票、公共卫生、公共安全、环境、人口等问题更需要跨国界的合作;美国移民人口的增加也使美国的国内问题具有国际性。在美国纽约大学、波士顿大学、哥伦比亚大学、俄亥俄大学等留学生人数较多的大学校园和社区,早已是国际化的社会。这样,让美国公民懂得和认识跨国的和跨文化的国际教育对于维持美国的领导地位、竞争能力、经济繁荣和国家安全是至为重要的。早在 1947 年美国国会参议员富布赖特（Fulbright)就提出修正案,设立专门基金资助国际教育,这就是现在的富布赖特项目。2006年1月,布什总统同国务卿赖斯、国防部长拉姆斯菲尔德、教育部长斯佩林斯以及若干国会议员、驻外大使一起出席了关于国际教育的全美大学校长峰会,讨论推动国际教育的新举措,提出了"国家安全语言计划",鼓励美国学生出国留学,并招收更多的外国学生。

为了推动高等教育国际化,美国早在1966年就制定了《国际教育法》,然后在《美国2000年教育目标法》中又强调了教育的国际化,明确提出采用"面貌新,与众不同的方法使每个学生都能达到知识的世界级标准①"。1999年11月,NAFSA向美国政府提出了以下政策建议②:① 加强赴美留学生的招生宣传,扩大生源,希望达到全世界留学生总数的40%,从签证、税收和就业等方面调整政策,方便留学生赴美了解美国社会、文化。②鼓励美国学生出国留学以了解世界,特别到西欧以外的国家留学,希望到2010年有10%的美国学生到国外读学分,到2050年达到50%,并鼓励把出国学习纳入大学教育计划。③ 要求到2015年美国大学生必须精通一门外语,且了解世界某一国家或地区的情况,使中小学生能掌握一门外语,并了解该国国情。④ 促进公民和学者交流,让世界各国未来的领袖们了解美国的社会和文化,也让美国未来的领袖了解世界,接触世界各国的英才,充实美国的教学内容。⑤ 阐明美国关于国际教育的国家利益,制定相应政策,充分调动和利用全国的公民、公司、团体及各州政府等一切可能的资源,支持和鼓励国际教育。

同时,越来越多的美国学生也到世界各地留学,而且年年呈上升趋势(表6,表7)。1995/1996年为89 242人,2004/2005年为205 983人,十年间增加了131%。表4是他们主要留学的国家,表5是在全世界的地区分布。可见,绝大多数美国学生留学欧洲,2004/2005年到中国的人数虽然仅有全美国出国学生总数的3.1%,但是增长速度惊人,大约是出国留学总人数增长率的3倍,显然这与中国近十年来经济发展突飞猛进、吸引力增强有关。

① http://www.edu.cn/20060622/3196538.shtml.
② http://www.cscse.edu.cn/Portal0/InfoModule_574/855.htm.

表4 美国学生主要分布的国家

留学地区	1995/1996	2004/2005	增长率%
英国	20 062	32 071	60%
意大利	7 890	24 858	215%
西班牙	8 135	20 806	156%
法国	7 749	15 374	98.3%
澳大利亚	3 313	10 813	226%
墨西哥	6 220	9 244	48.6%
德国	3 552	6 557	84.6%
中国	1 396	6 389	357.7%
爱尔兰	1 594	5 083	219%
哥斯达黎加	2 298	4 887	112.7%
日本	2 010	4 100	104%
留学生总数	89 242	205 983	131%

表5 美国学生世界分布表

留学地区	1995/1996	2004/2005
亚洲	6.4	8.1
欧洲	64.8	60.4
拉丁美洲	15.4	14.3
中东	2.1	1.0
非洲	2.3	3.5
北美洲	0.7	0.5
大洋洲	4.4	6.7
其他地区	4.0	5.5
合计	100.0	100.0
留学生总数	89 242	205 983

表6 美国学生出国人数统计表(1985—2005)

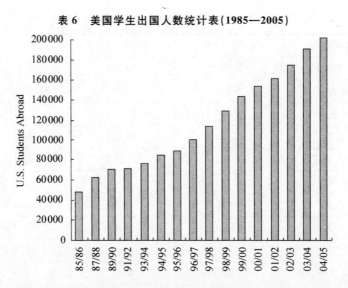

表7 美国学生的留学地区分布表(2003—2005)

留学地区	2003/2004	比例%	2004/2005	比例%
非洲	5 699	3.0	7 101	3.5
亚洲	13 213	6.9	16 574	8.1
欧洲	116 684	60.9	124 326	60.4
拉丁美洲	29 053	15.2	29 661	14.3
中东	812	0.5	1 977	1.0
北美洲	1 136	0.6	1 121	0.5
大洋洲	14 113	7.4	13 791	6.7
其他地区	10 611	5.5	11 432	5.5
合计	191 321	100.0	205 983	100.0

随着我国的不断改革开放,我国派出的留学生人数也在不断增加,从1978年到2005年底[①],各类出国留学人员总数为93.34万人,留学回国人员总数为23.29万人。以留学身份出国,目前在外的留学人员有70.05万人,其中,有51.28万人正在国外进行学习、合作研究、学术访问等。1995—2005年我国留学生派出与回国情况见表8。1995—2005年的十年间,出国人数增加了4.38倍,回国人数增加了约6倍。

---

① http://www.studyinchina.edu.cn/.

表 8 我国十年来出国留学情况表(1995—2005)

年度	出国				回国			
	总 数	国家公派	单位公派	自费留学	总 数	国家公派	单位公派	自费留学
1995	22 000	21 00	4 400	15 500	5 000	2 200	1 900	900
2000	38 989	2 808	3 888	32 293	9 121	2 456	2 290	4 375
2001	83 973	3 495	4 426	70 652	12 243	2 528	3 016	6 699
2002	125 179	3 518	4 511	117 150	17 945	2 750	3 702	11 493
2003	117 307	3 002	5 144	109 161	20 152	2 638	4 292	13 222
2004	114 663	3 524	6 858	104 281	25 116	2 761	3 965	18 390
2005	118 515	3 979	8 078	106 458	34 987	3 008	4 770	27 209

与此同时,我国也为世界各国培养了有用的人才,在中国与世界各国之间架起了友谊的桥梁。自改革开放以来,我国的来华留学工作发展迅速,1978—2003年,全国共接受了来自世界五大洲170多个国家的62万来华留学生[1]。特别是近10年来,来华留学工作进入了一个新的发展时期(表9,表10[2]),2005年的规模是1991年的12倍!中国政治稳定、经济繁荣、科教振兴,是吸引外国学生来华留学的主要原因。

表 9 我国 15 年来外国留学生增长情况表(1991—2005)

年度	留学生人数	年度	留学生人数	10 年增长率
1991	11 792	2001	61 869	425%
1992	14 024	2002	85 829	508%
1993	16 871	2003	77 715	361%
1994	25 586	2004	110 844	333.2%
1995	35 759	2005	141 087	295%

---

① 杨德广.面向 21 世纪中国高等教育五大发展目标.上海交通大学学报(社科版),1999(3).

② NAFSA, Association of International Educators. The Alliance for International Educational and Cultural Exchange: Toward an International Education Policy for the United States. November 22, 1999.

表10 1950—2003年来华留学生年度总人次统计图

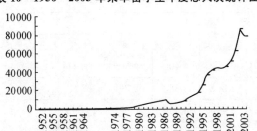

我国改革开放以来的政策法规指出了我国高等教育国际化的方向。《教育法》67条规定"国家鼓励开展教育对外交流与合作"。《中国教育改革和发展纲要》14条规定"进一步扩大教育对外开放,加强国际交流与合作"。一方面,出国留学工作是我国改革开放和现代化建设事业的重要组成部分,必须长期坚持,而且,确立了"支持留学,鼓励回国,来去自由"的出国留学工作方针。另一方面,明确指出了接受来华留学生工作是我国外交工作的组成部分和应尽的国际主义义务,也是促进我国改革开放、加强与各国教育、科技、文化交流和经贸合作,积极吸收和利用国外智力为我国社会主义建设服务,同时也是增进我国人民同各国人民之间的友谊,创造和维护国际和平环境的一项具有重要意义的工作。

高等教育国际化一直是大学校长的热门话题。1998年5月在北京大学百年校庆的高等教育论坛上,北京大学前校长陈佳洱教授强调[①]"高等教育的国际化是一个各国高等教育资源共享,互相学习,互相促进的互动过程"。他还指出,"民族文化,地域特色,多样性与多重性是人类的宝贵财富,它们对科技和文化的创新和绚丽多彩的进程具有至关重要的意义。另一方面,跨越文化界限能扩大我们的观点和视野,丰富我们的思维方式,提高我们的决策水平"。在同一个论坛上,清华大学前校长王大中教授指出[②]"当前文化交流与融合成为世界文化发展的大趋势,教育国际化也正在成为当今世界大学教育的一股潮流。大学与大学之间人

---

① 陈佳洱.信息社会的使命与作用.21世纪的大学——北京大学百年校庆召开的高等教育论坛论文集.北京:北京大学出版社,1999.5.

② 王大中.知识经济时代的开放式大学.21世纪的大学——北京大学百年校庆召开的高等教育论坛论文集.北京:北京大学出版社,1999.5.

员交流、科技合作将会日益加强,一所大学其国际交流与合作的规模与水平,将是影响它在 21 世纪的国际地位的重要因素。教育国际化也将成为大学开放度的重要标志"。前美国总统科技顾问委员会顾问、伯克利加州大学前校长田长霖教授指出[1],"我们也看到其他的世界范围的趋势,那就是全球化、国际化和多元文化主义,各国皆存在这一趋势"。在 21 世纪举行的三届中外大学校长论坛上,校长们讨论高等教育国际化的兴趣依然浓厚。剑桥大学校长 Alison Richard 说[2]"国际化意味着将剑桥大学引向世界,同时也意味着将世界引入剑桥大学"。"学生构成的变化可能是国际化最重要的体现,剑桥有 12% 的本科生和 50% 的研究生来自世界各国"。华中理工大学校长樊明武指出[3],"学校能否提供国际化的教育服务、环境、氛围和就业情况,决定了能否吸引高质量的学生","国际化的人才要靠国际化的学校来培养"。1997 年 9 月,加拿大大学及学院联合会 AUCC (Association of Universities and Colleges of Canada)作为全加拿大大学的代表,发表了关于高等教育国际化的声明[4],所有大学都制定了国际化的战略计划[5]。如果说过去校长们是在奢谈高等教育国际化的理念的话,进入 21 世纪以来,则在埋头苦干去实现国际化了。国家实施"985 工程",目标是创建世界一流大学和一批国际知名的高水平研究型大学,使一批学科达到或接近国际一流学科水平。显然,没有高等教育国际化的眼光,没有国际化的战略,就根本谈不上世界一流、国际知名了。

信息技术日新月异的进步为高等教育国际化的大潮推波助澜。目前,中外大学都开办了远程教育或网上虚拟大学,建立虚拟教室,授予虚拟学位,为所有愿意学习的人,无论男女老幼,无论距离远近,无论何时何地,提供终身学习的机会。随着现代通信技术的不断进步,信息传输

---

[1] 田长霖.高等教育在变化的世界中面临的挑战.21 世纪的大学——北京大学百年校庆召开的高等教育论坛论文集.北京:北京大学出版社,1999.5.
[2] Alison Richard. 著名大学是如何产生和可持续发展的.中外大学校长论坛文集(第二集).北京:中国人民大学出版社,2004.9.
[3] 樊明武.纵谈国际化办学思路.大学校长视野中的大学教育.北京:中国人民大学出版社,2004.2.
[4] AUCC:"AUCC Statement on Internationalization and Canadian Universities",1997.
[5] 吴言荪.加拿大高等教育国际化的研究.学位与研究生教育,2004(6).

速度大大提高,跨国界的虚拟学习环境已经形成,美、英等西方国家不少大学已经在亚洲开办了一些跨地区的虚拟校园,香港在大陆设立了专门的招生机构,在各大城市举办招生说明会。外国大学及各类教育机构在中国争夺生源、特别是优质人力资源的竞争已经开始。

面对高等教育国际化的趋势,国内许多大学已经在开展国际学术交流与合作、扩大外国留学生规模、延聘外国教师、推动学生双向流动、开设双语课程、中外合作办学、建立海外教育基地等方面取得了很大进步。但是,学生双向交流的面不够宽,课程国际化的水平参差不齐,教学科研方面互惠双赢的实质性合作项目还不多,相当多的学校缺乏一支具有国际视野、具有国际交流能力的师资队伍。

总而言之,高等教育国际化是因应经济全球化的世界潮流,是波澜壮阔、势不可挡的历史潮流,顺之者,可顺势而上,逆之者,会自然消亡。应当看到,高等教育国际化,已经成为一种国家政策,成为国家经济政治决策的一部分,成为国家利益的一部分。由于经济发展和反恐战争的需要,作为移民国家的美国政府,高度重视并加速高等教育国际化。同样,由于现代化建设、经济持续发展、提高科学技术水平、加强综合国力、和平崛起的需要,非移民国家的中国更应该推进高等教育国际化。特别是按照WTO《服务贸易总协定》,成员国之间应该在非歧视原则基础上,相互提供教育服务贸易。因此,高等教育国际化既是履行加入WTO的承诺,又是中国和平崛起的需要。

二、高等教育国际化的冲击

1. 高等教育国际化的标志

高等教育国际化的大潮把国内高校推向了广阔的国际空间,其中有机遇,也有挑战,将从根本上改变目前国内高校的面貌。① 学生来源国际化。外国留学生逐年增加,校园就是一个"联合国",世界上的任何风吹草动在校园内都可能有反映,而外国学生的规模大小成为大学国际知名度的重要指标。② 毕业生就业国际化。学生可能在世界各地就业谋生,毕业生在外资、合资企业的就业表现,在境外的创业表现成为大学国际化水平的重要表征。③ 师资来源国际化。大学追求卓越,必然要求世界一流的师资,到世界各地重金延聘知名学者任教,要求教授具有多门外语能力,不但研究水平高,而且教学效果好。④ 教学内容、方法现代化。为实现一流的教学质量,教学计划安排符合教育学规律,课程的设置和组织符合不同学生的需要,现代教育技术得到广泛应用。⑤ 教学科研合作国际化。教师和学生跨国界的学术交流与合作十分普遍,多种形式的跨国界的学生联合培养计划、双边或多边的教师和学生交流项目、跨国界的学生实习计划将应运而生。⑥ 大学校园虚拟化。为了适应全世界各种学生的不同需要,校园各种信息设施更加网络化,依赖网络进行远程学习的学生人数大大超过直接面授的学生,校园网的信息服务更加完善。

2. 高等教育国际化的挑战

① 国外大学浩浩荡荡进军中国,国内大学昔日招生的卖方市场正在向买方市场转化,国内各大学将面临生源争夺战、名教授争夺战、毕业生就业大战、教育质量竞争、教育效益竞争,学生对教学内容、教学方法要求更高。② 在相当长的时期内,国内大学的师资队伍和管理队伍将难以胜任岗位要求或适应学校发展的需要,办学决策者和教师的国际化眼光、国际交流能力将很大程度上制约大学的发展。③ 校园就是一个"联合国",世界性的宗教问题、种族问题和其他政治问题都会在校园内反映出来,校园管理会复杂化。④ 形形色色的西方价值观、人生观,各种宗教信仰、思想流派会在高等教育国际化的同时自由传播,民族文化传统的发扬光大、学生的思想教育将面临新的挑战。⑤ 发展中国家智力外流、新的文化殖民主义等现象将进一步加剧。这些都是迎接高等教育国际化大潮时必须认真研究的。

三、对策及思考

高等教育国际化跟加入 WTO 一样,是一把双刃剑,它既有促进教育改革,提高教育质量,尽快赶上世界先进水平等有利的一面,又有智力外流、新文化殖民主义、西方价值观渗透等负面效应。显然,冷静分析,扬长避短,隐恶扬善是十分必要的。

1. 深化教育改革,适应形势需要

① 继续深化高校管理体制改革,向先进国家的高水平大学看齐,走学科综合化的道路,以利于培养世界顶尖人才。② 尽快开展跨国、跨校的学籍、学分、证书、学位的认定工作,推广国际通用的考试体系如 TOFEL、MELAB、IELTS、GRE、SAT 等,同时也要建立、完善和推广诸如 HSK 等具有中国特色的考试体系,把中国的考试体系推向世界。③ 尽快建立和完善大学办学质量、学位的社会客观评估制度和相应的机构。④ 人才培养目标应该国际化,应站在世界的高度衡量教学质量和人才质量,目的是培养具有国际竞争能力的人才。⑤ 课程设置和课程内容应国际化,各个专业应该开设世界政治、经济、文化、历史、地理、民俗等内容的课程,引导学生关心世界的难点、热点问题。同时,还要引导学生用世界的眼光,用先进的观点方法去消化理解课程内容。⑥ 教学计划中,尽可能增设国际化的实践环节或合作教育,让学生跟西欧、日本、美国大学生一样在校期间就有国外生活经历。⑦ 当前,应尽快提高教师和学生的外语应用水平,营造外语应用环境,把外语从课堂、考场中解放出来,把"敲门砖"变成实用的工具。

2. 高校教师和管理人员要首先具有国际眼光,才能适应高等教育国际化的趋势

首先在办学思想、办学策略上,要面向世界,面向未来,胸怀全球,认清形势,高瞻远瞩,走国际化的道路,正如华中理工大学樊校长所说[1]"我们每个人都要明确自己在学校国际化进程中的位置和目标,要有适应国际化的价值观、时空观和地缘观念"。要善于搜集世界政治、经济和科技信息,要善于增强宏观思维和全局思维能力,要善于超越自我地客观分析国际政治、经济、科技发展态势,要善于认识解剖自己,采取有所为、有所不为的策略,才能出奇兵,登奇峰。

3. 组织专门力量,加强政策研究

一方面,要学习、比较各国的教育制度和特色,洋为中用,取长补短,开创一条有中国特色的高等教育国际化发展的道路,提出相应的政策和

---

[1] 樊明武.纵谈国际化办学思路.大学校长视野中的大学教育.北京:中国人民大学出版社,2004.2.

措施,创造校园国际化环境,尽快提高高校教师的国际交流能力,增强中国大学对外国学生的吸引力,大力发展外国留学生教育。另一方面,认真研究高等教育国际化进程中学生的德育教育问题,如何克服一些负面影响,如何继承和发扬中华传统文化等问题。

4. 加强对各级教育国际交流工作的领导、规划和支持

落实组织、人员、经费,并制定相应政策措施,促进交流,促进合作,特别是与EAIE(European Association for International Education)和NAFSA等国际教育组织的交流。

5. 加强对外汉语教学和中华文化传播工作

宣传、推广民族语言和文化是大学的基本职责。因此,大学应该拥有一支高水平的对外汉语教学师资队伍,国家应该拥有若干套高水平的对外汉语教学教材,应该把汉语的HSK考试像英语的TOEFL一样推向全世界。在全球发展孔子学院,并办好孔子学院,使孔子学院成为开展对外汉语教学的海外基地,成为向各国传播中华文化的窗口,成为促进与世界各民族相互尊重、发展友谊的桥梁。

高等教育国际化,既是高等教育自身发展的需要,也是大势所趋。中国,作为WTO成员,推进高等教育国际化,既是自身发展的需要,又是成员国的责任。高等教育国际化的关键是如何置身国际大环境,实现办学思想、理念和策略的国际化。面向21世纪教学内容、体系和方法的改革,转变教育观念,全面推进素质教育,科技创新能力建设,创业精神的培养,增强核心竞争力,都要面对高等教育国际化的大趋势。

论我国大学的国际化

李文英　樊明明　付红梅[*]

大学是世界文化教育交流的一个重要通道。中国经济发展已融入国际经济大潮,文化与经济和政治相互交融,在综合国力竞争中的地位和作用越来越突出。国际环境、国内环境和市场经济的形成,都会对高校产生冲击。经济全球化必然带来教育国际化,学校是培养人的,培养的人才能否满足市场经济的需要,培养的人才能否具有竞争力,特别是国际竞争力,决定了学校的生存与发展。

按照商品竞争力的原则,国际化企业才能创造出具有国际竞争力的产品;同样,只有国际化的大学,才能培养出具有国际竞争力的人才。

一、何谓大学国际化

适应经济全球化的教育观念,高效服务意识的管理体系,各国学者和留学生青睐的教育环境、资源配置和规章制度,国际承认的教育水平和教育质量,与其他国际化大学的学位等值、学历互认,教学与科研的平等合作和交流等,是大学国际化的主要体现。日本广岛大学教育研究所喜多村和之教授在1986年亚洲高等教育国际讨论会上,提出衡量"大学国际化"的三条标准,即"通用性"、"交流性"和"开放性"。他说:"首先,所谓'国际化'就是指本国文化被别的国家与民族所承认,接受并得到相当的评价;其次,确立能够活跃不同国籍、不同民族的学者、留学生间的交际、交流、交换的章程、规则与制度,使之适合外国研究学者和留学生

---

[*] 作者简介:李文英,女,博士,教授,博士生导师,太原理工大学国际合作处处长;樊明明,男,硕士,助教,太原理工大学国际合作处工作;付红梅,女,硕士,副教授,太原理工大学国际合作处工作。

的要求;再次,国际化就是指像对待本国人一样平等看待有着不同文化背景的异国的个人与组织。"①

二、大学国际化的现实动因

21世纪,经济全球化推动了高等教育国际化,加强了各国高等教育资源的全球性流动和高等教育市场的开放。

大学肩负着加强教育交流、推进高等教育国际化的历史使命。一方面,高等教育国际化是通过不同层次、不同类型的文化教育机构,与世界各国展开全方位的交流与合作来实现的。大学,作为传承先进文明的高层次文化教育机构,作为"民族优秀文化与世界先进文明成果交流借鉴的桥梁"②,肩负着开展国际教育交流的重要责任;另一方面,作为培养高级人才、研究高深学问的文化教育机构,大学肩负着培养适应经济全球化发展需要的国际型人才的重要责任。为了适应全球化发展的需要,现代大学需要大力培养学生的全球意识、国际交流能力、开放的心态和海纳百川的胸襟;营造出人们接受国际化的社会氛围,激发融入到高等教育国际化行列的热情。

事实上,大学正逐步成为推进高等教育国际化的主体。20世纪70年代之前,世界高等教育国际化主要受到政治、外交和国防政策的影响,国家和政府成为高等教育国际化的实施主体,高等教育国际化活动主要通过国家直接拨款资助来完成,是政府对外交流和外交政策的组成部分。到了80年代,由于冷战的结束,经济全球化的发展以及高校办学自主权的加强,高等教育国际化的实施由"国家·政府主导型"逐步转变为"政府·院校协作型"、"院校主导型"③。各国高等院校根据自身特点,将国际化纳入到整个办学过程之中,国际化成为大多数院校办学方针中不可缺少的重要发展战略,成为提高办学水平和层次的一种自觉、主动的追求。

---

① 坎明斯.对亚洲国家和地区派遣留学生的分析[J].外国高等教育资料,1986(1).
② 江泽民.在庆祝北京大学建校一百周年上的讲话[N].人民日报,1998-05-05.
③ 黄福涛."全球化"时代的高等教育国际化——历史与比较的视角.北京大学教育评论,2003(4):96.

大学的国际化是我国大学自身发展的内在要求。随着我国加入WTO后,教育作为一个服务性产业,一个开放的领域,我国大学将面临着与境外大学展开直接竞争,特别是对生源的竞争。目前,发达国家高等教育大众化历程已基本完成,在商业利润的驱动下,世界一流大学正在通过其优质的教学资源、卓越的全球声誉,吸引着来自全球性的优质生源;一般院校因国内生源不足,为缓和财政紧张的状况,也力图抢占全球生源市场,通过各种手段招收我国学生,从而使我国生源不断外流。同时,随着我国高等教育大众化进程的加快,学生能不能接受到高等教育将不再是问题的主要方面,问题是能不能接受到优质的高等教育。因此,提高教育质量,为学生提供优质教育资源,将是我国高等院校未来发展过程中面临的主要问题。提高教育质量,一方面需要深挖内在潜力,另一方面,要有"筑巢引凤"、"借鸡生蛋"的智慧,实施国际化发展战略,实现跨越式发展,迅速提升教学科研水平和办学实力。同时,在交流合作过程中,努力学习高等教育国际化先行者的全球视野和竞争意识,积极开拓国际办学市场、生源市场,尽早占得高等教育国际化、市场化先机,为学校发展提供更为广阔的全球化的生存空间。

三、我国大学国际化的发展

我国的高等教育已经走过了近百年的历史,近百年来,我国的高等教育体系基本上是在借鉴外国高等教育经验和做法的基础上发展起来的,经历了三次国际化的浪潮。20世纪初是我国高等教育体系初创的时期,创建者主要是从欧美国家留学归国的教育人士,其学科和专业也基本上是从欧美国家引进的,如北京大学、清华大学、南京大学等就是当时创建的著名大学,这是国际化的第一次浪潮;20世纪50年代新中国成立,取消了原来的封建主义和资本主义制度,建立了社会主义制度。高等教育体制按照前苏联的体制建立并进行管理。由于计划经济强调部门和专业管理,因此,作为为经济建设服务的高等学校,也被纳入到这样的管理体制中,许多大学按专业性质被划归到国家各个部委,在专业设置、课程设置、教材内容和教学管理等方面,完全为政府的计划经济管理服务,这是国际化的第二次浪潮;20世纪80年代,中国开始实行经济体制改革和对外开放政策,由原来的计划经济逐步改造转化为有中国特色的社会主义市场经济。与此同时,国内大学也在积极探求改革和开放,不断派出教师和研究人员到欧美教育发达国家进修或攻读学位,不断邀请国外专家学者到中国讲学,在大学的教学中越来越多地引进外国的优秀原版教材,在大学的管理方面也正在积极探寻市场化的管理办法,这是我国高等教育国际化第三次浪潮的起步时期。2001年11月我国正式加入WTO,标志着我国高等教育国际化浪潮的正式开始。

加入WTO意味着中国的教育市场全面对外开放。与前两次国际化不同,这次我国的高等教育国际化是在我国经济全面对外开放和世界经济一体化或全球化双重力量的驱使下发生的。我国大学只有把自己置于世界各大学的教育体系中,用国际上办大学的通行标准和做法建设和评估国内大学,我们才能够真正融入大学国际化的潮流中去。如何在这次历史的机遇中把握好我国大学的国际化,如何选择我国大学的国际化道路,实现大学教育国际化的目标,是我国1 000多所大学共同关心的问题[①]。

与经济发达国家的著名大学相比,我国的大学在授课(teaching)、学习(learning)、研究(research)、服务(service)和管理(management)方面的国际化程度比较低,有些方面还比较落后,因此我们的国际化道路应该在学习和借鉴国外大学的过程中完成。具体可以考虑以下三种模式。

第一种是全盘引进模式,即通过与国外某一所较高水平大学的深入合作,一次性全盘引进国外大学的几个学科或几个专业,包括课程体系、教材体系、教师、管理人员和管理办法等,绝大部分课程由外方教师授课,学生以在国内学习为主。比如,以外国独资、中外合资或合作方式把国外大学的分校或分院建在我国大学的校内,按国外大学的管理标准进行质量控制,学生毕业后发外方大学的文凭或中外双方大学的文凭。这种模式的优点是国际化速度快(一步到位)、水平高、影响力大,国内大学的师生可直接模仿和学习;缺点是成本太高。我国上海的中欧国际工商学院是上海市政府与欧盟于1995年共同合作建立的全开放的国际化学院,他们采取的基本上是这种模式;上海交通大学管理学院与加拿大

---

① 王庆石,赵彦志. 大学教育国际化的基本含义[N]. 光明日报,2003-06-03(C2).

UBC 大学合作建设的 MBA 项目实行的合作也采用这种模式。

第二种是中外共建模式,即在部分的学科和专业与国外大学开展合作,中外共同进行课程设计并制订教学计划(以国外的教学计划为主);采用国外的教材;一部分课程由国内和校内教师双语授课(主要是基础课部分),一部分课程由外国大学教师英语授课(主要是专业课部分);管理工作主要由中方人员承担,也可聘用少部分外籍管理人员。中外合作方的大学互相承认对方的课程和学分,学生根据经济能力可选择前期(比如前两年)在我国大学学习,后期在外方大学学习,也可以本科期间在国内、研究生期间到国外大学学习。本科毕业后获中外方两个大学的文凭和学位。这种模式需要较大的资金,比如外方教师的旅费、讲课费、教材费,外方管理人员的工资等。

第三种是中外合作对外输送学生模式。这种模式是在中外方合作大学对合作专业的课程进行基本的评估和调整后,双方互相承认对方的课程和学分,以对外输送学生为主要目标。学生可以在国内大学学习一年、两年或三年,然后到国外大学继续学习,课程合格并取得规定学分后,可获得中外 2 个大学的毕业证书和学位证书。目前国内一些大学开展的"2+2"或"3+1"合作项目,基本上属于这种模式。这种模式的好处是:(1)可以实现课程体系国际化;(2)部分课程可以采用国外教材和聘请国外教师,积极利用国外的教学资源;(3)可以为部分学生到国外留学提供方便;(4)成本低。这种模式的主要缺点是引入国外的优秀教学资源不多,以提高自身教育国际水平为目标的国际化程度不高。但是,这种模式对国内大部分高校来说,比较容易操作。

四、我国"大学国际化"战略的具体实施

实现我国大学的国际化,需要具体实施配套措施的完善,这些配套措施应把如何使本国的教育与国际教育接轨,并具有可比性和可转换性作为宏观问题来考虑。在这前提下,可从以下几个方面来考虑具体实施的可行性。

1. 教育质量保障和认证体系的国际化

教育质量保障认证问题已愈来愈引起各国政府的密切关注,并正在

推出制定国际教育质量的保障和认证体系。比如2001年5月在有35个欧洲国家的教育部长及近250位高校代表参加的布拉格会议上商讨了进一步加强各国之间的教育合作,"会议探讨并强调要清除欧洲国家间阻碍学生流动的障碍;改革大学人事制度,促进教学和科研人员之间的交流和合作;引入阶段性文凭;……实施统一的学分制度;改善各国高等学校的课程和专题设置,确保课程质量,确立新课程认可制度,从而建立一个统一的、高质量的并在世界上具有吸引力的欧洲高等教育市场"[①]。2000年欧洲大学联合会(EUA)制订了一项教育认证计划,这一计划直接导致了发展欧洲教育认证模式一系列原则的出台。我国的高等教育要融入国际教育,就要以积极的姿态参与到世界性的这些活动中。在制定自己国内的教育质量保障和认证体系的基础上,逐步建立与国际教育评估机构的交流与合作。通过这些交流与合作,使双边或多边教育协定获得官方的合作与相互认可,并增强我国高等教育与各国教育质量保障与认证体系的一致性。

2. 专业设置和课程内容的国际化

当这些内容具体化时,我们推出三个"通"的概念:通识、通才、通用。

通识——完整的教育必须既包括科学也包括人文教育。提倡文理渗透是世界时代潮流。美国哈佛大学1978年公布的《公共基础课程方案》要求全体学生都要学习文学艺术、历史、社会哲学分析、美国语言文化以及数学和自然科学。他们的目标是让学生在科技文化和人文文化之间架起一座桥梁并达到和谐统一,并"使所有学生都了解文化传统,懂得人的价值"[②]。

通才——完整的教育必须是多学科综合教育。面对当今发展迅速、竞争激烈的社会,单一专业的专业人员都无法满足高科技快速发展及职业变化的专业人才的要求,必须构建学生能适应变化的知识结构,培养其适应社会的快速变化和新的行业需要。因此,提出实施多学科综合教育,培养人才不仅能熟练解决本专业的技术问题,同时还能根据社会的

---

① 彭正梅.德国高等教育的改革动向[J].全球教育展望,2002(9):6.
② 北京大学五教授笔谈.探讨中国文体与人文素质教育完善契合之路[J].中国大学教学,2002(5):20.

变化和需要,毫不困难地从一个技术领域转到另一个技术领域。

通用——完整的教育内容应该国际化。国际性课程实则是实施国际理解教育的课程,要求教师在国际框架下讲授某一学科的知识,培养学生的国际意识。美国和日本等国早在20世纪就扩大了教育国际化课程,开设了大量的国际关系、国际经济、国际金融、国际贸易等课程。我国高等教育在课程和教学内容的设置上,应注重国际主题的新课程,及时补充国外最先进的科学文化知识和科技成果的内容,使用国际通用的先进教材,吸引外国专家讲学并举办国际问题专题讲座等。

3. 教育管理的国际化

在尝试教育管理国际化的同时,我们首先应建设政府宏观调控、高校自主办学的管理体制。我国高等教育管理体制是在计划经济体制下形成的,缺乏对社会需求的灵活应变能力和发展的主动权,因此,我们应把政府对学校的直接行政管理转变为运用立法、拨款、规划、信息服务、政策指导等方面的宏观管理。在建立政府宏观调控、高校自主办学的管理体制上,我们应努力研究各国学分制的管理模式。

目前世界各国的教学管理制度各不相同,学分制也有很大差异。美国从19世纪开始的学分制就一直是高等教育通用的评定手段,典型的美国学位就是一定数量的必修课和其他课程的学分的总和。学分制为美国高等教育组织教学和学生学习提供了极大的灵活性,也是学生学业表现的通用凭证,为人们所广泛接受。欧洲的高等教育机构采用的是ECTS学分制,即 the European Credit Transfer System(欧洲学分转换体系),目前这一体系正在被全欧洲的大多数高等学校所采用。ECTS的关注点是学分转换及学生的国际流动。建立一种教学管理制度最早的目的是提高教与学的质量,更好地培养合格人才。我们首先应该制定我们自己的学分为基础的框架,认真研究欧美管理模式,并通过学校的国际交流渠道,和国外合作伙伴共同建立适合自身发展需要的有特色的学分制,在专业设置和课程内容国际化的推进过程中,努力尝试学分互换、学位互认的可行性。

从师资培养问题上来看,师资建设必须具有前瞻性和国际性。一是要借鉴和引进国际通用的管理方式及方法,加大聘请外国专家的力度;二是充分利用主请和顺请两个渠道,邀请知名专家来访,使学生和老师能经常听到国际大师的声音;三是试行师资和研究人员的国际招聘;四是增加提高教师出国交流机会,多种途径、多种文化都将成为师资水平提升的重要举措。

五、结　　语

不管人们是否意识到,经济全球化的大背景使我国高等教育面对一个更加开放的环境,面临一个更大竞争的环境。创建高水平大学既要开放又要竞争,这就要实施大学国际化战略,让中国大学走向世界,融入日趋激烈的全球化竞争中。

大学国际化动因分析及途径研究

李晓梅　杨福玲　谭　欣　覃　捷[*]

一、研究背景

"大学"一词产生于中世纪欧洲,最早是为了满足社会对某种职业者的需求而创建的,如意大利波隆那大学,萨莱诺大学和法国巴黎大学,所以大学在产生之日起就被赋予了最基本职能——人才培养。随着欧洲科学技术的迅速发展,洪堡在德国创立的柏林大学首次提出将学术研究引入大学,大力倡导开展科学研究、发展科技,至此大学开始具有了第二种职能——发展科技。20世纪初,美国经济的发展促使大批州立大学创办。以威斯康星大学为代表的州立大学,逐步认识到高等教育必须为地方经济社会发展提供更为直接的服务,从而使大学又增加了第三项职能——服务社会①。

随着全球化进程的不断加快,世界各国高等教育市场陆续开放,高等院校也开始意识到只有通过国际合作才能培养出适应社会发展的国际化人才,才能参与世界科学技术的研究和更好地为社会服务。所以,我们说国际合作与交流已然成为推动大学三大职能更好、更快发展的推动力量,大学国际化也将成为大学发展的必然方向(见图1)。当前,经济全球化发展趋势日益明显,知识经济初见端倪,一流大学的建设水平越来越成为一个国家综合国力的重要体现。因此,建设一流大学是落实科

---

* 作者简介:李晓梅,天津大学国际合作与交流处专家科副科长,天津大学管理学院在读博士生;杨福玲,天津大学国际合作与交流处处长,天津大学外语系教授;谭欣,天津大学国际合作与交流处原处长,天津大学化学工程及环境科学系教授;覃捷,天津大学国际合作与交流处专家科干部。

① 唐玉光.国际化——知识经济时代大学的新职能.高等师范教育研究,2000(5).

教兴国战略、人才强国战略的重大举措,是关系国家发展、民族复兴的重大任务。中国大学如何通过更好的发挥大学的三大职能,走好国际化道路,如何积极融入国际化行列以提高国际竞争力,是一个值得思考的命题。

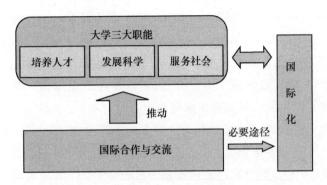

图 1　国际合作与交流和大学三大职能的关系

二、大学国际化发展动因分析

1. 社会的经济形态的发展对高等教育的要求

随着人类社会的不断发展,人类社会经济形态经历由自然经济、农业经济、工业经济向知识经济的转变,高等教育的发展方向也在发生着重心的转移。沿着人类社会演化的足迹,探寻高等教育在每一种经济形态下教育价值发展的规律,不难发现不同的历史时期对高等教育的认识与要求是不同的。

在工业革命以前,也就是我们所说的自然经济、农业经济和前工业经济时期,用于生产和生活的知识主要来源于经验的传授,通过模仿和对失败的解读来进行无形的知识积累;随着社会的不断发展,机械生产代替了原有的手工工场,人类逐渐掌握大量的科学知识来不断地改善生存环境。大学正是在这种对知识的迫切需求的条件下应运而生。但随着信息技术的发展与完善,20 世纪 40 年代社会开始由原有的工业经济向知识经济过渡。

面对知识经济时代的机遇与挑战,创造知识和应用知识的能力与效率已成为影响一个国家综合国力和国际竞争力的决定性因素。知识作为生产要素与分配要素已被纳入了资本的范畴,并成为最重要的经济资源之一。知识的资本化是知识经济形成的基础和前提。知识资本源于人们的发明创造、知识的传播推广和应用开发,没有掌握高新技术的人才,就没有有价值的知识资本。由于现代大学的基本动力是满足探索真理和发现知识的需要,而这种知识的创新和传授必须冲破民族和国家的局限,必须基于全人类文明的沉淀,大学恰恰是知识在国际化传播中的节点,是国际知识系统的中心。因此,可以说经济全球化以及知识经济的发展赋予了大学国际化更加深刻和丰富的内涵[1]。

2. 大学国际化是高等院校自身发展的迫切需要

大学的国际化是我国大学自身发展的内在要求[2]。随着我国加入世界贸易组织,大学作为教育机构和服务性产业,也必须去面对一个更为开放的竞争领域。任何一所大学要想在激烈的竞争中立于不败之地,就必须不断地提高自身的综合水平,这就要求我国大学在不断加强自身建设的同时进一步加强与国外高水平大学的合作,在交流中取长补短,吸取国外教育的先进经验,以带动我国高等教育的发展。一方面,只有通过大学的国际化发展才能为社会培养国际化人才。培养国际化人才是我国高校发展的一项重要任务,只有通过引进国外先进的教学理念,优质的教材和教学体系来进一步完善我们的教学工作,并培养学生的国际化视野,才能让学生能更好地适应新经济时代对人才提出的新需求,同时在高校中开展国际合作与交流还可以帮助大学营造一个国际化的校园氛围与环境。另一方面,要通过实施国际化发展战略和实现跨越式发展,来迅速提升教学科研水平和办学实力。与国外高水平大学的交流,可以促进我们对国际学术前沿的了解,通过搭建合作平台,将我国高校的科学研究工作快速融入到世界高水平的研究工作中,从而加速我国高校学术水平和科研水平的发展进程,推动我国经济和社会快速发展。总之,无论是培养国际化人才还是开展科学研究都是我国高校发展的迫切需求,也是社会不断发展的前提条件。

---

[1] 谢绳武. 经济全球化与高等教育的国际化中国高教研究,2002 (1).
[2] 王刚,徐立清. 论大学国际化:理念与策略. 中国高教研究,2004(7).

3. 大学国际化对社会发展的推动作用

大学国际化是高等教育发展适应世界历史发展变化、适应全球化的结果，同时它对社会的发展将起到极大的促进作用。吴邦国同志在复旦百年校庆的讲话中提到："今年是党中央提出实施科教兴国战略 10 周年。教育是发展科学技术和培养人才的基础，在现代化建设中具有先导性、全局性作用。"[1]大学国际化的程度越高，那么她所培养的人的国际化水平就越高，只有国际化人才才能适应今后社会全球化的对人才的需求；而科技是人类智慧的结晶，每一次科技的进步都将导致社会形态的改变，是社会发展的"推动剂"。同时，大学国际化也对社会的教育与文化起到了推动作用。对发达国家来说，教育的国际化直接或间接地给他们带来了文化的和人才的双重收益。一方面由于发达国家在国际文化交流中居于优势地位，教育的国际化可以增强他们对发展中国家的文化渗透和影响能力；另一方面可以在教育的国际交流过程中以廉价的方式吸引大批来自发展中国家的一流人才。对发展中国家和不发达国家来说，教育的国际化可以提高本国教育的发展水平，获得一些较为先进的技术和经验，并且有利于拓展本国社会成员的文化视野，提高社会的开放程度，加速本国社会的现代化进程。所以，大学的国际化将大大推进社会向前发展的步伐。

三、国际合作与交流——大学国际化的必要途径

1. 大学国际化的含义

大学国际化作为社会发展和大学自身发展的一种必然趋势，早已被世界各国的教育者们所认同，世界各国政府早就有了关于"教育国际化"的认识。今天的高等教育超级大国美国既是国际化的典范。从 1815 年就曾派第一批美国青年赴德国留学[2]。日本曾就大学"国际化"进行研究，提出日本"大学国际化"的三条标准——通用性、交流性、开放性[3]。

---

[1] 吴邦国在复旦大学 100 周年校庆上的讲话.
[2] 刘晖. 论高等教育国际化与本土化的指向与内涵. 教育与现代化，2005(2).
[3] （日）喜多村和之. 大学的国际化. 广岛大学大学教育研究所. 大学论集，1986.

我国也早在 20 世纪初就已经开展了教育的国际交流活动,向海外派遣留学生。但真正地开始意识到"大学国际化"是在改革开放之后,邓小平同志提出了"教育要面向现代化,面向世界,面向未来"的战略方针。

当今,对"大学国际化"的理解有很多,简单地说"大学国际化"就是大学面向世界发展的观点和主张。① 我们认为,从理论上讲我国"大学国际化"就是将我国的大学教育改革和发展置于整个世界中,在广泛吸取、借鉴外国先进教育经验和科技文化成果的同时,注重对外传播我国教育和文化的精华,培养能够在国际交流与国际竞争中发挥积极作用的人才的观念和行动。从实践角度上讲,我国"大学国际化"就是要求我国高校与世界各国高校开展多层次、多形式、多方面国际合作与交流活动,如互派专家、学者,联合培养硕士研究生、博士研究生,合作从事科学研究,共同举办国际学术会议等。但是我们必须十分清醒地认识到,大学之间开展合作与交流,并不等于大学国际化。我们只能说开展国际合作与交流是大学走向国际化的必要途径,是通往大学国际化的必由之路。

我国大学国际化源于 19 世纪末期,天津大学是中国近代史上第一所大学(原名北洋大学堂),早在 1895 年建校之日起就开始向西方学习,聘请了美国丁家立博士(Charles Daniel Tenney)为学校的第一任总教习,借鉴西式教学体系、教学方法进行人才培养。可以说,北洋大学堂的建立不仅开创了我国高等教育崭新时代,也开启了我国向西方高等教育学习借鉴以及高等教育国际化的先河。早在 20 世纪初,天津大学就曾派遣 55 名毕业生赴英、美、法、德等国家公费留学深造,他们是我国近代史上派出的第一批留学生,且当时由于天津大学毕业生均可免试直接进入美国名牌大学深造。大多数的毕业生学成回国并成为国家建设的栋梁之才。如该校的第一位毕业生王宠惠先生毕业后先后赴日本、美国留学,获得耶鲁大学博士学位,后任南京国民政府司法总长及外交部长。

2. 国际合作与交流——大学国际化的必要途径

我国自改革开放以来,经济持续快速发展,社会不断进步,教育事业取得了突破性的进展。国家始终把扩大教育对外开放、加强国际合作与交流作为国家教育发展战略的关键环节之一,教育国际合作与交流呈现出高层

---

① 张世红,白永毅.论大学国际化.清华大学教育研究,1999(3).

次、宽领域、全方位的发展特点[①]。加强国际合作与交流,加速我国大学国际化进程是发展我国高等教育的必由之路。国际化是高校事业发展的迫切需要。如果要实现把我国高校建设成为世界知名的高水平研究型大学的奋斗目标,那么就一定要大力提升学校的国际化水平。高等教育的国际化是当今世界高等教育的必然趋势,我们必须及时跟上这个时代潮流。

(1)实施"走出去"与"引进来"战略

高等教育的一大职能就是"培养人才"。大学要想成为世界一流大学,必须以培养世界一流的人才为发展己任,所以开展人才交流成为大学国际化中最活跃的因素。现在我国高校开展人员交流主要集中在学生交流、教师交流的层面上。我国政府大力推动留学工作,国家设立了各种基金来资助高校教师及优秀的高校学生出国留学,希望利用国外优质的教育资源为我国培养人才。高校应充分利用国家留学基金等有利支持,加大外派教师出国学习、研修的力度。根据学科的需要,有重点地选派青年教师出国进修提高。据教育部统计,从1978年到2003年,我国各类出国留学人员总数已达814 884人,学成回国的留学人员也不断增加,到2004年为止,累计回国留学人员达到197 884万多人,其中仅2003年、2004年回国人数两次突破两万人,创下1978年以来的最高纪录。(图2列出了1978—2004年的出国及回国人员数)另一方面,高校应大力引进国外优质教育资源,加大引进国外智力的力度,进一步提高引进的层次,引进的重点向高层次的专家倾斜,向重点学科倾斜。

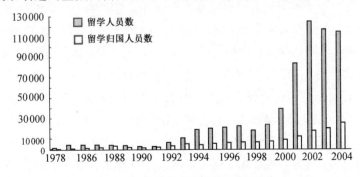

图2 近年来年留学回国人员数字

[①] 参见中华人民共和国教育部教育涉外监管信息网
http://www.jsj.edu.cn/dongtai/035.htm。

积极拓宽引智渠道,深度挖掘实质性合作项目的内在效益,拓展合作空间围绕高校学科建设、科学研究和教育教学工作需要,广开引智渠道,做好各类专家、高水平人才和创新团队的引进工作,带动高校多层次、多形式的国际合作与交流。我国高校传统意义上的国际合作与交流工作还局限于建立在友谊基础上的高校间信息、物质和人员交流。而现代意义的国际合作与交流应建立在竞争、合作与双赢的基础上的更为广泛、更具深度的国际合作与交流。我们不能把眼光放在泛泛的交流上,我们应把合作的领域向科研合作、技术开发、高新技术引进与转化、高层次人才培养转移,以人力资源的引进和更新的着眼点结合学术梯队和学科带头人的培养工作开展国际合作与交流活动。

(2) 加强中外合作办学

本着"为我所用"的原则,通过实施不同层次、不同专业的国际合作办学,利用国外的先进教学模式和资金,稳妥有序地开展与境外教育机构的合作办学。一是联合培养,能够促进高校间的合作研究,培养适应国际竞争的管理、金融、法律、高新技术等方面的短缺人才。二是国外院校到我国来办学,与我国高校合作,双方共同承担教学、管理工作,通过引进国外优秀教师和教材、先进的管理方法和教学方法,培养在素质、知识和能力诸方面具有竞争力的国际化的人才。通过合作办学,在办学模式、课程设置、教学方法、质量保证手段等方面与国际先进水平接轨。三是我国高水平的大学也可以走出国门到外国去办分校,与外国合作办学,既有社会效益,又有经济效益。合作办学是我国大学国际化的一个重要标志,它是在大学最核心的职能——教学上开展国际合作,把大学国际化推向一个更高的层次。

天津大学与英国克莱菲尔德大学(Cranfield University)由初期的交流发展到目前的科研合作及博士生联合培养,并在化工学科领域共建了天津大学—克莱菲尔德大学过程系统工程(PSE)合作办学项目,是该领域教育中"强强合作"的典范。天津大学化工学科在全国化工学科排名中名列榜首,而英国克莱菲尔德大学的过程系统工程学科在全英也是名列前茅,通过该项目的合作,可以借鉴和引进国外先进的教学模式、课程体系、教学方法和管理经验,培养具有宽知识平台和创新能力的过程系统工程领域的高层次人才,有利于加强化工强势学科与国际同类一流学科在科研、人才培养和队伍建设等方面的合作,创造具有国际影响的原创性科研成果,提高过程系统工程专业的办学水平。

(3) 国际化教学体系的初步尝试

通过聘请国际知名专家学者来校交流与合作,有力地支持和促进了高校新兴学科建设和优秀留学人才的引进工作。天津大学药物科学与技术学院是走向国际化,与国际化教育体系接轨的典范。该学院整体建设完全是以美国的师资(大多为中青年科学家)和外籍教授为主体,采用全新的教学体制,引进美国先进的教学方法,大部分专业课采用英语授课,同时与国外著名高等院校、知名大公司有着密切的联系与合作。自2000年建院至今一直保持着良好的发展状态,多次邀请美国等海外著名的学者来校讲学,进行学术交流和课题研究。

(4) 大力推进国际间的产学研合作

我国政府历来重视产学研合作,相继为高水平大学开展合作提供了诸多的资金和政策支持。同时,高校也可以利用与跨国公司合作推动高校科技创新和产学研一体化。现在越来越多的大型跨国公司将研发中心向亚洲地区转移,高校可以抓住这个机遇,争取在高校中建立大公司的研发中心,利用跨国公司先进的设备、雄厚的资金,进行广泛的技术和商业合作,加强相关技术的嫁接和转化,实现优势互补、互惠互利。

(5) 拓宽国际留学生培养规模

强化对外汉语教学,扩大接收外国留学生的规模,将是高校加速国际化进程的重要一步。我们要利用我国经济持续发展对世界所表现出强大吸引力的契机,抓住机遇,大力发展我国高校的留学生教育。同时,适度增加在海外的汉语考试中心的数量,为外国人提供从事汉语教学、来华留学或以汉语为工作语言的资格证书,作为学习或聘用机构录取人员的依据。

四、结 束 语

综上所述,在经济全球化的趋势下,人才的培养、科学技术的发展以及社会的发展需求,都对大学的国际化提出了新的要求与标准。为适应这些日益增长的需求,我国大学也必须通过各种努力获取国内外一切可以利用的宝贵资源。同时,随着教育的不断发展,大学的国际化程度也已被看作一所大学层次及水平高低的重要衡量指标。因此,必须抓住机遇,迎接挑战,广泛开展多种形式的国际交流与合作,促进我国大学的国际化发展进程以及高等教育事业的稳定健康的持续性发展。

大学国际化趋势及其实施路径

刘艳红　须　珺[*]

作为高等教育活动的主体,大学在高等教育国际化进程中发挥着举足轻重的作用。大学的国际化既是推进我国高等教育国际化的战略选择,也是促进大学自身发展的内在需要。有着不同文化、历史和发展战略的大学在国际化发展过程中可谓仁者见仁,智者见智。

一、大学国际化及其表现形式

20世纪90年代,国内的大学纷纷以"大学国际化"为导向,相继提出了建设"国际化大学"、"世界一流大学"、"国际知名大学"等口号,大学国际化浪潮由此而生。

大学国际化是一个过程,是大学持续发展,成为全球化背景下各种类型的国际性高水平大学、一流大学的过程。大学的国际化主要表现在以下几个方面:

(一)办学理念国际化

观念是行动的先导,体制是行动的保障。大学的国际化,首先是办学理念的国际化,要创建国际通行的现代大学运行机制。近些年来,我国高校的发展重点逐步转向了世界,北京大学适时启动了"创建世界一流大学计划",清华大学明确了建设世界一流大学"三个九年、分三步走"的总体发展战略。国家实施"985"工程,标志着"高等教育国际化"被提上了21世纪我国大学的战略发展议程。与此同时,国内许多重点大学纷纷确立创建"世界一流"或"世界知名"大学的发展目标,增设国际化发

---

[*] 作者简介:刘艳红,管理学硕士,北京理工大学国际交流合作处项目官员;须珺,中国高等教育学会引进国外智力工作分会秘书处秘书。

展基金,促进高等教育国际化进程。

(二) 教学内容国际化

教学内容的国际化是大学国际化的主要和直接表现形式。学校通过课程内容、课程结构、课程管理、教材建设、外语教学等各种形式引进国外优质教学资源,把国际的、跨文化的知识与观念融合到课程中来,从而培养出具有国际观念、视野和技能的国际化人才。从我国与越来越多的国家签署了互相承认学历、学分的协议,以及国内高校院系调整、专业易名、双语教学、采用原版或翻译教材等方面可以看出,国内大学在专业设置、课程建设、课程内容等方面正在分阶段、有步骤地与国际接轨。

(三) 教学主体国际化

教学主体的国际化主要是指教师的国际化,不仅表现在我国大学聘请外国专家、外籍教师的比例上,以及留学归国人员或有海外经历的教师在教师总量中所占的比例,也表现在有海外经历或者说国际化意识的教学/行政管理人员在从事教育管理人员中所占的比例。长期以来,国家有引进国外智力的专门投入,有提升我国大学教师队伍素质的各类人才培养项目。高校领导海外培训和学校管理层海外培训项目的实施是国内大学在教育管理人员国际化方面的一个重大举措。

(四) 教学客体国际化

大学国际化的终极目标是培养具有国际竞争力的高素质人才,即实现教学客体的国际化。教学客体的国际化包括两大方面:一是在校学生的国际化,即为学生创造海外学术交流、学习和实习的各种机会,有切身的国际体验;另一方面,是学生结构的国际化,学校通过开拓海外市场,吸纳和接收来华留学生,营建多元文化融合的共同体。

(五) 科研成果国际化

教育成果的国际化主要从国际科研合作方面来考量。国际科研合作是大学国际化的重要组成部分,也是大学学术声誉的重要保证。广泛开展各种国际学术交流、召开国际会议和共同申请国际科研课题是科研国际化的一个重要途径。举办双边、多边或专业国际学术会议,不仅为各国研究者提供了一个学术交流的平台,更为主办方的大学创造了宣传自己,提高国际知名度的机会。高校教师和科研人员积极参加各类相关的国际性学术会议并发表论文是科研国际化的另一个重要组成部分，也是教师和科研人员提高专业水平、拓展国际性学术视野及进入国际学术圈，提高自身及学校国际知名度的重要途径。共同申请国际科研课题，争取国际化资金的支持，更有利于站在国际学术前沿，开展实质性国际合作交流，从而真正实现人才、资金和学术思想的国际化交流。

二、大学国际化的实施路径

尽管各个大学的发展目标近似一致，但由于其历史背景、文化、人文精神、管理体制及领导风格不尽相同，以及各所大学所处国际化发展阶段和所拥有的资源存在较大差异，所选择的国际化道路也大相径庭。

（一）模式选择上，"引进来"与"走出去"相结合

总体而言，中国大学起步晚于发达国家的知名大学。因此，在中国大学国际化的过程中，向世界优秀大学学习成为一个很突出的方面，这就是"引进来"的内在原因。

所谓"引进来"，就是把国外优秀大学的智力资源、管理资源、资金资源、品牌资源等优势资源与中国高校的具体需求相匹配，就是借助外力的帮助，直接吸收先进的教育理念，使教学、科研、管理、师资的质量不断提高，逐步接近和达到国际公认的水准，为国际社会所接受。同时，凭借经济全球化和中国改革开放的大环境，吸引外国学生、学者、科学家、教育家纷至沓来，使大学或学院成为一个国际化的小世界，活跃于国际教育界，从而获得更多国际支持。

需要强调的是，在"引进来"的同时，要大力创造条件"走出去"。"走出去"就是创造各种条件，让中国高校为世界所认知、所理解、所接受、所尊重，这不仅仅包括教师、学生、科研项目的国际化交流，更包括办学理念、管理方式等的国际化交流。

对许多中国大学来说，"引进来"在当前仍然是大学国际化更突出的一项任务。即使这样，仍然需要坚持"引进来"和"走出去"相结合的国际化模式。大力"引进来"是快速推进中国大学国际化现有阶段水平的现实选择，可是，没有"走出去"的国际化，就不是真正意义上的国际化。反之，"走出去"也会在更大程度上推动"引进来"的实现。

（二）发展思路上，"布点"与"铺面"相结合

大学国际化的基本前提是要有一个国际化的视角，要放眼全世界，而不仅是盯着有限的国家或地区。诚然，欧美发达国家教育资源丰富，有许多值得我们学习和借鉴之处，往往是国内各高校进行校际合作交流的首选目标，但"国际化"远非如此。

大学国际化应该是全方位的，在学习和借鉴欧美发达国家的同时，也不能忽略其他次发达、不发达或欠发达地区，这些地方的大学同样会有许多值得学习的学科和专业、值得借鉴的办学经验和思路，而且还存在着巨大的市场潜力有待挖掘（如外国留学生市场）。因此，在大学国际化进程中，要放眼世界各大洲，先"布点"，选择一至两个有合作可能性的学校建立校际关系，然后以"点"带"面"，带动与整个地区学校的联系。

（三）发展目标上，"数量"与"质量"相结合

任何事物的发展都会遵循其发展规律，大学国际化也不例外。有些人认为在建立校际关系、派出留学人员和聘请短期专家方面不能盲目地追求数量，而要考虑与什么样层次的学校发展关系，派出留学人员到什么样的学校，聘请的短期专家要有何等的学术成就等等的"质量"问题。这些"质量"问题确实很重要，但不能孤立来看，而要把它与学校自身的定位、发展方向和战略重点联系起来。

对于许多中国大学来说，在国际化的初级阶段要注重"数量"的积累。如果只是一味地坚持质量，很难迈出国际化的第一步，没有走出第一步，可能后边的一切也就只是未知数了。"数量"积累往往会带来"质量"的突破。

（四）发展重点上，"院系"与"学校"相结合

改革开放的基本成功经验之一就是"特区制度"，即先局部后整体。同样，在大学的国际化历程中，很多情况下在发展重点上不得不考虑"院系"与"学校"两级相结合的实施道路。

在优势学科或专业基础上集中力量，在校内营建几个具备更好小环境的学院是比较容易做到的。相对而言，高校一蹴而就整体突破是比较困难的。有了优势学科或专业，就有了国际化的发展重点，既能保证资源利用的效率最大化，又能在短期内实现国际交流的实质进展。

大学的国际化应该充分考虑到当前国际化进程的特点与特色，要积

极调动院系、专业多个层次的积极性。因此,以院系为发展重点,既能充分激励院系国际化的积极性,还能完全实现国际合作的"落地化"问题。有了"院系"的国际化,"学校"的国际化也就水到渠成了。

(五)实施步骤上,"框架"与"具体"相结合

同前面谈到的"布点"与"铺面"相结合、"数量"与"质量"相结合不谋而合,大学国际化进程中很重要的一个环节就是先建立关系,签署框架协议,然后谋求具体落实。如果说《校际关系协议》、《谅解备忘录》等文本是学校之间正式开展国际交流合作的一个起点的话,大多数国内高校都面临的挑战之一是,校际协议签了一大堆,真正有实质性合作的却屈指可数,根源何在?是"务虚"不"务实",协议签多了吗?

显然,大学国际化背景下的国际交流与合作,早已不是改革开放初期的迎来送往,更多的是作为学校与学校之间沟通、交流的纽带和工作桥梁,承担着调查、策划、协调和督办的职能,为学校的教学、科研和人才培养服务。有了合作框架,才有后续的具体落实。面铺开了,数量上来了,教师、学生的选择余地就大了。而且,只有教师和学生有了需求,做出选择以后,校际关系才可能向纵深发展,也就有了具体的项目合作了。

(六)实施落实上,"教师"与"学生"相结合

国际交流与合作归根结底是人与人之间的交流与合作。因此,从"框架"到"具体"不是单纯一个学校的国际交流合作部门所及,而要落实到教师和学生的需求上。

从现实实践来看,培育教师和学生国际交流的意识和挖掘他们国际交流的动力是根本。近几年,有留学经历、背景的人,有海外关系的人,希望有出国经历的人和从国际交流合作中深深受益的人往往更乐于参与国际交流合作,他们有资源,了解自己研究领域的国际情况,能请到人或有研究项目支撑。但是,只有合作交流意识,而没有动力是不行的。有些人自己的研究任务重,工作繁忙,邀请外国专家讲学或出国会打乱正常的工作秩序,而成为一种负担;有些人是心有余而力不足,知道应该加强国际合作,希望能与国外专家交流,但苦于没有机会。其原因就是没有一种激励机制能够让教师们积极参与到国际交流合作中来。

建立激励机制应该从"教师"做起。有更多的教师出国学习,参加国际学术会议,就会有更多的交流机会,而教授或教师自然会以合作研究、

互访和指导学生为契机而深入发展下去，这样就有利于形成国际交往的良性循环，实现"教师"和"学生"的有机结合。

（七）工作突破上，"内宾"与"外宾"相结合

这里所谓的"内宾"主要是指华人、华侨和留学校友。他们了解中西方文化差异，对中国大学有一定的了解，与教师的交流和沟通没有语言障碍，容易建立关系，并促成与"外宾"和学校关系的建立。

为此，国内大学应该建立和完善出国留学人员和海外校友信息库，并与他们保持经常性联络，关心他们在国外的学习和生活情况，定期向他们通报学校的情况。有条件的高校可以尝试建立"留学大使"制度，聘请出国留学人员和海外校友作为学校人才招聘和留学生招生的代表，帮助学校搜集当地专业人才信息和留学生生源信息，为学校引进高层次人才和招收留学生提供信息和咨询。

三、结　　论

许多大学在国际化进程中摸索着前进，取得了丰硕的成果和成功经验。国内大学的国际化需要结合各自的特点、资源来展开，需要在实践摸索的基础上不断总结经验，扬长避短，互相借鉴，共同提高，不断进步。

参考文献

1. 毕家驹.大学国际化的实践与展望[J].高教发展与评估，2005(02).
2. 马万华.跨国教育：不仅是高等教育国际化的新趋势[J].中国高等教育，2005(21).
3. 陈学飞.高等教育国际化——从历史到理论到策略[J].教育发展研究，1997(11).
4. 范瀛，刘艳红.高等教育国际化趋势与大学外事部门的角色转变.中国高校引进国外智力工作研究会 2004 年会暨大学国际化趋势国际学术研讨会文集，2004.12.
5. 杨锐.高等教育国际化的涵义：内涵、原理及其实践意义[J].国际高等教育研究，2002(1).
6. 李盛兵.大学国际化评价指标体系初探[J].华南师范大学学报(社会科学版)，2005(06).
7. 赵卿敏.国际化：中国高水平大学的必由之路[J].高等教育研究，2001(06).

面向未来,推进中国高校国际化进程

梁 莉 丰镇平[*]

在当今日趋激烈的国际竞争背景下,如何通过提升国际竞争力来增强综合国力是我国面临的一大挑战。中国高等教育国际化是增强国际竞争力的重要途径。面对未来的全球化竞争,中国高校需要进一步拓宽思路,加强合作,大力推进高校的国际化进程。

一、国际化背景下中国高校办学和发展的理性思考

本世纪初,经济发达国家的大学和教育管理机构纷纷召开各类研讨会,讨论世界经济一体化新形势下高等教育国际化的对策。美国的许多大学已经制定出了面向21世纪国际化策略的具体方案。其基本依据是:"(1)大学作为传授知识的机构,而知识是没有国界的,因此国际化本身就是大学教育的重要历史使命;(2)当今世界,要求大学培养出的学生能够在经济的全球化环境中生存和发展,因此要求大学在教学上要能够提供国际化的语言、课程和知识体系,在研究方面要能够开展国际间的交流和合作,包括教师的交流和学生的交流,在大学管理方面要为培养国际竞争性人才提供各方面的服务;(3)由于经济的全球化,各国的大学已经开始在一个统一的世界教育大市场中进行面对面的直接竞争,为了大学自身的生存发展和提高自身的竞争力,大学教育必须实施国际化。"

因此,从国家的发展利益和中国快速发展的需求来看,中国必须建设好若干所世界一流大学,这是中国高等教育参与国际教育竞争与合作

---

[*] 作者简介:梁莉,西安交通大学国际合作与交流处副处长;丰镇平,西安交通大学国际合作与交流处处长,教授,博士生导师。

的需要。世界知名大学的办学理念、发展战略、办学实践与成功经验给了我们许多有益的启示,同时我们也深刻感受到国际竞争、外部环境和社会发展给中国高校提出的巨大挑战。为此,我们要着眼于国际化背景,以更高、更宽阔的视野来思考学校的目标、定位和发展战略的问题。

社会发展对人才的需求是多样化的,人的发展对教育的需求也是多样化的,大学的人才培养、科学研究和社会服务的特点也各不相同。因此大学的层次是有差别的,中国的高校在国际化目标和战略的设定过程中,必须避免目标模式的盲目趋同化,应根据自身办学的历史背景、学科特点、师源结构和区域经济发展的需求,更加理性地思考学校的目标定位和国际化战略,形成和保持自身的优势和特色。在整合资源、挖掘优势的基础上开展国际交流与合作,以形成在某个或某几个学科或领域的独有领先优势,实现跨越式发展。

二、高等教育国际化对高校管理模式改革的冲击和推动

随着我国加入世贸组织和经济全球化、高等教育国际化的趋势,大学除了人才培养、科学研究和社会服务三大基本功能外,还要在国际交流中承担着越来越多的责任。不仅如此,国际化的趋势使中国的高校更积极地推动学校管理模式的改革和发展,尽快地与国际接轨。

在适应世界高等教育发展的过程中,我们深深地感到压力和紧迫感。我国高校与国外一流大学的差距,不仅表现在学术水平、科研创新、人才培养和融资能力等方面,更深刻地表现在如何管理一所学校,学校的运行机制,建立有效的学术组织,人事制度和激励机制,如何吸引和留住优秀人才,如何培养专业化、素质高的教职员工等诸多方面。高等教育的国际化进程一方面对中国高校管理体制和模式带来了巨大的冲击,另一方面也推动了高校加快改革、不断创新的步伐。

目前,不少高校内部管理机制中存在的问题在一定程度上制约了本校优势的发挥和核心竞争力的提升。目标不明、机制不顺、职责不清、协调不够、政令不畅、人气不旺、信心不足、效率不高,这些学校管理中的硬伤和缺陷严重制约了学校的未来发展,虽然有些问题的解决有赖于外部政策和社会环境的支持,但在学校内部的行政管理体制改革、学科建设、

队伍建设、人才培养等方面,营建和创造一个奋发向上、积极发展、机制顺畅、保障有力的软环境,就有可能在这一轮竞争中抢先一步,超前发展,与世界一流大学走得更近。

在管理体制改革方面,我们往往在战略上务虚研究的多,而在战术上可操作性的改革举措少。因此需要以更加务实和积极进取的态度,认真研究我们与世界一流大学在管理方面的差距,结合学校的定位和目标,加大力度推进各方面的改革,才能把大学的主要力量和知识进步与社会发展、世界的变化更紧密地结合起来,在未来高等教育的国际化竞争中找到自身的发展空间。

三、开展实质性的国际合作与交流,推进高校的国际化发展

对于以建设世界知名高水平大学为目标的中国高校而言,国际化是必由之路,也是需要认真研究的战略抉择。高校应该更加自觉地面向世界,面向未来,面向现代化,具有海纳百川的宽阔胸怀,实施国际化战略,这对全面深化教育教学改革,提高教学质量,培养国际化的创新人才,对充分引进海外智力资源,多渠道开拓国际合作与交流项目的资助来源,有效提升学校的办学水平和国际竞争力都有着重要的作用。在知识经济时代,高等教育国际化将在更大范围和更深程度上被强化,这包含有办学理念的国际化、课程体系的国际化、办学途径的国际化、学术交流的国际化、人才培养的国际化等等。

1. 办学理念的国际化

大学教育的国际化必须以国际化的现代教育理念为指导,扩大高校办学的全球化视野、开放性气度、融合性概念、交互性发展、全方位交流。高等学校要充分利用教育国际化给我们带来的丰富的教育资源和巨大的市场潜力,推动与世界名校建立实质性合作(合作办学,合作研究、人员互访,学生交换等),加强智力引进,繁荣学术交流,实现跨越式发展。

2. 课程体系的国际化

高等学校要以科技发展趋势及社会需求为前提,结合自身优势,及时调整学科结构和专业设置,建立与国际接轨的课程体系和教学内容。同时,要尽可能选用国际上最先进的教材,课程教学安排也可采取双语

教学或英文授课,聘请知名学者授课和讲座,拓展学生的国际化视野和英语应用能力,把培养适应经济全球化、具有国际视野和一定国际竞争能力的创新人才作为学校人才培养的目标。

3. 办学途径的国际化

高等学校要积极开展中外合作办学,引进和吸引优质的国外教育资源,为培养优秀的师资和人才服务,特别是优势学科更应努力寻求实质性的国际合作伙伴,在办学途径的国际化方面走在前列,从而扩大与国外大学合作办学的领域和规模。

4. 学术交流的国际化

通过与国外著名大学的合作,进一步扩大学术交流的广度、深度、提升学术交流的层次和水平。例如引进国外高层次学者来校访问、讲学,设立专项国际会议基金,鼓励教师和博士生参加高水平国际会议,在国际顶尖刊物上发表高水平论文,以及与世界一流大学和著名跨国公司建立联合研究机构,申请联合基金项目,有目标、有计划地选派教师和学生到国外大学特别是到国外的知名大学攻读学位、进修、访问、开展合作研究等。

5. 人才培养的国际化

人才培养的国际化一方面是吸引更多的留学生来校,营建多元化的校园文化,另一方面是采取"走出去、请进来"的方式,使我们的学生能够在校内听到国外名师的授课,又能有在国外求学的经历,具有一定的国际化背景。

吸收外国留学生,以及派出我们的学生到国外留学,是人才培养国际化的主要表现形式。留学生培养是高校实施国际化战略的重要方面,探索有利于发展留学生生事业的管理体制,加大招生力度,改善办学条件,扩大留学生规模,提高留学生层次和培养质量。

除了观念的更新外,建立相应的研究机构是高等教育国际化得以实践的重要的客观条件。从国际上看,美国的国际教育协会、澳大利亚的高等学校国际发展计划组织和国际教育基金会、加拿大的国际教育署以及大学和学院协会等,都是从事这方面工作的组织机构。不少大学和学院还设有专职人员负责高校的国际化活动。中国也应建立健全相关的部门和组织,并对高等教育国际化活动进行组织协调和专门研究,使国际化教育目标及有关措施、专业和课程内容的改革、师生互换与交流、学分互换与学位等值、校际合作与共同研究等一系列活动具体化、系统化并具有连续性和延展性。

国际化已经成为高等教育发展的全球性趋势,它不仅是理念,更是在全球范围内开展的教育实践,在这一全球性的趋势中,仁者见仁,智者见智。面向未来和世界,所有的高校都在寻找有自身特色的、自主的、创新的国际化发展路径,只有抓住机遇,加快发展,中国的高校才能面对激烈的国际竞争和挑战。

参考文献

1. 魏辉良. 经济全球化与中国高等教育国际化. 国际经贸探索, 2006, No. 4.
2. 丁学良. 什么是世界一流大学. 高等教育研究, 2001.
3. 王庆石, 赵彦志. 大学教育国际化的基本含义. 光明日报, 2003-06-03.
4. Blumenthal P., Goodwin Smith A. Teichler U. Academic Mobility in a Changing World. London and Bristol, PA: Jessica Kingsley Publishers, 1996.
5. Hans de Wit. Internationalization of Higher Education in the United States of America and Europe. Westport, CT and London: Greenwood Press, 2002.
6. Van Damme D. Quality Assurance in an International Environment: National and International Interests and Tensions. International Quality Review: Values, Opportunities, and Issues. Washington D. C.: Council for Higher Education Accreditation, 2002.
7. 卢德平. 国际化:高校教学管理改革的必由之路. 世纪中国, 2001. 12.

大学国际化与中国高等教育的战略选择

郭文杰*

前　言

20世纪以来,科学技术和信息革命的推动使全球经济迅猛发展。跨国公司和网络经济的崛起,国际贸易和投资金融的自由化以及统一劳动市场的建立,导致世界经济全球化的形成。整个世界出现了前所未有的开放状态,各国的教育状况及其相互之间的联系也发生了变化。教育国际化就是在这种背景下出现的一种重要的发展趋势。我国教育特别是高等教育只有适应这种趋势,培养具有全球眼光、能在国际舞台上大显身手的高素质的人才,才能在全球化和国际化潮流中占有一席之地。

一、大学国际化的基本内涵和目标

大学国际化作为高等教育国际化的重要组成部分究竟具有什么含义？有的研究者对大学国际化的含义作如下界定:①(1)将教育改革与发展置于世界背景之中,以国际社会的视野而非仅从一国的角度进行考察;(2)不同国家地区的教育通过多种途径在人才、信息技术资金等方面进行广泛的相互交流,实行一定程度的资源共享;(3)一些符合教育规律、顺应历史潮流的国际教育惯例(如教学制度和学位制度)的共同遵循;(4)注重国际理解教育及其有国际竞争力人才的培养。

一句话,高等教育国际化就是高等教育要"面向世界",积极开展高

---

* 作者简介：郭文杰,山东大学国际合作与交流处工作。
① 魏腊云,唐佳和.新全球化时代与高等教育国际化.煤炭高等教育[J].2003(2).

等教育国际交流与合作,博采世界各国教育之长,推进本国教育现代化水平。显然,这种界定只是把教育国际化等同于教育领域里的国际合作。笔者认为,国际化的含义,既包括国际合作,也包括国际竞争。参与高等教育领域的国际合作与竞争,是大学国际化的两个相辅相成的方面,两者缺一不可。积极参与国际合作,有利于学校吸取国际经验、通过改革与发展提高学校整体实力,从而提高学校的国际竞争力。积极参与国际竞争,有利于增强学校的国际影响、进而在更高的层次上参与国际合作。

高等教育的国际化要求大学以"地球村"为背景,以人类共同发展、共同繁荣为目标,成为面向世界的国际型人才培养中心。这一理念意味着我国的大学应当培养一批有事业心、懂科技、通外语、会经营、善管理,具有较强的国际意识、创新精神和竞争能力的复合型人才。

美国在20世纪90年代初制订的《美国2000年教育目标法》中强调教育国际化的培养目标是:使每个高校的每个学生都能达到世界标准,通过国际交流,努力提高学生的全球意识、国际化观念。日本早在20世纪80年代就提出"要培养世界通用的日本人"。韩国为适应教育国际化发展,专门成立"21世纪委员会",提出国际化教育的培养目标是:努力提高学生国际化的意识,增强"自主的世界公民意识,加强学生对各国各种多样的社会、文化知识的理解"。

二、高等教育国际化——21世纪高等教育发展的必然趋势

高等教育国际化是21世纪高等教育必然的发展趋势。从全球视角来观察,高等教育国际化是多种因素综合作用的结果。

1. 世界经济全球化进程的必然要求

20世纪90年代以来,世界经济一体化进程加速,特别是欧盟统一劳务市场的建立,管理和科技人员在各国间的自由流动,要求各国高等学校加速调整教学内容,增加彼此了解,相互承认学历和学位,使高等教育国际化成为欧洲经济一体化的重要组成部分。世界贸易组织以促进世界经济一体化进程为己任,制定这一进程中的各项"游戏"规则即竞争规

则。要求各国现代大学培养出足够数量的不仅通晓国内、也通晓国际"游戏"规则、在国内和国际上均具有一定竞争力的人才,在科学技术领域为本国占领一定数量的制高点。① 因此,高等教育国际化越来越为本国在以知识为基础的世界经济竞争中提高人才与科技优势,成为制胜源泉和长期保持国际竞争力的重要因素。

2. 信息网络全球化为高等教育的国际化提供了重要条件

日新月异的网络通信技术、计算机技术和多媒体技术大大拓展了信息交流的天地,使得信息交流系统具有了开放性和广泛性。目前,各国各地区积极而迅速地发展计算机网络,并且纷纷地接入国际互联网,实现着这一伟大的信息技术的社会角色转变。网络的发展与应用已经对社会的政治、经济、教育、科技、文化及生活等方面产生了重大的影响,并且在时间与空间上冲破了物质的樊篱,跨越国界。因此,"数字世界全球化的特质将会逐渐腐蚀过去的边界",推动着国际化的向前发展。知识可以跨越国界实现共享,大学成为"一个世界性的学术共和国"。"因特网改变的不仅是每一领域的具体技术应用方式,而是整个社会的运行模式"。高等教育系统在这一运行模式中走向开放,信息技术给传统的大学管理带来了一系列的挑战也为高等教育内部各子系统间以及与外部系统间的合作与竞争提供了很好的基础。

3. 经济全球化要求高等学校加强国际交流与合作

由于世界各国经济上的广泛交流与合作,必然带来文化上、教育上的广泛交流与合作。经济全球化要求高等学校的教师、学生、科技学术等诸方面必须走出国门,与世界各国的高校加强学术文化交流,发挥各国高校间合作的职能。尤其是高等学校培养的人才必须了解国际经济、了解国际社会。经济全球化推动了高等学校的国际交流,教育的国际交流又推动了教育的国际化,从而进一步推动了经济全球化。

---

① 陈亚玲,陈世旺.高等教育国际化的价值取向与世界一流大学建设.大学教育科学[J],2004(1).

三、国际化——中国高等教育的战略决策

1. 进一步推进高等教育管理体制改革

大学国际化要求我国改革传统的高等教育管理体制,基本思路是:转变旧观念,树立高等教育管理社会化思想;以市场为导向,坚持以人为本,尽快转变政府和教育行政部门的职能;建立与社会主义市场经济相适应的高等教育运行机制;加强教育法制建设。

2. 改革传统的教育思想,树立高等教育国际化的理念

高等教育国际化不仅是教育资源和信息的交流共享,更是一种办学的理念。当前我们要克服传统的保守思想和狭隘的本土观念,拓展视野,从全球的视角出发,认识高等教育国际化的重要性与必要性,要以"明确的赞同、积极的态度、全球的意识、超越本土的发展方向及发展范围"确立高等教育的发展思路,将国际化"内化为学校的精神气质"。要努力创造条件,提高学校的国际化程度,以此整体提升文化水平,增进社会进步的活力,加速本国社会的现代化进程。

3. 加强高等教育国际化的研究

若想使我国的高等教育妥善地融入到国际化的大潮之中,首先必须了解世界各国的高等教育现状。美国、澳大利亚、日本等少数发达国家早已关注并开展这项工作,我们也不能放松这方面的研究,并及时制定相关的法律和政策。

4. 加强国际合作与研究,遵循国际通行的学术规范

创办国际性大学。我们可在他国设立大学分校或远距离教育网络,建立国际性的虚拟大学,加入全球网络学院;也可以加强校际合作,合办交流中心(如南京大学与美国霍普金斯大学合办的"中美文化研究中心"),或者实行多边联合,举办高等教育中心"跨国公司"。

发展留学生教育。招收外国留学生作为创汇和教育投入的一种渠道,已为世界主要发达国家认可,也在我国某些地区和高校的实践中得到印证。发展留学生教育也是强化教育产业的办学理念的具体化,因此要加强有关高校对外宣传的力度,逐步设立海外代理机构,增设奖学金种类,增加奖学金数额,以各种合理有效的手段吸引留学生,不断开拓高

等教育的国际市场。

增进研究人员和学术信息交流,实现教育资源的国际共享。在继续加大引进外籍教师速度和规模的同时,我们还可考虑聘请外国的教育管理专家和行政骨干到我国高校从事管理工作,以先进的教育理念、办学思想促进我国的高教改革。同时还要对我们的学者加强国际通行学术规范的训练。

5. 课程建设与专业设置的国际化

课程是大学教育的主要载体,我们要培养在国际竞争中的有用人才,必须在课程内容上加快改革。[①] 美国高校为了实现课程的国际化,采取了多种多样的措施,例如在普通教育的核心课程中增加了关于世界文明、世界史和外语的要求;增设和加强地区研究和国际研究方面的主修、辅修和专攻计划;在工程、工商管理、教育等专门领域增加国际方面的内容,开设如何运用高技术进行国际学习的课程等。据调查,美国一半以上的四年制院校在过去5年中增设了国际课程,增多了到国外学习和教师国外旅行的机会,其图书馆也增购国际藏书。67%的四年制院校和近50%的二年制学院的校长认为学生获得国际知识和理解国际事务非常重要。中国有着五千年的历史文明,具有丰富的有特色的民族文化,除了上述类似国际性课程外,大学可以开设特色化的课程,如传统的建筑、服装、茶艺等带有浓厚民族风格的课程,吸引国外青年前来学习,既可以拓宽留学生市场,又可以弘扬传播中国优秀的民族文化。

6. 大力开展大学外语教学的改革试点

随着经济全球化及近年来我国经济飞速发展、加入WTO、国际交往日益频繁,国家和社会对大学外语教学,尤其是对大学生的实际应用能力提出了更高和更迫切的要求,大学外语教学改革势在必行。我国大学外语教学应进行大改革的基本思路是大学外语教学要体现和适应个性化教学,以学生为中心,要培养学生自主学习的能力,让学生在学习语言的同时掌握学习方法和学习策略。学校统一规定一个大学生必须达到的最基本的外语水平标准,同时也提出较高层次和高层次的外语应用能力的要求,使大学外语课程具有更大的弹性、选择性和开放性。

---

① 彭森明.高等教育国际化因应方略.集美大学学报[J],2003.12.

四、我国高等教育国际化过程中应注意的问题

1. 把握国际化与民族化之间的关系

随着经济全球化的不断扩张,生源的国际流动、跨国办学和教育资源的国际化势在必行。教育方式的改变和认可,文凭的相互承认,评价标准的国际化,这些在很大程度上都是由全球化带来的直接效应。高等教育国际化正如一把"双刃剑",一方面给我们带来先进的教育理念、教育思想和先进的科学技术,促进我国高等教育的发展;另一方面又会给我们的传统文化带来很大的冲击。如果忽视民族化,必将使高等教育失去自身的个性和特色,不能为我国经济、科技和社会进步提供人才支持,因此必须在全球化浪潮中,创建能够符合时代特征的、具有中国特色的高等教育体系。

2. 把握引进来和走出去的关系

在全球分工日益密切的环境下,根据国际惯例,高等教育必须注意解决好引进来与走出去的关系。引进来的是先进的办学理念、管理手段等,这是提高我国高等教育办学质量的重要途径,是促进我国高等教育发展的有效方法。但是一味地引进,而没有走出去的理念,就会导致"进"与"出"的失衡,使我们的人才走不出去,我们的技术走不出去,这将非常不利于我国高等教育的发展。

3. 把握追求速度与提高质量的关系

要使我国的高等学校尽快达到世界先进水平,首先一条就是要追求一定的发展速度,没有一定的速度,教育国际化只能是空谈,但是速度不是目的,注重人才培养的质量和办学效益才是根本。事实上,速度是前提,但以牺牲质量为代价则万万不可取;质量是关键,但不能因强调质量而忽略发展速度。只有正确处理好二者的关系,才能实现速度与质量的和谐发展。

4. 高度重视人文社会科学的教学与研究,防止重理轻文

在现时媒体的宣传和少数论文中似乎有一个误解,认为加入WTO之后,科技知识越来越重要,将要占据学校教育内容的绝大部分。然而事实并非如此。在加入WTO之后,人文社会科学特别是应用社会科学

越来越重要,法律、贸易、金融、投资、外语方面的人才将会是最需要的。WTO总部有关官员说:"中国加入WTO之后可能面临的最大的困难是精通国际法律和贸易规则并且外语极好的人才的短缺。"按照他们的标准,能够对国际和不同国家的法律和贸易规则了如指掌,而且能够用他们的语言自由地辩论和谈判的人,目前在中国极少。因此,在经济全球化和加入WTO之后的今天,我们更应该进一步加强人文社会科学的教育,加大人文社会科学在高等教育中的比重,使人文社会科学和自然科学真正成为"车之两轮"、"鸟之两翼"。绝不能片面地强调高科技甚至单纯强调IT业而忽视了人文社会科学的教育,避免给经济发展和社会进步造成新的误区。

结 束 语

高等教育国际化是一种必然的趋势,但高等教育国际化绝不等于西方化,也不意味着要抛弃民族性。高等教育是民族教育与国际教育的有机统一。我国大学在国际化的过程中,一方面要借鉴国外先进的高等教育特别是世界一流大学的成功经验,同时还必须考虑大学自身的传统和社会历史文化的因素,积极进取,开拓创新,把为祖国服务与为人类作贡献有机地统一起来。

参考文献

1. 魏腊云,唐佳和.新全球化时代与高等教育国际化.煤炭高等教育[J],2003(2).
2. 陈亚玲,陈世旺.高等教育国际化的价值取向与世界一流大学建设.大学教育科学[J],2004.1.
3. 王冀生.高等教育国际化的科学内涵.现代大学教育[J],2002(1).
4. 钱虹.高等教育国际化浅论.高等函授学报(哲学社会科学版)[J],2002.2.
5. 彭森明.高等教育国际化因应方略.集美大学学报[J],2003.12.
6. 项建英.高等教育国际化与大学生主体意识的培养.江西农业大学学报(社会科学版)[J],2003.6.
7. 邹渝.中国加入WTO与高校人才培养的国际化.西南民族大学学报,人文社科版[J],2003.11.

大学国际化趋势下的大学国际交流工作

陶 云[*]

大学国际化是经济全球化、一体化的必然结果。而国际合作与交流是推动大学国际化的必由之路。针对当前高校国际合作与交流的现状与成功案例,我们要不断探索今后拓展国际合作与交流的发展道路。

一、大学国际化

中国的大学在过去的100多年中经历了三次国际化浪潮。20世纪初,一批从欧美国家学成归国的教育先驱创建了北大、清华等高等学府,成为大学国际化的第一次浪潮;20世纪50年代,新中国吸收了前苏联的教育管理体制,形成了大学国际化的第二次浪潮;20世纪80年代,随着中国改革开放和21世纪初正式加入WTO,中国的大学加大了对外交流的步伐,高等教育迎来了国际化的第三次浪潮。第三次浪潮给中国高等教育的发展带来了前所未有的机遇和挑战。教育部原副部长周远清在《经济全球化对高等教育的影响》一文中提到:"高等教育自身的发展,也必然受到经济全球化的强烈影响。因为一个国家的高等教育,现在已经不可能完全孤立地发展,而必须要进入世界经济和社会的大循环中去。"

所谓高等教育国际化通常是指跨国界、跨民族、跨文化的高等教育的交流与合作,即一个国家面向世界发展本国高等教育的思想理论、国际化活动以及与他国开展的相互交流与合作。其实质可以概括为在内因和外因双重作用下的教育资源在国际范围内的流动、共享和融会,也可以理解为国际交流、国际合作和国际理解。

加拿大《Amory大学国际化发展战略研究报告》中在描述大学国际化

---

[*] 作者简介:陶云,东南大学国际合作处副处长,博士,教授。

使命时指出:"国际化对一个大学的教育使命是至关重要的。我们的大学将研究开发出一个综合的国际化发展规划,该规划旨在使我们的学生能够做好在全球的环境中生存和工作的准备,旨在提高我们教师的教学和研究的机会,确保我们大学的公共服务能够跨出国界。为使我们的大学在全国乃至全世界建立和保持我们的杰出地位,国际化将起关键性的作用。"

大学国际化就是要使学生在国际社会间的文化交流活动中,能具备融入多元化的文化素质;使教师能在国际舞台上与发达国家的专家进行平等对话,使发达国家的先进技术和经验能迅速引进我国,加速我国高等教育赶超一流国家的进程。同时,大学在国际化进程中通过国际交流,在一定程度上推动整个社会的开放和拓宽社会成员的文化视野。

二、国际交流与合作对大学国际化的促进

从我国高校发展的实际需要来看,扩大国际合作与交流,探索发展现代化、信息化和开放型高等教育的新路,是促进高等教育国际化的一个主要的、现实的推动力。北京大学校长许智宏说过,"大学还应该进一步推动国际交流与合作。大学在推动不同文化之间,不同文明之间的相互理解和融合方面起着十分重要的作用。今天的大学也必须培养学生具有全球化的眼光,国际交流和合作对于扩大学生的视野十分重要。"开展国际合作与交流工作是主动适应高等教育国际化、经济全球化的趋势,推动大学国际化的必然选择,同时也是实现大学国际化的主要渠道。国际交流和合作已越来越多地被大学视为实现大学国际化的锲机,国际交流工作也应围绕"国际交流"、"国际合作"和"国际理解"等方面开展。所以,国际合作与交流是必不可少的,是推动大学国际化的有效保障。

当前大学国际合作与交流在很大程度上还停留在人员与信息、联合试验和合作研究这些局部性低层次的范围。学校往往也以每年来访、出访人次作为衡量国际合作与交流开展的重要指标或参考数据。当然,这些交流活动在国际交流合作的初期能够在一定程度上反映交流活动的状况,但正如中科院院长路甬祥教授在抨击中国教育的弱点时所指出的,中国的高等教育还缺少更加广泛深入的国际性科学教育交流与合作。随着大学国际化进程的深入,更深层次的交流与合作变得十分必

要,高校外事部门作为大学国际化的一个重要窗口必须转变观念、迎接挑战,对部门的职能定位、工作形式、工作重点上进行适时地转变,成为国际交流合作的高效管理部门,将外事工作从简单的服务型工作向"研究型＋服务型"工作转变,有的放矢,真正将国际合作交流工作服务于学校的长远发展战略,为学校的整体发展添加动力。因此,极有必要在对大学国际合作与交流工作的作用、地位、功能与价值进行深入研究,探索适应新形势下国际合作与交流工作的新思路、新方法。

高校的国际合作与交流从表面上看主要是资金和人力的付出,学校要聘请、接待国外专家教授,安排他们的活动和生活。但是从长远效果来看,外籍专家尤其是知名专家所带来的是国际社会的信息、学校对外部社会的影响,对学校的专业与学科建设、师资队伍素质提高、科研研究深入和拓展、学校各级部门管理素质提升都会产生现实和深远的影响。在高校国际合作与交流中,需要注重从长期战略合作项目的立项、方案设计、合作研究、产业化开发及成果分享到多边协调机制的建立、合作各方贡献份额与利益平衡等各个环节,争取"双赢"的结局。

三、国际合作与交流推动大学国际化进程

1. 建立信息平台促进校际交流合作

在大学国际化进程中,首先要建立与国内外大学交流与合作的信息平台。通过充分利用网络信息平台,举办或参与国际会议来实现多边交流,拓展国际科技和文化的交流和合作。

1995年,东南大学参与了"国际应用科技开发协作网"的创立。该协作网是在香港理工大学倡议下,由该校与内地包括北京大学、清华大学、中国人民大学、中国科技大学、复旦大学、西安交通大学、浙江大学、上海交通大学、东南大学等国内14所知名大学携手创立的,至今已有22所大学会员单位,并逐渐吸引了英国加的夫大学、美国普渡大学等国外著名大学加入。在过去的十年里,信息平台为国际交流提供了一个广阔的空间,让大家能自由参与对话,加快了信息的流通和交流。同时,利用协作网这一平台,成员学校在国际层面推动应用科研项目的开发和科技成果的转化。中国海洋大学利用青岛海洋研究的优势,在筹备构建国家海

洋研究中心时,德国、英国、法国、欧盟的海洋中心都纷纷表示愿意合作。构筑起这样的信息交流平台,汇聚各方的新思想、新思路,树立世界级的奋斗目标,可产生巨大的积聚效应。

2. 从被动接待到主动出击挖掘目标

研究型大学要善于与国际机构进行合作,争取项目和科研课题。当然,要争取资金,学校不仅要有实力,还要有针对性地对一些机构进行必要的"公关"。东南大学促使国外优秀资源与校内相关单位对话,并且帮助教授申请欧盟项目参与国际合作,从法国驻上海总领馆处申请到法国政府提供资助联合培养博士生的项目,从英国驻上海总领馆处申请到联合举办中英文化年主题项目"中英汽车设计研讨会"等等。积极推动科研参与国际合作项目,以项目带动学科的发展。在国际合作处的参与、联络和协调下,东南大学参与了诺贝尔物理学奖得主、东南大学吴健雄学院名誉院长丁肇中教授主持的"一号研究工程——寻找宇宙中反物质和暗物质"(简称AMS)计划中的一部分项目。AMS是丁肇中教授所领导的国际空间站上唯一的大型物理实验,整个计划已经耗资1000亿美元,主要目的是寻找组成宇宙的反物质,测量宇宙线和寻找暗物质的来源。该项目极大地带动了相关学科的发展,并使他们能在国际前沿平台上与世界顶级专家共同开展研究,提升了学校的国际地位。

教育经费不足是全世界范围内高等教育的难题,即便对哈佛、牛津、耶鲁大学这类世界一流大学也是如此。哈佛大学荣誉校长陆登庭在1991年至2000年担任哈佛大学校长的10年间,为哈佛大学筹集到了100亿美元之多的经费,被公认为是大学校长中筹钱的"第一高手",他将筹措经费列为大学校长的最重要的任务之一。国内大学在募集资金时,也可借助国际合作处和港澳台办这一平台,充分发挥校友会的巨大作用。我校现在拥有分布在国内外特别是港澳台的20多万名校友,他们对祖国怀着一颗强烈的报国之心,对学校忠心耿耿。学校需要做的是将学校的发展和建设计划告诉这些校友,他们就愿意为学校的发展慷慨解囊。据不完全统计,几年间,机构和个人的募捐达到几千万,这是东南大学历史上前所未有的成绩。

3. 从服务型部门到服务加研究型部门

国际合作处作为服务型的部门长期以来由于各种事务性工作缠身,

往往被动地接待和应付日常琐事。外事部门作为引导学校国际合作与交流工作的关键机构,应该从服务型向研究加服务型的部门转变。外事部门应成为接受和研究外事信息的最前沿窗口,为学校的战略发展和教授的教学和科研提供有效参考信息。开展外事专题研究是提高外事部门理论水平的有效措施。有针对性地组织国内外专家进行专题研讨,对专题研究的阶段性成果进行统计分析,听取外事上级主管部门对成果的评估和改进意见,制订有效措施,推进外事专题研究的制度化和规范化。通过专题研究和讨论,熟悉并了解相关专家的学术领域及研究课题,要了解国际相关院校学科前沿的情况,做到知己知彼。外事部门应该带领全校教职员工形成人人关心外事,个个参与外事的局面。使外事工作能真正深入人心,提高外事部门工作的实效性。

在过去的一年里,东南大学国际合作处在建立研究型的外事部门方面做了一点尝试。首先,根据国家和学校的外事精神,积极申报校内外研究课题,调动全处人员的积极性,对从事或分管的领域从理论和实践方面进行研究和探索,每人都参与一个到两个课题的项目。为外事部门在大学国际化进程中的生存和发展作了一些探索,外事工作也在理论方面更上一个台阶,更有成效地服务于学校,能更大程度上做到有的放矢。

4. 围绕"985"工程建设并推进重点学科、重点实验室和重点教学点的国际合作与交流

卡内基—梅隆大学校长柯亨说:"我们有很多目标,它们都很重要,但我们钱不够、能力有限,因此,大学必须进行战略选择和规划,发展比较优势。"香港科技大学校长朱经武先生在谈到香港科技大学的成功,强调定位是取胜的关键。香港科技大学前校长吴家玮曾说过"一所好的大学在一个区域,等于一条鱼在水缸里,拿出来就会死。一所大学必须清楚学校在国家、地区和不同阶段发展的情况,比如属于哪种类型,与别的学校又有何区别等等,这些都考虑在内,才会定位清楚。"香港科技大学从建校起,就放弃大而全的想法而走有自己特色的小而专的定位,从1991年建校至今才短短16年,其所取得的业绩却令老牌名校都刮目相看。2001年,英国《金融时报》将香港科技大学的商学院评为世界五十强,为亚洲唯一入选的学校。其会计研究被美国视为全世界第一,世界目前最小的碳纳米管就是出自于香港科技大学的信息学院,这些成功的

经验让世人瞩目。

卢卡斯教授认为,"中国大学发展面临的最大挑战是如何投入的问题。要进行明智的、有选择的投入"。国际合作与交流应该定位明确,集中精力服务重点。围绕"985"工程建设,推进重点学科、重点实验室和教学点的国际合作与交流。

四、结束语

面向新世纪,一个更加开放、竞争更加激烈的国际环境正在形成。加快我国高等教育国际化的进程,是当前一项重要而紧迫的任务,这不仅是我国高等教育发展的需要,而且是适应经济全球化的需要。大学的外事部门,应推动学校进一步加强与国际组织的合作、与各发达国家政府的合作、与国际知名企业的合作、与权威机构的合作,进一步扩大与世界一流大学的联合办学、联合教学、联合科研和校际交流。今后,在积极发展对外长期、稳定的合作关系上,还应下大力气、大功夫。深入进行专题研究,在人才培养、师资队伍、学术研究、教学管理和质量保证等方面开展工作,以进一步推动教学改革,逐步加大学校的国际化力度,使大学能为国际社会所接受,促进学校向更高的国际化水平迈进。

参考文献

1. 王一兵.高等教育国际化——背景,趋势与战略选择[J].教育发展研究,1999(2).
2. 刘振天,杨雅文.现代化视野中高等教育国际化与民族化[J].教育发展研究,2003(2).
3. University Strategy for Internationalization (EB/OL)
   http://www.unesco.org/iau/tfi strategies.html2004-02-2.
4. 傅志田.关于我国高等教育国际化的思考[DB/OL].
   http://www.edu./20010827/208729.shtml.
5. 欧阳玉.高等教育国际化的内涵、历史与发展趋势[J].机械工业高教研究,2001.
6. 关力群.高校留学生经费管理现状与对策[J].黑龙江高教研究,2005(9).

高等教育国际化趋势与对策

晏卫平　雍巧玲[*]

20世纪80年代以来,发达国家的大学和教育管理机构纷纷研讨经济全球化形势下高等教育国际化的对策。发达国家的大学需要国际化,发展中国家的大学更需要国际化,因为发展中国家的大学不仅在教学与研究水平上与发达国家有差距,而且在管理水平上的差距更大,大学的国际化任重而道远。

一、高等教育国际化新趋势

高等教育的国际化是全球化社会的必然趋势。全球化社会有三个特征,它们是:多元文化交错共存;互相尊敬和互相理解各个国家和民族的文化价值、信仰以及政治体制;经济全球化。

当今世界愈来愈强调国际间的交流与合作,各国的教育也必须吸收外来的教育营养才能发展壮大。因此,高等教育资源跨国配置的范围和领域将愈来愈多,高等教育市场国际化趋向日益明显,与以前相比也发生了许多重大变化,并呈现出一些新的发展趋势,集中体现在以下几方面:

(1)高等教育的国际交流朝着教育贸易的方向发展。"二战"结束后的一段时期内,发达国家无偿援助发展中国家发展高等教育,对来自发展中国家的留学生免收学费,资助发展中国家的学者与发达国家的同行合作研究。例如美国1946年启动的"富布赖特交流计划"(Fulbright Exchange Program)规定设立奖学金,支持外国学生、学者和研究人员到

---

* 作者简介:晏卫平,男,南京航空航天大学国际合作交流处副处长,硕士,高级工程师;雍巧玲,男,南京航空航天大学教授,曾任南京航空航天大学国际合作交流处处长。

美国大学深造或从事科学研究。进入20世纪80年代,发达国家开始逐步对发展中国家的留学生在学费等方面不再给予特殊照顾,并终止大部分针对发展中国家的无偿教育援助计划或项目。例如,80年代末期起,英国和澳大利亚等国相继取消了对海外留学生的学费优惠措施,转而采取所谓的"全成本书费"政策。这一转变标志着高等教育国际交流的重点由援助和合作转向以营利为主要目的,亦即朝着教育贸易的方向发展。

(2)高等教育国际交流的主体改变了。20世纪80年代以前,政府是高等教育交流的主体。80年代后,随着高等教育朝着贸易方向发展及引进市场机制,高校发现既可以从外国留学生身上赚取大量经费,又可扩大本校的影响,因而积极投身于对外交流,千方百计吸引外国自费留学生。高校遂日益成为高等教育国际交流的主体,政府则退居次要地位。

(3)受经济利益的驱动,许多国家的大学和政府积极扩大对外交流,大大推动了高等教育国际化的进程,突出表现为世界留学生的规模急剧扩大。据统计1960年全世界留学生人数约25万,60年代末已近50万,80年代末国际留学生数量超过100万,目前约有150万。资料表明发达国家接纳了大部分留学生,在美国的留学生占世界留学生总数的近30%,处于主导地位。发展中国家则是输出留学生的主要国家,亚洲国家派出的留学生最多。发达国家互派留学生也呈增长趋势。从留学生人数迅猛增长中可以看出,几乎世界上所有重要国家都被卷入了国际留学生大市场,高等教育国际化的发展速度大大加快,规模也迅速扩大了。

(4)高等教育的国际化向深层次发展,各国高等教育课程发生了显著变化。美国高校为了实现课程的国际化,采取了多种多样的措施,如在普通教育的核心课程中增加关于世界文明、世界史和外国语的要求;增设和加强地区研究和国际研究方面的主修、辅修和专攻计划;在工程、工商管理、教育等专门领域的教学中增加国际方面的内容,开设如何运用高技术进行国际学习和研究的课程,等等。具有国际性内容的课程在美国高校已相当普遍。其他发达国家也都以国际化为原则对高等教育的内容进行了调整。发展中国家向发达国家高等教育学习的过程也推进到了课程层面。我国近年来许多高校都开设了世界经济、国际金融、国际贸易、国际经济法等新专业。课程的国际化是高等教育国际化的基本要素之一,标志着高等教育的国际化已发展到了实质性阶段。

二、高等教育国际化挑战与对策

中国与世贸组织的谈判过程中包含服务贸易,教育是在服务贸易条款中的,这就会对中国的高等教育产生直接影响,其中首当其冲的就是对中国高等教育生员市场的影响,将会使这个市场更加开放。这种开放包括:中学生出国留学的人数可能会大幅增长;国外的高等教育机构会抢滩中国的高等教育市场;会有更多的任教教师更加便利地进入发达国家,同时国外高等教育机构中的教师和管理人员也会更多地来到中国。

具体地讲,传统的课程将不会再自成体系而将被融入国际高等教育的大背景之中;我们所使用的教材也将被打破,国际通行的一些先进的教材将会进入中国高等学府的课堂;高等教育学生的成分、中外学生的交流也将发生变化。总之就是要按照国际上通行的高等教育发展和管理的规律进行转变。

在谈到高等教育国际化这一问题时,曾有位官员比较谨慎地说:"无论我们是否认同这个表达方式,但入世必将加快中国高等教育国际化。"

随着入世,外资进入中国高教市场、中外合作办学,甚至外国独资办学都可能成为一种普遍的现象,这就迫使我们不得不改变对教育主权传统的理解,制定相应的法律法规,以避免由于我们现存的有关制度与入世承诺相违背所带来的尴尬境遇。后勤管理体制的改革推行社会化管理,将带来学生思想政治工作和传统生活管理等一系列问题的出现;教学体制的改革推行真正的学分制,也将导致传统班集体的解体;中外学生交流的加强,也将带来传统价值观、人生观的变化。这些都将是我国高等教育国际化今后面临的挑战。

如何应付这一挑战是十分复杂的问题。而最重要的是要扩大教育国际交流与合作,加速高校办学的国际化进程,主要从以下几方面做好工作:

(1) 大力提高教育质量。高质量的教育是吸引留学生的基础。我国高等教育的整体水平还比较落后,理工科在吸引留学生方面尤其困难。

统计数据表明，2005年来华留学生数为14万人，其中理工科学生为5 196人，占总数的3.68%；2006年来华留学生数已经超过16万人，理工科学生的比例基本没有变化。所以高校必须充分合理地利用各种资源，努力提高教育质量，只有这样，我们才有资本在更高的水平上参与国际留学生市场的竞争。

(2) 采取名牌战略。目前要大幅度提高所有高校的办学水平是不切实际的，政府应重点资助在国际上已有相当影响力的高等学府，支持他们参与竞争，树立品牌，为我国的高等教育在国际留学生市场上赢得声誉。近年来，教育部积极鼓励北大医学部参与国际留学生市场的竞争，采取名牌战略提升国家医学教育的声望。

(3) 重视营销，加强服务。扩大影响。许多发达国家都在境外设立咨询机构，雇佣营销人员，不断举行各种活动，宣传自己的大学。例如，近几年英国的几十所大学联合在北京、上海等地举办英国教育展，大大提高了其在中国的知名度。我国高校应尽快启动对外的营销宣传。另一方面，高校还应提高服务质量，为外国留学生提供优质服务，使他们对在我国的学习和生活感到满意。近年来我国已经开始重视"走出去"的教育战略，教育部委托国家留学基金委员会或中国教育国际交流协会组织重点大学赴海外举办中国教育展或参加国际教育展就是比较成功的实例，同时有一些著名大学也在积极探索"输出教育服务"的海外办学项目。

(4) 扩大高校办学自主权。我国高等教育的对外交流目前还是以政府为主体。但国际留学生市场的竞争是十分激烈的。要在复杂的市场上根据具体情况采取灵活、有效的措施，大学必须成为竞争的主体，使高等教育的管理体制符合国际竞争的需要。目前在这方面已经取得可喜的进步，但扩大高校办学自主权还有赖于政府更大的魄力和更远的眼光。

(5) 营造良好环境，在世界范围内吸引高层次人才，面向国际市场招揽高水平师资。十多年来中国高等教育能在数量和质量两个层面取得惊人的进步得益于高校顺利克服了人才断层问题；如果中国高等教育希望在未来20年取得质量的飞跃就必须拥有更宽广的胸怀，面向国际市场招揽高水平师资力量。改革开放以来，我国向国外派出了大批留学生，迅速成为世界上最大的留学生输出国。据统计，自1978年至2006

年底，我国出国留学人员总量达 106.7 万人，回国留学人员仅为 27.5 万人，基本上是出国留学人员数的 1/4。这表明我国在国际人才争夺中处于明显的劣势，损失了大批高层次人才。因此，必须进一步营造尊重知识、尊重人才的社会氛围，加大投入，提高知识分子的待遇，改善他们的工作条件，为他们创造宽松的工作环境，这样才能吸引留学生回国，也才有可能吸引外国的优秀人才。

（6）加强国际性课程的建设，尤其要加强评估。过去十多年，我国高校设置了许多国际性课程，也鼓励并引进了一些高水平的办学项目。比较成功的有吉林大学莱普顿学院项目、宁波大学诺丁汉学院项目，还有 2005 年 4 月在中法两国政府的大力支持下，北京航空航天大学与法国中央理工大学集团正式创建北航中法工程师学院项目等。这里面也存在诸多问题，目前急需对这些课程进行一次全面评估，依据评估结果进行改革完善，加强专业、教材、师资等方面的建设，这是推动我国高等教育国际化健康发展的重要条件。

结 束 语

面对高等教育国际化以及形势发展的要求，我们必须要树立符合国际高等教育发展规律的现代开放意识，抓住机遇、迎接挑战，从实现高等教育现代化入手，"大胆吸收和借鉴人类社会创造的一切文明成果"，进一步缩小与发达国家在高等教育领域的差距，使我国的高等教育适应经济全球化的需求。

参考文献

1. 王留栓. 高等教育的国际化及其中国特色之路[J]. 上海高教研究，1998(3)：20—25.
2. 韩骅. 世界留学教育现状简介[J]. 比较教育研究，1998(4)：48—49.
3. 王庆石. 大学教育国际化的基本含义[N]. 厦门晚报—教育周刊. 2003-7-18(19).
4. WTO 与高等教育改革发展十大对策[J]. 科学时报，2001.

教育国际化与日本高等教育理念的嬗变

赵永东[*]

一、日本高等教育国际化历程回顾

日本是个以重视教育发展而著称的国家。1868年的明治维新,日本为了富国强兵、赶超欧美各国,以改变社会和高等教育的落后状态,积极倡导高等教育的对外交流活动,这可谓是日本近代教育史开始的标志。日本素有学习、吸收并改造外来文化的热情和能力。20世纪70年代以前,"求知识于世界"就是明治政府政纲——"五条誓言"之一。日本政府在发展高等教育过程中,曾先后参照法国、德国和美国模式,并实施三次教育改革。其中第三次教育改革始于70年代初,目的是使已成为世界经济大国的日本更适应国际政治、经济、贸易、科学技术、情报信息的快速发展,推进日本教育向终身化、多样化、国际化的方向发展。到了80年代前后,日本则认为世界已进入了"新国际化时代",从而大力推动国际化发展。具体而言,大致可分为下述三个阶段。

第一阶段(1945年8月—1970年)

1945年8月日本战败,在美军占领下,日本教育作为社会变革的重要组成部分,清除了战前军国主义和极端国家主义的教育,实行了民主化改革,确立了六三三四新学制。大学作为新学制的顶端,以美国"教育机会均等的理念为基础,广开门户,以培养近代社会的职业人才和市民为目的"[①],模仿美国建立了美国式的高等教育模式。1951年,日本加入

---

[*] 作者简介:赵永东,南开大学高等教育研究所副教授,教育学博士,从事高等教育学、比较高等教育研究。

① 日本文部科学省编,吉林师范大学外研所译.日本的经济发展与教育.吉林:吉林出版社,1978:68.

联合国教科文组织,加强国际理解教育。1952年4月,美国等国对日"和平条约"生效,日本恢复独立,高等教育领域的国际交流也逐步得到重视。1954年,日本创设了国费外国留学生制度。当年接收留学生23名。1957年成立日本国际教育协会,第二年留学生会馆落成。1964年文部省设置留学生课。1970年,开始实施自费外国留学生统一考试制度,当年招收留学生4444人。然而,虽然日本国际交流制度不断发展,高等教育在经济高速发展中扮演了重要角色,积极学习和模仿其他发达国家的科研成果和先进技术,但派往国外的本国教师、学生以及接受国外教师、学生的人数却很少。比如,据1965年联合国教科文组织统计,美国的外国留学生约占本国学生的1.4%,苏联占0.5%,英国占7%,法国占5.1%,西德占7%,瑞士占26%,而日本仅4182人,在世界上排名12位①。因此,国内外要求加强高等教育国际化的呼声日益高涨。1957年日本经济审议会提出,"大学教职员应通过国内外留学和相互交流经验等措施提高质量",否则,"会在国际竞争中落伍"。于是,1970年经济合作与发展组织教育调查团考察了日本的教育政策与规划后,在其"关于日本教育政策调查报告书"中表明:"当今日本需要转变基本态度。现在不能单纯地把世界看作是获得技术和原材料后而出售产品的市场了。国际主义已赋有新意。100年前,即明治维新以后,日本登上了国际舞台,曾让人们为国家而学习、为国家而工作,把国民送到国外去留学。可今天要求日本应和其他经济合作与发展组织加盟国一样,代表世界走参与国际教育活动之路。"②

第二阶段(1971年—1982年)

"二战"后不久,日本不仅开始进入经济高速增长时期,而且一跃成为世界上仅次于美国的第二经济大国。当时,国民情绪高昂,民族自信得以恢复,而面对科技进步的日新月异和日趋激烈的经济竞争形势,国内各界展开了教育如何与之相适应的热烈讨论,特别是财界纷纷对教育提出建议或要求。对此,政府予以大力支持,积极采取对策。于是,1971年6月,中央教育审议会(简称中教审)提交了一份题为"今后学校教育

---

① 永井道雄著,李永连等译.日本的大学.北京:教育科学出版社,1982:95.
② 新堀通也编.日本的教育.东京:日本有信堂出版社,1983:77.

综合扩充和改革的基本方针"的咨询报告书。以此为契机,日本政府向世界宣布开始实施第三次教育改革。从而,战后日本高等教育的国际化也转入一个新阶段,其内容也发生了较大变化。在这份报告中,中教审明确使用了"高等教育国际化"一词,并具体建议应加强外语能力的培养,通过学习外语接触和加深对外国文化的了解;积极开展国际交流活动,为国际社会发展作贡献;高等教育向国际开放,加强留学生教育;正式聘用外籍教师,实施教师定期留学制度等。1974年,中教审又提交了一份题为"关于教育、文化、学术的国际交流"的报告书。该报告书中又进一步指出了为培养在国际社会生存的日本人,要实行大学教育国际化,加强留学生接收和派遣工作,促进教师的国际交流,完善教育国际交流体制等内容。

在上述两个报告中,极大地充实了战后高等教育国际化的内容,引起了国内外的关注。1978年日本创设了对外国留学生支付学习奖励费制度。1979年,创设日语与日本文化研修留学生制度。随着日本经济实力的增强和国际地位的不断提高,其经济大国意识和欲望也日益加强,要求在国际舞台发挥更大作用、获得政治经济的主宰地位。进入80年代后,日本提出"技术立国"国家发展战略,因而高等教育国际化问题再三得到强调。

第三阶段(1982—至今)

20世纪80年代初,日本政府推行的高等教育国际化正式出台,其目的在于鼓励高等教育机构和学术界对70年代以来开展的国际学术交流与国际合作,接受和派遣留学生等工作持积极态度,并就存在的问题开展调查研究。可以说,当时推行高等教育国际化已成为日本举国上下的共识。

1982年,日本创设了高等专门学校和专修学校留学制度。1983年,政府公布了21世纪初招收10万留学生计划,并开始实施日语能力考试制度。1984年,临时教育审议会(简称临教审)成立,日本的第三次教育改革被推向高潮。该审议会在其第一次咨询报告中强调:"为适应国际化时代,我们要提高教育机构尤其是大学的教育研究水平,向世界开放。改变过去那种只为本国人服务的封闭性方针,为全世界培养人才和发展科学文化作贡献。"1987年政府开始实施资助减免学费学校法人制度,1991年设立亚洲太平洋大学交流机构,1995年创设促进短期留学制度等,通过种种新举措推动高等教育国际化。1998年10月,大学审议会(简称大学审)在"面向21世纪日本大学与今后的改革政策"咨询报告书中,进一步把高等教育与日本的发展方向紧密结合起来,提出日本应在与世界各国的协调中更好地为解决整个人类面临的难以解决的课题作贡献,要求大学应培养和确保日本乃至世界发展的原动力的优秀人才,继承人类的知识资产和创造开拓未来的新知识,为国际社会的发展作贡献。

由于种种客观原因的局限,尽管日本高等教育的国际化仍常常受到来自各方面的批评,但以招收10万外国留学生为代表的各种有力措施,加速了其国际化的进程。同时,随着国家经济社会发展阶段以及国家发展战略目标的转变,高等教育国际化的形式和内容不断增加,并由原来的学习引进和索取型逐步向相互依存型和参与型转变。

二、日本高等教育理念嬗变与国际化策略

世纪交替之际,面对国内外新形势和日本国家发展战略的转变,"日本人国际化"、"日本政治国际化""日本社会国际化""日本教育国际化"等各个领域"国际化"的术语在媒体、政府文献和学者著述中频频出现。在这种背景下,高等教育国际化作为新的高等教育理念和素质理念、作为日本全方位国际化战略的重要组成部分而登场,并迅速兼容、替代了以往高等教育交流的提法。而"培养世界中的日本人"、"提高高等教育的国际通用性"、"为国际社会发展作贡献"等已成为日本高等教育国际化的理念体现和明确任务。

(一)培养"世界中的日本人"

可以说,培养"世界中的日本人",是日本赶超型经济终结后高等教育国际化的首要任务与策略核心。早在1962年,日本的教育白皮书就从比较教育学的角度具体探讨了世界发达国家教育与经济发展的互动关系,指出日本应该"以技术革新为中心,培养和开发适应经济发展、社会发展的人才以及力求应对国际社会的人才"[1]。这种人才的战略思想,

---

[1] 日本文部科学省编,吉林师范大学外研所译.日本的经济发展与教育.吉林:吉林出版社,1978:87.

40多年后的今天来看,仍不过时。1965年,中教审在题为"所期待的人才"报告书中,进一步建议要培养"有日本人的自觉性"的"面向世界的日本人"等,该建议赢得了经济界的高度评价。1974年,中教审在题为"教育、学术、文化的国际交流"报告书中,强调大学"肩负着培养对一般国民进行国际理解教育的指导人才的重要任务,是学者、留学生进行国际交流的据点,应使所有大学都能自觉地完成国际使命",并具体阐述了国际交流工作的4项任务:① 作为国际社会一员,认识到日本的责任和义务,培养在国际社会受信赖、受尊敬的日本人;② 促进外国人对日本人的理解和我国国民对世界各国的理解;③ 通过相互接触获得理解和刺激,谋求教育、学术、文化的发展和进步;④ 积极参加国际合作事业,为解决人类面临的共同课题作贡献。可以说,该建议是对日本赶超型经济完成之际,举国上下关于教育如何适应新形势大讨论的高度总结,同时也进一步明确了今后日本高等教育国际化的使命和努力方向。根据1979年6月17日《纽约时报》报道,在日本工作的美国实业家有一千名左右,但懂日语的人不多。而在纽约活动的日本实业家约有一万人,他们几乎都精通英语。美国记者赞叹:实业家的语言能力是日本经济繁荣的原动力之一[①]。

20世纪80年代后,随着教育改革深化,培养"世界中的日本人"被列入日本21世纪三大教育目标之一。在高等教育领域,日本教育学生要树立只有做真正的国际人,才是一个出色的日本人的理想,积极培养活跃于国际社会的日本人。同时,类似的各种提法也多了起来。比如,培养在"国际社会生存的优秀日本人"、"国际社会通用的日本人"、"日本乃至世界发展原动力的优秀人才"、"活跃于国际舞台的人才"、"富有人情味的日本人"、"富有国际性的日本人"、"国际事务中精明能干的日本人"等等。并且,对这些人才培养目标也出现各种各样的解释。例如,大学审议会认为,在不可孤立存在的"新国际化时代",需要站在世界高度正视日本,积极进行国际交流。培养的人才首先要有日本人的自觉意识,深刻理解各种各样的异国文化;具有彼此沟通的国际人际交往能力;面向人类和世界在艺术、学术、文化、科技、经济等领域为国际社会作贡献

---

① 刘北鲁.日本教育现状.湖南:湖南教育出版社,1986:209.

的日本人。应该说,这种解释颇有见地和权威性。

总之,我们可以这样理解,日本面向新世纪要培养的所谓"世界中的日本人"无外乎是:"有日本人的自觉性的"、"受尊敬、受信赖的"、在国际化社会各个领域发挥领导作用的人。

(二)"提高高等教育的国际通用性"

由于国际上政治、经济的激烈竞争,近年来,日本高等教育领域存在的封闭性、非国际性问题常常受到来自各界的批评,人们对高等教育的期望值也在不断升温。特别是世界上以尖端科研能力为特色的所谓研究型大学,四分之三都集中在美国,而日本只有几所且排名在后的现实,给日本以莫大的刺激,使其产生"如此下去,肯定会在国际竞争中落伍"的危机感。为此,提高高等教育的国际通用性被列入大学改革的主要议事日程,高等教育的国际化必须为此发挥重要作用。

所谓"提高高等教育国际通用性",其本意在于,努力克服日本高等教育中存在的种种弊端,使高等教育不再受传统教育与科研框架的束缚,以追求教育与研究水平的高层次化,创造新知识、新学问、新技术、新文化,使高等教育的教育研究尽快达到国际社会公认的"通用"水平高度,提高它在世界范围的较高国际竞争力,扩大它在国际上的影响力,以便进一步走向世界。为达到此目的,日本的实施方针是:完善校内外以接收留学生为代表的各种国际交流体制;实现包括聘用外籍教师在内的教师人员多样化;完善联结海外的信息网络;鼓励学生到国外留学;促进教师和科研人员与国外进行人事和学术交流;加强外语教育和能力的培养;增设有关国际领域的新学科;向海外公开高等教育信息;导入多学期制,使教育制度与国际接轨;用适用于国际共同标准的评估体系评估教学内容,谋求提高教育质量,确保毕业生的质量和国际通用性等。

(三)"为国际社会发展作贡献"

日本的"国际贡献论"是众所周知的。这种论调在高等教育领域叫得尤其响亮。如 1986 年 4 月临教审在第 2 次报告里指出:"高等教育,尤其是大学,应该把工作着眼点放在促进国际化和开放化上。要加强日本学生到国外留学和进修研究,改进大学的教育内容、制度、行政管理、学期划分、转学转系制度,使大学成为培养各国有用人才,为世界学术、文化发展作出更大贡献的机构"。人们对日本在高等教育国际化过程中所宣扬的这种"为国际社会作贡献"观点给予了极大关注。那么,其目的何在呢?

首先,希望通过"为国际社会作贡献"来改变自己的国际形象。在国际交往中,日本往往给人的感觉不快,且时而引发种种摩擦或事端。正如中教审1974年所反思的那样,"由于缺乏理解和合作精神,在近几年扩大海外活动中,招惹了无益的误解和不信任"。日本是一个资源小国,应该说主要靠智力资源输出求生存,要想在互相依存而又不透明的国际社会中生存、立于不败之地并保持大国地位,须协调好与各国的关系,特别是需要做出一定的姿态,改善自己的形象,赢得信赖。近些年来,日本政府在教育方面做了一定的努力,不管是外国留学生政策的加强,还是对发展中国家实施的一系列教育援助、开发和合作事业等,都收到相应效果与评价。

其次,是在这种招牌下,通过为他国"作贡献",扩大交流,谋求本国高等教育教育与学术研究的高水平化,进一步提高国际竞争力,扩大和强化在世界上的影响力,以更好的为国家发展战略服务。可以说这才是其真正和主要的目的。

再则,是通过"尽国际责任",安抚人心,同时也使对方国家有所受益。正如日本前首相中曾根康弘所说,"日本现在是一个占全世界国民生产总值十分之一的经济大国,在国际社会经济相互依存的关系中,应分担相应的义务和责任……"。

总之,日本高等教育的国际化,伴随着国家发展目标的转变经历了由学习模仿、受益型到相互依存、创新、参与型的转变过程,在处理国际化与本土化等关系上,取得了比较成功的经验。当前,日本正处于社会经济的转型期,它如何应对赶超型经济终结后"追求全球规模的协调、共生与强化国际竞争力时代",如何"作为能在国际社会发挥知识领导者作用的国家,不仅在政治经济方面,更要在解决人类所面临的地球环境等全球规模问题上,以及创造人类共同的知识资产方面、创造新文化和价值观等方面,发挥积极作用","朝着谋求人文、社会科学和自然科学协调发展的科技创新立国的目标努力"[①],引起世界各国的极大关注。日本高

---

① 日本大学审议会编.21世纪的日本与今后的改革政策——个性在竞争中闪光,1998.10.

等教育的国际化为了服务于这样一个新的国家发展方向,正面临新的选择与挑战。

参考文献

1. 陈学飞.高等教育国际化:跨世纪的大趋势.福建:福建教育出版社,2002.3.
2. 日本文部科学省编.文部科学白皮书,2000—2001.
3. 天野郁夫著.大学——挑战的时代.东京:东京大学出版会,1999.
4. 永井道雄著,李永连等译.日本的大学.北京:教育科学出版社,1982.
5. 王桂著.日本教育史.吉林:吉林教育科学出版社,1987.
6. 日本文部科学省编.文部统计要览,1989—2001.
7. 黑羽亮一著.战后大学政策的展开.东京:日本玉川大学出版部,1993.
8. 新堀通也编.日本的教育.东京:日本有信堂出版社,1983.
9. 项贤明.教育国际化与比较教育.比较教育研究,1999(6).

借鉴香港经验,推进内地大学国际合作与交流

易宗勇*

近年来,从国内外各种媒体关于世界大学排名的报道中,我们惊奇地看到,在香港这个弹丸之地,虽然正规大学的总数还不到10所,却至少有4所可跻身世界前400强,而内地大概只有6所大学能入围。那么,是什么原因使得香港的大学有了今天这样的国际地位呢?

2006年1月,一个旨在探讨高等教育国际合作的论坛在香港城市大学举行。中国高等教育学会引进国外智力分会的48所常务理事单位的代表齐聚香江,在交流发展经验的同时,有机会亲身领略了香港高等教育的特色,也普遍感到香港在高等教育的国际化和教育理念的现代化等诸多方面,确有值得内地高校研究和借鉴的地方。

一、香港高等教育的国际化特点

香港特殊的国际地位,为其高等教育的国际化提供了便利。整体而言,香港高等教育的国际性主要表现在以下几个方面:

1. 教育理念的国际化

香港地处国际金融、贸易、航运、旅游和信息的中心,各高校利用其得天独厚的优势,致力于国际化教育,努力培养"立足香港、中国、面向亚太、世界"的国际通用型人才。为了弥补香港地域狭小、高等教育规模受到严重局限的不足,各专科以上的院校都普遍重视发展与外国和其他地区的广泛交流,以提高自身的学术水平和学术地位。例如,香港大学的

---

* 作者简介:易宗勇,广东外语外贸大学国际交流处副处长、港澳台事务办副主任,副译审。主要研究方向:高等教育国际化,翻译理论与实践。

目标"一是为中国而立,二是沟通中西文化交流"。香港中文大学从成立的第一天起,就确立了自己的办学宗旨——促进中西学术文化的交流与融合。首任校长也为学校确定了发展目标:"香港中文大学要成为一所有声望的大学。成为国际教育界和学术界的一分子,而且必须具有世界性的学术水准。"

除确立国际化的发展目标外,香港各界还采取多项措施,力促高校与外界的交流与合作,为高等教育国际化目标的实现奠定了思想和政策基础。比如,香港第一任行政长官董建华把扩大留学生的招生写入施政报告,指出,"为奠定香港作为亚太地区高等教育的中心地位,我们的政策是让越来越多非本地优秀学生入读香港的高校"。

香港各大学都积极参与国际学术交流活动,如香港大学、香港中文大学都是国际大学协会、东南亚高教机构协会等会员。各高校经常举办大型的国际性学术研讨会,并邀请国际学术界知名人士到校作学术报告和从事合作研究。高校教师亦频繁参加国际学术会议,从事校际交流,利用假期到国外做学术访问。香港高校普遍与海外高校签有多种形式的学生交换协议,建立了师生互访制度。

香港高校的学术国际化带来了可媲美世界一流大学的研究成果。以香港科技大学为例,在2001年,该校会计学系教授在5份著名国际性会计学期刊上发表的论文数量是全球第一,这是该系连续第二年高居榜首。香港科技大学人文社会学院亦有杰出成绩,该院教授过去五年在全世界3份最顶尖的中国研究学术期刊《中国期刊》、《中国季刊》和《亚洲研究期刊》发表的论文总数居全港之冠,并与哈佛大学和斯坦福大学一起列全球前五名。

2. 师资构成的国际化

香港的大学师资在上世纪70年代前主要依赖于英国,此后逐渐扩大招聘范围,凭借优厚的待遇与优越的工作条件,从世界各地招聘了数以千计的优秀人才,绝大部分是来自海外的华裔高级人才和欧美留学的回流人才。

1982年的《国际顾问团报告书》在评论香港的高等教育时,赞扬了香港大学、香港中文大学和两所理工大学的师资可与世界上任何一所顶尖大学相媲美。目前,香港各大学的外籍教师已逾40%。香港大学2002

年的校内教师中,56％为本地学者,44％为境外人才。中文大学外籍教师也超过了30％。香港科技大学现职教师中,35％是从外国留学归来的香港人,25％是到过国外留学的内地人士,12％是到过国外留学的台湾人,他们全部拥有博士学位,或来自北美和欧亚的名校,或在著名的科技工业实验室里做过高层次的研究。

除从世界各地广揽人才外,香港各院校还高度重视国际与区域性的学术交流,重视教职员的出国培训和发展。它们都制定了自己的教职员培训和发展计划,每年拨出大量的资金资助教职员到海外交流和进修。

3. 学生交流的国际化

为进一步落实校园国际化的目标,香港各大学都积极成立负责国际合作与交流的专门机构,制定各种计划来拓展学生的国际化,使招收境外留学生及本校学生赴海外交换和实习项目蓬勃地开展起来。

香港各大学以"立足香港,贡献神州,广泛协助内地培养人才"为宗旨,积极吸引内地精英赴港就读。从1998年开始,香港高校尝试招收成绩优异的内地学生修读学士学位课程,以加强与内地院校的文化和学术交流。2006年,香港高校在内地的招生范围增加到了20个省市自治区。香港大部分高校计划在未来几年把非本地学生的比例从目前的10％左右提高到25％以上。

作为"University 21"的创会成员,香港大学与全球300多所院校及科研机构签订教研合作计划,与世界逾90所院校签订了开展学生交流的计划。香港大学还制定了"香港大学世界联系网"方案,希望为20％以上的同学提供到海外学习的机会,学习期限最少为一学期。同时,还录取同等数目的外国留学生来校学习,留学生工作得到进一步发展,攻读学位层次日趋提高。

香港中文大学每年有600多名外国学生来港交流,也送出400多名学生到20多个国家的180多所大学交流和学习。

4. 课程和教材的国际化

重视语言课程,培养国际人才。香港高校一般都用双语教学,选用英语原版教材,注重学生英语应用能力的培养。自20世纪90年代初开始,香港中文大学为了保证毕业生都是双语兼通的人才,开设了不少新课程,增加了众多新机构,建立了如英语教学单位、中国语言及文学系、语文自学中心等多个辅助机构,协助学生增强语文能力。

选用原版教材,开设涉外课程。为了与国际惯例接轨,香港各大学除了许多课程采用国外原版教材外,还开设了众多涉外课程,以增强学生对世界其他国家和地区的地理、历史、文化传统和生活习惯的认识与了解,培养学生的国际视野和对不同文化的认同感。

通过合作办学,促进学科交流。积极与海外大学合作办学也是香港各大院校加强国际交流的一种方式。1997年回归后,香港各大学也非常重视与内地的联系,纷纷与内地高校建立合作关系,促进两地学生的交流,有力地推动了学科建设。

5. 高等教育管理的国际化

香港是个国际化的大都市,其高等教育管理也具有浓厚的国际色彩,主要表现在以下几个方面:

海外学者直接参与决策。国际专家在教育发展战略的制定方面扮演着十分重要的角色。一些国际专家不时应邀对香港教育进行规划和设计。1936年的《宾尼报告书》(*The Burney Report*)、1950年的《菲沙报告书》、1965年的《教育政策白皮书》、1981年的《香港教育透视——国际顾问团报告书》等,对香港教育发展战略的制定和香港教育发展本身都有极其深远和持久的影响。这使香港教育的发展始终能够立足于国际大背景,顺应国际教育发展的潮流和趋势。

管理人员构成的国际化。香港高等教育的管理人员构成也呈现出国际化的特点。如香港大学及理工教育资助委员会有半数委员由海外学者担任;香港学术评审局也汇集了一份国际专家名册,人数近千,其中三分之二来自海外,三分之一出自香港。与此同时,香港各高等院校中,从领导到教职员,许多也是从世界各地招聘来的,这样就能博采众长,互通有无,从而提高教学质量和管理水平。

二、启示与思考

自改革开放以来,我国在教育国际化方面已取得很大成就,但毋庸讳言,我们与发达国家和地区相比还差距甚大,需要学习的东西还很多。

香港高等教育所取得的惊人成绩,很大程度上就是拜国际化所赐。那么,香港和国外的先进经验,如何能推而广之,拿来为我们所用,以推进内地大学的国际合作和交流呢?笔者认为我们可从以下几方面着手。

1. 要树立教育国际化的观念

更新陈旧、传统的思想观念,是加快高等教育国际化的前提。我们一定要看到高等教育国际化是经济全球化的必然,是社会发展的必然。高等教育国际化,如同经济全球化一样,是不以人们的意志为转移的,是抵挡不住的世界潮流。我们必须主动去迎接它、适应它、利用它,而不可游离其外,不可消极抵制。早主动早适应,早介入早得益。加入教育国际化之列后,一方面可以给我国带来巨大的市场和教育资源,对发展我国教育事业、促进我国经济建设产生积极的作用;另一方面可以充分对外开放我国的教育市场和教育资源,吸引更多的外国留学生,从而推动我国经济和教育事业的健康发展。

2. 要确立教育国际化的培养目标

教育国际化的一个重要目标就是努力培养适应经济一体化、信息全球化,有国际视野和国际竞争力的通用型人才。不少国家都从本国的实际出发,制订了教育国际化的培养目标。在我国的历史上,长期实行封闭式教育,很少与国际社会交往。近 20 年来,在改革开放的大潮中,各类教育,尤其是高等教育开始走出封闭式的高楼深院,走出国门,向国际化迈进。但在培养目标上,教育国际化的意识并不强,观念也不明确,对邓小平提出的教育要"面向世界"这一条还落实得很不彻底。1998 年颁布的《中华人民共和国高等教育法》在"高等教育的任务"中,明确提出了"培养具有创新精神和实践能力的高级专门人才,发展科学技术文化,促进社会主义现代化建设","国家鼓励和支持高等教育事业的国际交流与合作"。这里面包含着很深刻的教育国际化内容,是为了适应教育国际化和现代化而制订的。

借鉴外国和香港的经验,我国各级各类学校也应制订教育国际化方面的培养目标。这里有几条是共同的:(1)培养学生具有国际观念、国际意识,克服狭隘的民族主义,树立为全球服务,向世界开放的观点;(2)培养学生具有国际交往能力,能与外国人和谐相处,尊重外国和其他民族的风俗与信仰,维护中国的民族尊严和法律权威;(3)培养学生至少熟练地掌握一门外语,具备良好的沟通能力;(4)培养学生具有一定的国际知识,了解外国的历史、政治、地理、风土人情等。

3. 要构建国际化的课程体系

要实现教育国际化的培养目标,必须有科学合理的、与国际接轨的课程体系和教学内容。因为人才的培养是在教学过程中实施的,教育质量的高低也要体现在课程结构和教学内容上。

我们在课程体系和教育内容上,比较重视专业性和系统性,这是必要的。但我国高等学校要适应教育国际化的需要,必须在课程结构上作较大的改革。(1)在公共基础课和文化素质修养课中开设国际教育方面的课程。如国际政治、国际经济、国际贸易、国际文化,以及介绍外国历史、地理、风俗等方面的课程;(2)应在本专业、本学科的教学内容中及时补充国外最先进的科学文化知识和科技成果;(3)应选用国际上最先进的教材,吸引外国专家、学者来讲学。

4. 要加强教育国际化的交流

教育国际化的根本,就是要充分利用国际教育资源,以及充分向外国开放本国的教育资源,以促进教育的发展并带动经济的发展。

(1)加强国际学术交流。世界科学技术发展迅猛,各国都有自己的长处和不足,只有加强交流和切磋,才能取长补短、不断提高,为教育、科学发展作出贡献。正如联合国教科文组织1995年在《关于高等教育的变革与发展的政策文件》中指出的:"国际合作是世界学术界的共同目标,而且还是确保高等教育机构的工作性质和政策所不可缺少的条件。高等教育已在知识的发展、转让和分享方面发挥了主要作用,因而学术上的国际合作应为全面开发人类的潜力作贡献。"

(2)加强教师之间的国际交流。即采取"走出去、请进来"的方法。走出去,就是有计划地选派教师到国外进修、访问、讲学、搞合作研究,这是教育国际化的重要内容。知识是无限的,但每位教师的知识是有局限的。因此,只有通过相互交流,才能相互促进、共同提高。近年来,我国许多高校派出大批教师到国外进修、学习、培训,大大提高了教师队伍的素质。请进来,就是请外国专家、教师到中国来讲学、参加学术交流。有些高校还与外国的大学合作办专业、办学校,把外国教材、教师都引进来,取得了比出国留学还要好的效果。

(3) 加强学生之间的国际交流。大量吸收外国留学生到本国学习，以及本国的学生到国外去留学，是教育国际化的主要表现形式。外国教育市场、留学生政策，对中国青年学生有很大的吸引力，对中国高等教育也是一个严峻的挑战。我国高校应面对经济全球化和教育国际化的现实，一方面积极鼓励学生出国留学，充分利用外国的教育资源为我国培养人才服务；一方面要制订相应的政策，改善办学条件，扩大招收外国留学生，让他们到中国来学习汉语和中国文化，让他们了解中国，促进世界各国人民之间的友谊。招收留学生，也能增加学校经济收入，促进教育事业的发展。

　　5. 要积极发展国际合作办学

　　开展国际间的合作办学是教育国际化的一个大趋势。20世纪80年代以来，欧美各国兴起了跨国办学和校际合作办学的热潮。近年来，我国在国际合作办学方面出现了可喜的发展势头。在上海、北京、广州等大城市开办了一批中外合作机构和大量的中外合作办学项目，受到广大青年学生的热捧。今后应进一步解放思想，建立和健全有关法规、政策，扩大中外合作办学的领域和规模，充分利用外国师资、教材以及先进的管理经验，为我国培养各类合格人才服务。

　　在国际合作办学方面，加速解决学历学位互认工作也是不容忽视的一个问题。一方面，国内取得的各种学历在国际上有个被认可的问题，我国学生在国外取得的学历学位也有一个国内认可的问题。高等教育国际化将大幅度加强国际间人才培养的胶合关系，学生的学习不再局限于一个国家和一个学校，他可以在这里取得一张证书，那里获得一个学位，也可以在多所学校取得学分而获得其中某校的学位。因此，如果我们在学位、学分、证书互相承认方面没有突破的话，那就很难融入国际环境，不仅我国学生不易出去，国际学生也较难进来。笔者建议可由国家主管部门主动出击，扩大相互承认的范围，为国际合作办学的发展打开便利之门。

参考文献

1. 谌莉，刘晓红. 美国高等教育国际化的经验与反思[J]. 世界教育信息，2005(1).
2. 何斌. 香港高等教育国际化现状分析[J]. 比较教育研究，2005(1).
3. 刘湘溶. 如何应对高等教育国际化[J]. 中国教育报，2004-10-28.

4. 王刚,徐立清. 论大学的国际化:理念与策略[J]. 中国高教研究,2004(7).
5. 吴启迪. 树立和落实科学发展观,推动高等教育改革与发展[J]. 中国高教研究,2006(1).
6. 杨德广,王勤. 从经济全球化到教育国际化的思考[J]. 教育理论与实践,2004(1).
7. 由姗姗,陈静. 中国最好的学生上哪所大学[J]. 南方周末,2006-6-1.

面向全球发展的大学多边合作模式探索
——AGS模式分析与启示

李红宇 贺克斌*

前言 大学联盟正成为高等教育国际合作模式新的发展趋势

当今世界经济全球化与社会、文化多元化并存,全球发展面临着发展模式更新、能源短缺、全球安全、环境污染和人类健康等重大问题,这种格局给高等教育国际化发展提出了前所未有的挑战。高等学校尤其是世界著名的研究型大学都在积极探索在这一全新形势下如何强化和拓展大学人才培养、科学研究和社会服务三大功能。大学多边国际合作即是其中的形式之一,且近年来已发展成为教育国际合作的重要趋势。

1996年由中、日、韩三国17所著名研究型大学组成的东亚研究型大学联盟(Association of East Asian Research University,缩写为AEARU)是一个区域性国际学术组织,其宗旨是加强东亚研究型高校之间的学术及学生交流与合作,探讨科学研究的进步与发展。1997年成立的环太平洋大学联盟(The Association of Pacific Rim Universities,缩写为APRU)是环太平洋地区各国著名大学的联合体,其宗旨为"发展(会员学校间的)教育、研究和创新的合作,为环太平洋地区的经济、科技和文化的进步作贡献"。1997年创立的全球可持续发展联盟AGS(The Alliance for Global Sustainability),是国际上四所顶尖大学之间结成的颇具特色的国际合作联盟。这四所高校是美国麻省理工学院(MIT)、瑞士苏黎世联邦理工学院(ETH)、日本东京大学和瑞典查尔姆斯科技大学

---

* 作者简介:李红宇,清华大学国际合作与交流处专家办公室主任;贺克斌,清华大学研究生院常务副院长,教授,曾任清华大学国际交流与合作处处长。

(Chalmers University of Technology)。该联盟的宗旨是提供应对全球环境挑战的智力支持,以及通过发展技术和政策标准来帮助科学家及新一代的领导人更好地致力于应对全球可持续发展方面的挑战。1997年创立的"21世纪大学联盟"(Universitas 21)由全球从事研究工作的10个国家的18所大学组成。它是一个综合性的、涉及各个研究领域的国际大学联盟,旨在集中各成员高校的教育、研究和学者力量,帮助所有成员取得任何一个单独的大学或传统的双边协议所不能取得的实质性成果,增强它们的国际竞争力,提高这些大学的国际知名度和地位。该联盟为其成员提供可操作性的全球性联系。2006年创立的研究型大学国际联盟(International Alliance of Research Universities,缩写为IARU)是由世界著名高校组成的合作联盟,其十个成员分别是来自日本的东京大学、中国的北京大学、新加坡国立大学、澳大利亚国立大学、美国的耶鲁大学、加州大学伯克利分校、英国的牛津大学和剑桥大学、丹麦的哥本哈根大学、瑞士的苏黎世联邦理工学院。该联盟的宗旨是分享相似的价值和愿景,培养未来世界领导人以及加强相互合作。通过大学之间的强强合作寻求公司、基金会、政府对研究项目的支持,联合研制标准,共同应对全球面临的重大问题。苏黎士联邦理工学院认为,加入这一联盟对学院有着非常重要的意义,不仅能够加强与各大学及各领域的合作关系,同时借助于这一合作可以扩大ETH的世界知名度。

由此可见,面向全球发展重大问题、开展大学多边国际合作、促进交叉学科发展、强化高校三大功能,已经成为当今大学国际合作十分重要的新趋势。下面以AGS模式为案例,探讨大学多边国际合作的基本特点以及带给我们的启示。

一、AGS基本情况简介

全球可持续发展联盟(The Alliance for Global Sustainability,AGS),1997年创立,是全球环境可持续发展技术领域最领先的四所大学结成的国际合作联盟,其成员包括美国麻省理工学院、瑞士苏黎世联邦理工学院、日本东京大学和瑞典查尔姆斯工业大学。该联盟的目标是为各层机构的决策程序提供必要的信息,把高科技转换为实际效益以及培养出新一代领导人才。在近 10 年的合作历史中,在成员学校校长们的有力领导下,AGS 发展极为迅速。它为 50 多个跨学科、跨地域的项目提供了资金。200 多位知名学者和 400 多名学生参加了与企业界和政府的合作,合作项目包括中国的煤炭清洁燃烧项目、大城市的交通体系及农业生产中水的高效利用等。

人类可持续性发展的关键是城市的发展和管理,因此城市系统成为 AGS 议程的焦点。以 AGS 的一个研究项目——东京减半项目(THP)为例,项目的名称源于其目标,就是要使东京温室气体排放减少一半。研究的目的是论证潜在的不同技术选择的结合,通过检查个别选择之间的相互关系,研发评价此类组合选择的分析工具。THP 项目要求每个专家使用他们自己的模型模拟,让其他研究者实时地共享结果。在这个项目中,由麻省理工创建的合作平台("DOME")使研究者能实时地通过互联网交换数据。AGS 正是通过这样的跨国团队共同关注可持续发展领域最新前沿领域的新知识。并将之转化为可操作的计划,解决可持续发展领域面临的重大问题。

二、AGS 合作模式的几个特点

1. 关注全球热点问题

AGS 是一个较为成功的高校战略联盟合作形式,"高校战略联盟指的是在两个或两个以上的高校(或高校与其他特定组织、机构)之间,围绕某一个共同的战略目标,通过协议或者联合组织等方式而建立的互为补充、互相衔接的一种相互合作的联合体,达到资源的最佳配置,取得整体大于部分之和的效应"。[①] 现在许多高校通过校际合作实施一些较大、较高、具有综合性和开拓性的项目,不仅可以优势结合,而且可以节约资源,降低成本,从而形成强大的竞争力。AGS 结合四所顶尖大学,共同关注全球可持续发展领域的热点问题,致力于研究在能源、流动性、城市体系、清洁技术、全球气候变化、自然资源及生态系统等领域的可持续发展问题。通过有效的合作联盟形式,在环境可持续发展这个全世

---

① 汪怿.国外高校战略联盟与合作的几种模式.辽宁教育研究,2003(10):8.

界共同关心的、影响世界发展的热点问题方面开展强强合作,优势互补,使各高校在合作中获得了拓展和提升的空间。而且这种优势的结合更容易获得外界的认同和资助,AGS从成立之初就得到Avina基金会的支持,并与全球范围内的许多企业、政府和团体开展有效合作,为政府部门和领导者应对环境重大问题提供可操作的解决方案和理论支持。

2. 探索多边合作模式

高等教育在现代社会的发展进程中面临着诸多问题,必须走合作之路,与其他高校携手合作,才会在竞争中立于不败之地并有所收获。现在许多高校纷纷在全世界范围内寻找战略伙伴,开展跨国合作。AGS就是一个多边合作的典型模式,自创立伊始,AGS就率先在合作伙伴之间形成一个多学科的研究团队,通过组建跨学科的国际科研团队,打破以往科研壁垒和地域的限制,并与工业界、政府和民间团体等开展有效合作,共同致力于对前沿领域重大问题的探求,找寻解决问题的办法和途径,并且通过在解决问题的过程中所产生的巨大影响来促进决策的形成和规则的产生,通过多边合作为解决可持续发展领域的前沿问题提供智力支持。

3. 聚焦前沿学科领域

AGS将研究重点聚焦前沿领域,并在世界顶级出版集团的支持下将这些领域的研究成果定期出版,形成AGS图书系列。这些图书均以AGS研究成果为基础,向世界展示由国际知名学者研究的可持续发展领域的最新进展,为政府、工业界和民间团体解决环境问题提供方法论和技术支持。例如该系列第二集就是由1995年诺贝尔化学奖得主、美国MIT的Maria Molina教授编写的《墨西哥城的空气质量分析》。除了出版系列前沿书籍外,AGS每年举办一次年会,聚集不同领域的国际著名学者就环境可持续发展领域的前沿问题进行研讨,以取得前沿领域的最新研究成果。

4. 促进形成交叉学科

人类要解决的问题所涉及的范围越来越广,学科跨度越来越大,单凭某一部分的力量是无能为力的,需要多方面合作,从不同方面、不同视角去攻克难关和解决问题。因此当今世界面临的重大问题无不需要通过交叉学科和原创性研究才能找到更好的解决办法。从学科上来讲,要解决越来越复杂的社会问题,学科的跨度需要是空前的,科学、技术、工程、人文、社科全范围合作,理科、工科、人文社科立体交叉,这样,才能全面深入地解决人类社会面临的具体问题。AGS四所高校围绕着可持续发展领域中的热点问题,形成跨学科的国际合作研究团队,从成立之初到现在,AGS已经汇集了上百位理论研究、工程实践以及人文社会科学方面的专家学者分别从理论基础、工程技术、政策支持、道德伦理、经济杠杆等不同视角来共同面对环境可持续发展领域的热点问题,汇集思想、聚焦理念,寻找问题的全面的、科学的解决方案。在这样的合作模式中,各个合作学校结合自身的优势学科,以前沿和交叉学科为牵引,创造机会,促进不同学科领域的互相沟通和交流,这样的交流与融合不仅有助于培养跨学科人才,产生跨学科合作研究的最新成果,而且使解决错综复杂的重大实际问题成为可能。

5. 建立高效管理运行模式

AGS是四所著名高校形成的合作联合体,每个学校都有自己的AGS事务中心(AGS Focus Center, AFC),之所以产生实质性的合作效果得益于其高效的管理模式。AGS的执行委员会(The AGS Executive Board, EB)设立专职人员负责实际协调、运作和管理监督工作,成员从各合作高校的AFC中轮流选取一位代表作为执行主任。执行主任负责向AGS决策委员会(AGS Governing Board, AGB)汇报。AGB是最高决策机构,由四所高校的校长和国际顾问委员会主席以及一名轮值执行主任组成。每年召开工作年会,研讨合作战略、范围、方式、重点,统一思想,达成共识,据此制定合作政策和制度,确定合作事项,下达本年度工作计划,协调各方关系,保障各方利益,增强凝聚力,顺利推进机构的各项工作。

三、AGS合作模式对于我们加强大学的国际合作所带来的启示

1. 创新性(Innovation):合作与交流的特色

AGS这一多边合作模式的成功之处在于:(1)搭建平台:AGS为

不同语言、不同文化、不同学科领域的专家学者搭建了一个可以合作共享的平台，AGS 每一项科研成果的取得都来自于在这个平台上协作研究的专家学者，来自于团队的集体智慧。这个平台不仅有助于产生前沿科研成果，而且有助于人才的培养，教授可以带领研究生参加高水平的国际会议，参与重大项目的研究，使这些学生有机会可以与多领域的专家学者经常性地沟通交流，获得前沿信息，扩大国际视野。(2) 与其他组织的有效合作：AGS 与外界建立了广泛的合作体系，包括商界精英、政府决策者以及各级环保组织和机构。AGS 在为这些组织提供可持续发展领域的智力支持的同时，也获得了大量的来自政府、工业界和民间团体的支持，使 AGS 在十年的发展中始终处于良性循环之中。(3) 高水平的科研成果：AGS 成立以来取得了大量的科研成果，这些成果体现在发表的论文和杂志、出版的系列书籍、研究生论文以及高水平国际学术会议论文中。尤其是 AGS 出版的系列图书，均是以 AGS 研究成果为基础，聚集前沿领域，由国际顶尖学者编写，产生了很好的效果。另外在具体的管理模式上 AGS 也给了我们许多启示，首先要有经费的保障，AGS 在合作之初就得到一千万美元作为第一笔基本保障基金，后来 AGS 又不断地得到来自政府、个人和工业界的支持。因此经费的解决是国际合作联盟成功的基础，第二个关键问题是合作的各校在组织形式上要有校一级的协调机制，成立相应的机构，覆盖多个学科，从而真正做到通过国际合作促进学科发展。

2. 跨学科(Inter-discipline)：旨在聚敛人才

在论及大学办学之道时，东京大学校长小宫山宏认为"大学的成功之道在于汇聚——汇聚人才，也汇聚知识，而且是跨学科地汇聚知识"。随着社会和文化发展的日渐多样性，知识结构应被重新考虑和组织。这不仅仅是为了在各个方面创造更多成果，而且是要让知识本身得以更丰富地发展，为现实世界提供更多解决方案。世界一流的大学应当承担这一重任。在 AGS 这样的多边合作模式中，各个合作学校结合自身的优势学科，以前沿和交叉学科为牵引，创造机会，促进不同学科领域的互相沟通和交流，这样的交流与融合不仅有助于培养跨学科人才，产生跨学科合作研究的最新成果，而且使解决错综复杂的重大实际问题成为可能。

3. 国际化（Internationalization）：战略合作的平台

为了解决全国面临的重大问题，许多一流大学纷纷在世界范围内寻找合作伙伴，开展跨国合作。在这其中挑选合适的战略伙伴是能否开展有效多边战略合作的关键。动机是在需求的基础上产生的，高校之所以要与其他学校或机构开展战略合作，这是因为通过战略合作可以满足自身发展的需要。因此"选择战略目标首先是要树立自己明确的战略目标，并据此来寻找能够带来学校所渴望的教育资源、风险分担和进入新领域的机会优势，同时选择文化相容、优势相生的对象作为自己的战略合作伙伴"。[①] 为保证战略合作的成功实施，我们应该认真分析每一个合作者的管理现状、办学能力、发展前景，掌握其长短期发展目标，通过积极有效的沟通，尽可能使自身发展目标与合作者目标保持相同方向，这样才可能在战略合作关系建立以后，不断增强相互之间的凝聚力，做到优势互补，使加盟的高校切实得到战略合作的益处，取得与依靠自身所无法比拟的快速发展。

四、进一步拓展的思考

在世界许多一流大学纷纷在前沿领域方面寻求开展多边合作，促进交叉学科发展、积极进行文化交流的大趋势下，我国众多的研究型大学要想实现跻身世界一流大学的宏伟目标，就要在有限的时间内努力积聚学科优质资源，促使现有的一些优势学科实现跨越发展，率先进入国际高水平的发展空间；在这一过程中要特别注重通过选择合适伙伴，开展多边战略合作来促进优势学科的发展，大力推进学科交叉、融合和集成，积极推动社会科学和自然科学、工程技术的相互融合，解决具有全局性、战略性的重大理论与现实问题，增强我国在战略前沿领域学科研究的国际竞争力，从而早日跻身世界一流大学行列，并且在建设创新型国家的历史进程中发挥重要作用。

---

① 程勉中.论高校的战略联盟[J].高教探索，2005(2)：49.

立足特色,把握机遇,推进高校国际交流与合作

李丹丹*

当今世界,教育国际交流与合作已经成为推进世界先进文化交流的重要途径,高等教育的对外交流与合作是一个国家高等教育健康发展必不可少的条件。建立国际知名的研究型大学,已经成为我国相当一部分重点高校确立的奋斗目标,而办学的国际化程度和国际化水平被公认为是创建这样一所大学的基本指标。随着信息化时代的到来和国际学术交流活动的日趋活跃,高校只有面向世界,立足自身的改革与发展,充分利用国内外优质教育资源,加强国际交流与合作,才能提高教育的起点,培养和造就具有世界眼光、国际竞争能力的教师和能够与国际接轨、具有国际素质的创新人才,逐步缩小与发达国家的教育差距。

一、把握战略机遇期,增强国际意识

党的"十六大"指出,本世纪前 20 年,是我们国家完善体制改革和扩大对外开放的关键时期,是国家进行创新建设,实现中华民族伟大复兴的重要战略机遇期。当前,无论从国际环境还是国内经济、教育发展形势来看,这一时期也是我国高等教育实现国际化发展的重要战略机遇期,发展前景十分广阔。

胡锦涛主席在联合国成立 60 周年大会上讲到,随着经济全球化不断深入,各国利益相互交织,命运彼此依存,促进普遍发展、实现共同繁荣,符合各国人民的根本利益。大规模的教育国际交流与合作正是在这样一种国际背景下应运而生并得以不断发展。我国加入世贸组织,为教

---

* 作者简介:李丹丹,哲学硕士,中国政法大学国际合作与交流处副科长。

育外事工作提供了新的发展环境和机遇。世贸组织成员在教育领域的相应承诺,将有利于我国高校更好地利用国外优质教育资源,借鉴先进经验,与时俱进,改革创新。

从国内来看,首先,大好的经济形势将有力地推动高校国际交流的发展。近年来,我国经济持续高速增长,国家将有能力较大地增加对高校的投入,高校也就会有更多的经费用于国际交流。

其次,国家高度重视高等教育的改革与发展,在科教兴国、人才强国的战略指导下,在开放性、国际化的政策导向下,教育国际交流空前活跃。

通过20多年的改革开放,我国高等教育双边和多边的国际交流与合作不断扩大,区域性的合作平台逐渐建立和完善,与世界各国尤其是亚洲国家的学历、学位互认工作不断推进,高层次的合作成效显著,强强合作成为创新型人才成长的一个重要渠道。在中外合作办学方面,国家有关部门积极制定相关政策、法规和条例,鼓励我国高等学校与国外高水平大学开展多种形式的合作办学,一些制约教育发展的体制性障碍正在政府管理职能和模式的转变中逐步得以消除,高校依法自主办学的能力不断增强。

出国留学是我国改革开放的重要组成部分,也是教育国际交流与合作的重要标志。近年来,国际国内的形势稳定、国内经济的高速增长和高等教育改革的不断深化,带来了留学人员的大量流动。从2000年至2005年,我国每年出国留学人数从3.9万迅速攀升到12万,其中90%以上是自费留学[①]。我国的公派留学政策也适时地进行了调整和完善,国家公派留学人员的选拔录取工作出现了数量稳步增长,层次、质量稳步提高的新局面。2005年,国家留学基金委录取了各类留学人员7,000人,较上一年增加75%[②],其中具有硕士以上学历的占83.5%,具有博士学位的约占54.29%,不仅在选派规模上达到改革开放以来的最大,留学人

---

① 王瑟.出国留学工作步入有序发展阶段.光明日报,2006-8-5.
② 《2006年国家公派出国留学选派工作会议召开》,引自中国高等教育学生信息网 http://www.chsi.com.cn/jyzx/200512/20051202/269511.html.

员层次也达到最高①。

同时,来华留学教育事业也快速发展。"十五"期间,我国每年接受来华留学生的增长速度高达 20%,目前我国具有接受来华国际学生资格的高等学校达到了 568 所。2005 年,我国接受了 190 个国家的来华留学生 14 万多人,创历史新高。截至 2005 年底,境外学习汉语人数已经超过 3 千万,在校学习汉语人数超过 500 万②。随着经济全球化的发展,这种教育开放性的程度会越来越高,教育国际化的趋势将更加明显。

"国际化"是高校的发展方向。在高等教育日益国际化的今天,必须具有强烈的机遇和国际意识,积极开拓国际市场,大力推进国际交流与合作,以交流促进高校的建设和发展。

二、立足特色,实现国际化与本土化的有机结合

在 2004 年第五届中国国际教育论坛暨中国国际教育展上,教育部副部长吴启迪强调指出,高等教育国际交流与合作的深入,并不等同于高等教育的同一化。各国应该从国家利益出发,立足本国国情,以各自的民族教育特色去丰富世界高等教育的宝库。因此,从单个高校层面来讲,各个大学在教育国际交流与合作中也应该立足本校办学特色,明确自身在国际上的优势,制定相应的国际交流与合作规划,从而实现国际化与本土化的有机结合。

以中国高等院校法学教育为例。经济发展的全球化,促进了法律和法律职业的全球化发展,法律的国际化趋势越来越明显。中国政法大学终身教授张晋藩指出,高等院校法学教育必须具有世界意识、开放意识和本土意识。所谓世界意识和开放意识,是指不仅要使我们的法学和世界接轨,更重要的是使我们的法学在国际上有竞争力,能够应对全球化的挑战。法律全球化是一种必然的客观趋势,它是建立在法律的普遍性和特殊性、共性与个性并存的基础上的,一方面世界各国的法律由于历

---

① 徐妍.为国家创新体系作出人才贡献——访教育部国际司司长曹国兴.神州学人,2006.2.

② 教育部国际司司长曹国兴在 2006 年国际教育展春季展暨第三届留学工作与多元化人才培养北京论坛上的讲话,2006.2.17.

史、社会、政治、经济等方面的原因存在着丰富多彩、各具特色的局面。另一方面人类的法律在价值观念和普遍形式上又是相似的,这使得全球范围内的法律通过碰撞、吸收与整合,可以成为一个法律体系,产生真正的全球法或世界法。这种结果的基础在于人类社会面临着一系列趋同的基本法律问题,如环境、人口、经济、政治等。这种国际化的趋势,要求法学教育在培养法律从业者从全球视野思考和解决法律问题的能力,法学教育的信息化和技术化等方面进行积极有效的尝试,能够培养出具有国际视野、训练有素,并能够处理各种跨国法律问题,能够相互合作并在不同司法体制下有效工作的高素质法律人才。

中国政法大学是一所以法学为主的多科性全国重点大学。五十多年来,学校在教学、科研和学科建设等各个方面都形成了自己的办学特色,在法学领域具有突出的整体优势,在许多专业领域都开创了新中国法学教育的先河。如新中国的第一个法律史专业、第一个民商法专业、第一个经济法专业、第一个诉讼法专业、第一个比较法专业等都溯源于中国政法大学。新中国的第一批法律史学博士也在这里诞生。

进入21世纪,在高等教育改革的新形势下,中国政法大学主动调整发展战略,规划用20年左右的时间,完成全面提升学校的核心竞争力、提高学校的综合办学实力和全面推进学校各项事业的三大历史任务,在建设法学强校的道路上振兴中国政法大学,把学校建设成多科性、研究型、开放性、特色鲜明的世界知名高水平大学,建设成中国法学教育中心、法学研究中心、法学图书资料信息中心及国家立法与决策咨询服务中心和国际间法律文化交流中心。

为了实现这一目标,学校高度重视国际交流与合作工作,并立足自身特色与优势,主打法学教育这张王牌,通过大力引进高层次留学归国人才、举办大型国际学术研讨会等多种方式,不断拓展国际交流渠道,充分利用各种资源积极寻求合作项目与机会,近年来相继成立了中美法学院、中德法学院、比较法研究所、欧盟法研究中心等一批极具特色的教学研究机构,这些机构通过学者互访、教师交流、学生互换等多种方式充分利用国际优质教育资源,在学术研究和人才培养等方面凸显出不可比拟的优势地位。

三、努力开创高校国际交流与合作工作的新局面

1. 树立一个基本指导思想,培养四个意识

在这个重要的战略机遇期,高校要推进国际交流与合作工作,需要确立符合学校战略发展目标、适应高等教育主流意识的外事观念。首先应该树立一个基本指导思想,即扩大范围、提高层次、突出特色、保证质量。在高校扩大开放度,积极开展国际交流与合作工作的过程中,一方面要努力增加交流学校的数量,争取与更多的国外高校签订交流协议,另一方面更要提高交流质量,建立实质性的交流项目,注重交流的实际效果。

围绕这个基本指导思想,还应该培养四个意识,即服务意识、资源意识、自主创新意识和优质伙伴意识。

服务意识,即高校外事工作为学校中心工作服务的意识。学校的中心在于人才培养、学术研究和学科建设。中心工作的水平如何,直接决定学校的整体水平。高校的各方面工作,都要围绕中心工作开展。外事工作的目标,要紧紧围绕中心工作的任务来制定;外事资源的投入,要紧紧围绕中心工作的需要来分配;外事工作的成绩,要以中心工作受益的程度来衡量。

资源意识。高校国际交流与合作工作的开展,需要有相应的资源保障。这种资源包括物质资源、人力资源和项目资源等。物质资源是基础,人力资源是纽带,项目资源是核心。就项目资源而言,高校在国际交流与合作中,可以不仅仅局限于与国外高校的合作,还可以拓展到一些具有国际影响力的国际组织、基金会等等。

自主创新意识。长期以来,我国高校由于自身资源不足,缺乏自主品牌,缺少能够吸引合作伙伴进行平等交流与合作的重大项目,因而往往在国际交流与合作中处于被动与接受地位。培养自主创新意识,即高校在国际交流与合作中应该推进自主创新工作,树立品牌,形成我们的优质教育资源,在国际交流与合作中确立我们的优势地位。

优质伙伴意识,即高校在寻找、确定合作伙伴过程中,要着眼于提升交流层次,增加交流实效。国际交流与合作的对象选择是一个战略性的

过程,高校应该把有限的精力和资源,放在对于维护学校声誉、提升学校水平、扩大学校影响等方面有重大积极作用的项目之中,真正引进国际优质教育资源,确立国际优质学术伙伴。

2. 创新国际交流工作机制

随着国际交流工作在高校发展中的重要地位日益突出,传统的国际交流工作机制已经不能适应现实发展的需要,即高校的国际交流工作不能仅仅依赖于数量非常有限的专职工作人员,而应该形成全校群策群力、齐抓共管的局面,形成全校师生人尽其能的"大外事"队伍。只有人人参与,交流的渠道才能拓宽,交流项目才能增多,才能开创国际交流的新局面。

中国政法大学在创新国际交流工作机制中,主要迈出了两个重要步伐,从而有力地推动了学校的国际交流与合作工作。一是充分发挥学校一批著名专家学者在学术上的国际影响力、宽阔的国际视野、广泛的国际关系以及丰富的国际交流与合作经验,建立学校国际交流委员会。委员会主要职责在于对学校的国际交流与合作工作提供咨询、建议、论证、监督、评价和指导。根据学校需要,委员会下设数个国别委员会,如俄罗斯交流委员会、美国交流委员会等,分别负责就学校与某个国家的交流与合作工作提供咨询、建议、论证等工作,积极协助相关国家交流资源的收集与整合、协助并监督交流协议的落实以及合作项目的实施。二是学校逐步实行校院二级管理体制,充分发挥各二级单位的积极性和参与意识。学校每个院、所、中心等教学科研机构均设立主管外事工作领导及外事秘书,各自独立承担交流与合作项目的开展,同时在宣传外事政策、培养国际意识、动员全员参与等方面发挥着积极的作用和影响。

3. 集中力量拓展特色项目,加强合作办学

中外合作办学是国际优质教育资源共享的重要途径,也是国际交流与合作深入发展的重要表现。通过合作办学,我们可以引进先进的教育教学理念,引进国外先进的课程体系和外文原版教材,引进先进的教学管理经验等等。目前,中外合作办学已经成为各高校在国际交流中着力寻求并竞相开展的一个重要方式。

自《中外合作办学条例》及其实施办法公布施行以来,在国家扩大开放、规范办学、依法管理、促进发展方针的指引下,中外合作办学正在逐

步走上规范发展的轨道。但是也仍然存在盲目攀比、低水平重复、重利益轻质量等问题。

教育部在《关于当前中外合作办学若干问题的意见》中强调指出,开展中外合作办学,要密切结合国家、地方和区域经济发展对各类人才的需求以及学校学科建设的需要,鼓励在国内急需、薄弱和空白的学科领域与外国高水平大学以及具有优势学科的大学开展合作办学。因此,在当前大好的政策形势和现实机遇面前,高校应该根据自身定位和目标积极开展中外合作办学,集中力量拓展特色项目,选好合作对象、合作模式以及合作内容,为全面提高学校的整体水平和综合实力服务。

试论大学国际化进程中的跨文化管理

姚 玲[*]

随着高等教育国际化趋势的发展，我们地球村的边缘在延伸。知识和高技术及人员的交流和互动，将我们地方性的文化和社区与世界相连。作为汇集多元文化及多元文化融合的文化教育场所的高校，已敏感地觉察到了多元文化对原有校园文化的影响。从影响的正面效果看，文化交互作用的结果，使得高校的教职员工和毕业生，提高了生活和工作在多元文化社会里的适应能力。

我们研究高校跨文化管理的目的，就是研究中国高校在将国际化的办学理念，在将不同文化的优秀特质整合到我们的教学、科研和服务的过程中，不同文化背景的群体在互动中出现矛盾和冲突时，应如何以积极的姿态，从文化整合与文化差异的角度去理解发生矛盾的每个个体，并最终达到解决矛盾的目的。并在理解和包容异文化的基础上，进行文化创新，最大限度地优化我们大学的管理模式和校园文化。

一、大学国际化跨文化管理的概念和内容

"文化"的意义大体上是在一个群体中，人们在对生活经验的理解和行为基础之上的信仰和价值。用一个较宽和简单的定义"文化"表现了一个个体所属社会的公共经验，该经验影响着该社会成员世界观的形成。

"跨文化"的定义是不同文化背景人群的互动作用。大学国际化的跨文化管理，意味着大学在国际化进程中所遇到的来自不同文化群体在

---

[*] 作者简介：姚玲，清华大学国际合作与交流处副研究员，哈尔滨工业大学工学硕士，美国Franklin Pierce Law Centre法律硕士。研究方向：教育研究，知识产权研究。

互动和交往作用过程中出现矛盾时,大学的管理层、咨询服务机构、教学单位等通过考虑不同文化的差异,以积极的姿态,从文化差异与"跨文化"的角度去理解发生矛盾的每个个体并找出引发矛盾的源头,采取一些相关的文化整合措施,有效地解决这些由于文化差异引起的矛盾和冲突,从而实现大学国际化的高效率管理。大学国际化跨文化管理的对象,是来自不同文化环境和背景的个人或团组,他们是大学高层的政策制定者、管理机构、教授、学者、学生和其他人员。

自我国改革开放以来,特别是在我国加入世界贸易组织之后,随着我国经济的快速发展,吸引了越来越多海外留学生及海外华侨到我国高校学习。据统计,2005年,来华外国留学生人数已达141 087人,分布在我国31个省、自治区、直辖市的464所高校学习。随着海外来华留学生人数的增长和外籍教师、学者的频繁流动,我国高校的国际化氛围越来越浓。这些来自全球各个地域的留学生和其他国际人士的到来,将许多不同的文化理念带进了我们的校园。

在我国高校的国际化进程中,从课程设置到校园文化建设等方方面面都有可能涉及到由于不同文化差异引起的矛盾。因此,大学管理中的跨文化管理就显得越来越重要。在我国聘请外籍教师、学者、接受外国留学生的高校中,每一个来自不同文化背景的个体和团组,都会遇到文化差异造成的困惑和困扰,这些人有着不同语言、不同教育背景、不同宗教信仰等特点。而我们的管理者又有着不同的管理方式、技巧、经验。所以,如何进行跨文化的有效沟通、协调、管理,关系到高校国际化建设的进程和效率。事实上,随着高校的发展,跨文化管理将始终是高校在提升自己并向国际化迈进的一个重要的环节。

二、影响大学国际化管理的"跨文化"因素

由于影响大学国际化的跨文化管理的因素是透过文化差异特征体现的,而文化差异是不可穷尽的。在此我们只能列举一些主要的因素:

1. 不同民族的语言不同

语言是文化的一个重要组成部分,民族语言是民族文化的载体,承载着该民族文化的内涵。当外国留学生或外籍教师来到中国学习第二

语言(汉语),并使用汉语学习、交际时,由于文化差异的干扰,往往会出现理解和运用上的偏差而造成一些误会和困难。同样,在我们选择用另一国际语言与他们进行交流沟通时,也存在用词或理解上的不准确的问题。

除了我们上面提到的有声的语言外,每个民族还有另一种无声的交流语言,即形体语言,包括手势。通过形体语言,人们向他人传递个人愿望、态度、对事物的认同。形体语言是与民族文化紧密相关的,不同民族对形体语言(包括手势)理解存在差异,相同的手势、面部表情会因文化的不同而意义变化。

2. 文化背景不同的人,思维方式不同

这是影响跨文化管理的一个重要的因素,思维模式体现了民族文化的特性。几个具有不同文化背景的人一起经历同一个事件,通过不同的思维方式的处理,得到的结论可能是不同的。

3. 国家的政治倾向也极大地影响人们对其他文化的理解

国家和民族的政治体系的特殊性决定了其世界观和价值观的不同,这使得"交叉文化"管理变得更复杂。

4. 不同的宗教信仰是影响文化融合的一个重要因素,不同的宗教信仰构成了民族文化的特质,是民族文化一种重要形式的体现

例如,信仰伊斯兰教的学生和教师特别注重他们宗教信仰对饮食上的要求,在请他们吃饭、出席派对时都要认真考虑对食品安排的问题,注意切不可冒犯他们宗教的禁忌。

5. 大学中有两种以上文化背景的流动人员比较多,他们时常会将不同文化交叉混合后产生的新理念带到学校

例如,有两种以上文化经历的外国留学生、学者、特聘讲习教授,以及在国际合作项目下的中国出国留学的交换学生、合作访问学者等。由于这些人有至少生活在两种以上文化环境中的经历,他们的理念往往不完全属于一种文化范畴,他们的思维方式带有多种文化交叉的特点,很难用一种文化去定义他们行为模式的所属。对这类人要积极地引导,发挥他们的多文化经历和经验,去帮助其他教师、学生理解异文化。

影响大学国际化跨文化管理的因素是多种多样的。我们只有对各种文化进行很好的研究后,改革我们已有的那些不适应国际化要求的管

理理念,建立一套有效的跨文化管理模式 才能对我们高校的国际化建设进程起到推动作用。

三、实施高效的大学国际化跨文化管理的方式

文化的内涵十分丰富,它具有多层次和多成分特点,再将其与每一个人相联系,就具有了更大的不确定和多变性。因此,大学要真正做好跨文化管理,必须根据不同文化的特点采取一系列的步骤和方法,集不同文化优质于一个管理体系中,建立起一套有效的、适合大学国际化跨文化管理模式。建立这种新管理模式,使之达到提高高校国际化的跨文化管理效率的步骤和方式大致为:

1. 了解和掌握不同民族文化的习性和思维方式

来自不同国家的教师、学者、学生们具有他们本民族的文化背景,这决定了他们的价值观、行为方式。要做好大学的管理工作,特别是跨文化管理,就必须要了解构成我们大学国际化人员的成分,并对这些大学里的各层次国际人士带来的不同文化进行了解和分析,进行不同文化对比,找出不同文化特征,掌握各文化之间的共性及差异,以便在跨文化管理中,针对不同的民族人士,采取不同的方式,发挥不同文化的长处。这将有利于减少由于文化差异带来的矛盾和冲突,推进文化融合,继而达到合理、高效管理的效果。

2. 在高校管理工作中,要提倡尊重各种不同的文化

不同文化之间确实存在差异,"尊重"文化差异是对待异文化的态度,"认识"文化差异是理解异文化的基础。虽说来自不同国家的个体对教学及学问的性质观念、主题内容、教育学、教育评估体系和评估目标的概念是有差异的,但重要的是应本着相互尊重并试着理解不同文化及差异的态度,找出各文化间的共同点,并以此为契机发展各文化都能接受的、高效的大学跨文化管理理念和管理模式。

3. 提倡对异文化的包容

强调各民族教师、员工及学生不仅要尊重自己民族文化,同时也要包容其他文化,包容并理解与其自身文化相冲突的异文化的价值观。我们要在高校倡议一种各文化平等的理念,即不同文化的差异并不能说明

文化的优劣,不能用自己民族的价值观去评判其他文化。只有在了解和掌握了学校里的各种教师、学者、管理人员、学生对异文化的包容程度,并对"异常"情况抱着更为宽容、开放、灵活的态度,才能制订出合理的大学跨文化管理的策略,并尽可能地避免由于超越对异文化的容忍度而引起的文化冲突和矛盾。

4. 从更新教育理念、改进教学方式入手,创造具有文化包容性的、激发创造力的、活跃的教学环境

对我们的教师们也有必要给予一些跨文化教育培训,使他们理解来自不同国度的学生的课堂行为表现是不同的,包容那些在我们民族观念中难以接受的举止表现,是我们中华民族文化的大度和包容性的体现。在教学方式,我们的教师们应尽可能地淡化中国古老文化所赋予的至高的权威性,将课堂营造成不同文化相互包容和交流沟通的学习场所,使来自不同文化背景下的学生都能感受到由教育新理念带来的宽松、富有人性化的却又鼓励创造性的课堂学习氛围。

5. 大学在建立跨文化管理模式的过程中,要根据大学人员的结构,对不同人群制订有针对性的、可实施的文化整合措施

例如,在我们推行跨文化管理理念时,应首先将那些学历比较高、且有在异文化环境中生活经历的年轻教师们及出国交换生作为接受新理念的先驱,倡导他们积极参与大学跨文化管理改革和创新,让他们充当新的管理理念和管理模式的先导。通过他们向全体大学教职员工、学生传播这种新的跨文化管理的理念和构想。建议在大学多开设一些各种文化选修课,使学生们有机会了解不同文化的习俗和特点。对大学管理层的管理人员制定专门的跨文化管理的培训课程,请有关文化研究方面的专家来开设文化论坛课,通过学习其他文化的优质达到开放思想,获得超越一种文化之上的国际化的管理技巧。训练高校的管理工作者,特别是那些同国际人士接触较多的管理人员,使他们获得一种能快速洞察那些有异文化背景的国际人士对世界的感知和他们价值观的能力,继而学会善于运用各种沟通技巧来应付和解决相关的问题。

6. 以中华民族文化为主体,强调培养全球的和超越一种文化的多民族团结意识

要加强对大学里的国际人士的中国文化导入。中国文化历史悠久,

作为中国大学,中国文化理应是大学的主文化,每一所中国高校的校园文化都是在围绕着中华文化加上各自的特点所形成的。在外国人士进入我们大学后,在提倡尊重各民族文化的前提下,引导他们对我们大学"主"文化的了解,对他们加强接受和理解中国文化的引导教育,开设一些介绍中国文化及社会方面的课程及讲座。通过选修人文社会课程和参加各项活动,使他们对中国的历史、社会、文化等诸方面有较全面的了解,且使他们感受到在中国应该学会适合中国文化的感情和情绪表达方式,以便能更快地融入中国的文化和社会。

7. 举办一些跨文化研究的学术活动,向教师和学生们提供学术探讨的机会和场所

探讨异文化的优点及其可以引荐给我们管理人员的、跨文化管理的经验,以期对我们高校管理层的管理理念、管理风格和决策方式产生积极的影响。呼吁学校在校园里多搞一些民族的联谊活动和丰富多彩的文化活动,鼓励大学的所有人士积极参与,在参与的过程中增进各民族人士的相互了解,并加深对不同文化的感悟。

8. 进行"跨文化"适应性培训

对在校际国际合作项目下被派遣出国工作的中国教师、学者及中国出国留学生进行出国前的培训,即请专家以授课方式介绍有关派往国文化的相关知识,指导出国学生阅读有关派往国文化的书籍和资料并了解一些相关的常识,以提高他们适应他国异文化的能力。对出国回来的中国留学生也要考虑进行一些相关"跨文化"适应性的文化辅导,帮助他们从另一种文化回到原属文化时所产生的另一种不适应感,排解他们仿佛游离于两种文化间而感到不知所属的迷茫,使他们尽快地适应在经历了文化环境快速变化后,能尽快地回到原属文化中来。在此基础上,还要发挥他们对跨文化的经历和经验,使他们成为跨文化管理的推动者和文化创新先驱。

9. 建立跨文化管理的评估体系,即管理效率和管理方式的信息反馈系统

对我们跨文化管理的过程、我们选择的管理方式、制定的一些相关的政策和办法在实施过程中的效率、正确率、可实施性等信息进行反馈,以便我们能够及时调整我们的失误和不足,从而将跨文化管理工作做得

更有成效。

结 束 语

跨文化管理是国际化发展趋势下的一种必然的管理理念,跨文化管理的目的是为大学营造一种更和谐、更具有多元文化色彩的、更体现人性化的、新的校园文化及教学和学习环境。跨文化管理的过程就是融合不同的文化,并在文化融合的前提下进行文化创新,并由此形成一种新型文化的过程。而这种新型的文化能被高校里的中外各民族的教师、学者、学生广泛接受,且通过他们将中国高校的办学思想、教育理念及价值观体现并传播出去,这才是在真正意义上实现了跨文化管理。

参考文献

1. Karine Schomer. How Culture Affects Motivation. CMCT,2004.
2. Rosenblatt,Zehava. Skill Flexibility and School Change:A Multi-national Study. Journal of Education Change,2004,5(11)—(30).
3. Harman, Kay. Merging divergent campus cultures into coherent education communities. Challenges for Higher education leaders. Higher Education;2002,44(1):91—114.
4. Charles Mitchell. International Business Culture. 上海:上海外语教育出版社,2002.
5. Tsui, Judy, Windsor, Carolyn. Some cross-Culture Evidence on Ethical Reasoning. Journal of Business Ethics,2001,31(2):143—150.
6. Tan and Jonathan Goh. Assessing Cross-culture Variation in Student Study Approaches—An Ethnographic Approach Joanna, The University of Western Australia.
7. 黎伟. 跨文化企业管理初探. 四川大学学报,2004.5.

浅析高校外籍教师管理中的
文化冲突与对策

刘红光[*]

随着高等教育国际化的日益发展和中国对外引智力度的不断加强，在我国高校从事教学及科研工作的外籍教师已经发展成为一个非常庞大的群体。据国家外国专家局网站资料显示，目前取得聘请外国文教专家资格的单位已达5 000余家，在我国工作的各类外国专家已达十万余人，这些专家（外籍教师）中的绝大多数在高校从事教学或科研工作。同时，由于外籍教师来自不同的种族、国家和民族，这个群体又具有了很强的多元文化性。

外籍教师是我国高校引进国外智力、学习外国先进科学技术和进步文化的重要形式，是加强学科建设、提高师资队伍水平和科研能力、培养高层次人才的重要途径，在我国实施"人才强国"和"科教兴国"的战略中发挥着重要作用。因此，高校外籍教师管理是一项值得研究的重要课题。

一、外籍教师管理中的文化冲突

文化是一种生活方式，是指每个民族在其产生和发展过程中形成的包括知识、信仰、艺术、道德、法律、习俗和个人作为社会成员所必需的其他能力及习惯的复合体。在这个复合体中，各个民族和个人所特有文化就构成了文化差异，在跨文化交际过程中对文化差异的无知、漠视或不当处理都会造成文化冲突。

---

[*] 作者简介：刘红光，华侨大学外事办公室翻译，主要研究方向：高等教育管理、翻译与文化。

目前,在我国高校外籍教师日常和教学管理过程中,很多问题都是以文化冲突的形式表现出来的。这种冲突可以分为三类,第一类是技术型文化冲突,表现为不同表层文化的碰撞。外籍教师在教学过程中暴露出的不少问题就是此类型文化冲突的一个突出表现。由于外籍教师缺乏对中国式教学及中国学生特点的足够了解,他们可能在课程计划方面显得灵活自由,较少有条条框框和形式主义,但有时没有教学计划、教学目标不明确,上课比较随意,这样往往导致学生在上课时抓不住学习的主要内容,所学内容缺乏系统性[①];还有相当的外籍教师对谦虚的中国学生的语言实际能力不甚了解、常常把握不住教学内容的难易程度,课堂随意性大,这让不少学生感到心理不踏实,似乎没有学到扎扎实实的东西,有时感到是在浪费时间[②];另外,外籍教师对学生的考核方式也与中国教师存在很大的差异,这样就给教学管理带来麻烦。一般而言,这种技术型的知识可以通过人们对技术知识的学习而获得,比较容易改变,只要学校在开始时就对任职外籍教师提出要求,一般不会造成严重的问题。

第二类是非正式规范文化冲突,这类冲突是不同文化中层的碰撞,它通常表现为人们的时空观念、风俗习惯等的不同。比如,中西文化中对空间概念存在着很大的差别,这就导致他们对个人隐私空间的要求有所不同。在与外籍教师的交往中应该特别注意避免对其私人空间的侵入,不了解这点很多时候就会好心办坏事。某高校新聘的一位外籍教师公寓管理员在为其他外籍教师打扫房间的时候,顺便打开了一位美籍教师的房间看了一下,像好久没有整理了。于是,她出于好心就开始大干起来,又是擦地又是整理书柜。可正当她忙得满头大汗不亦乐乎之时,那位美国教师下课回到自己的房间,见此情景十分生气,让她马上离开房间。管理员怎么也想不到这个平常和蔼可亲的美国老太太竟然是如此的不讲道理,帮她打扫卫生,她非但不感谢,还要发脾气。之后,这位美国教师向学校投诉该管理员,说她侵犯了自己的隐私权,要求赔礼道歉。这名管理员更是委屈万分,向学校诉说自己的苦衷。试想,如果学

[①] 张晓歌,张肇华,卢艳华. 外籍教师与本土教师在外语教学方面的分歧与对策[J]. 河北职业技术学院学报,2005(3):54—55.

[②] 王徽萍. 他山之石可以为我用——外籍教师规范管理之我见[J]. 重庆学院学报,2004(5):164.

校对该管理员进行过岗前跨文化知识教育,这种误解是可以避免的。中西文化对时间概念理解的不同也会导致类似的问题。目前不少高校的非涉外部门时间观念淡薄,对很多问题的解决期限不是答复"不确定",就是要拖好久才答复,或者是答应某个时间解决,到时又没有解决。而外籍教师一般都具有较强的时间观念,他们希望问题在答复的时间内解决。这样就造成外籍教师管理部门处于一个两难的境地,毕竟有很多事情没有其他部门的合作与协助外事部门是无法完成的。久而久之,外籍教师就会对学校产生不信任感和抵触情绪,给学校的教学科研工作造成损失。某高校地处郊区,且其外籍教师公寓与附近的村庄又仅有一墙之隔,村庄的农民为看家护院,家家养狗。这些狗终日吠叫,影响到不少外籍教师的休息,其中一位加拿大籍女教师对此非常敏感,于是就将此问题反映到该校外事部门,外事部门为解决问题立即与当地派出所、街道办事处、该村村委会进行了多次交涉,但是他们不是推脱说这不在他们的管辖范围,就是嘴上答应去处理而其实置之不理,这样导致该校外事部门无法对该加拿大籍教师交代,最后该外教以生病需要回国治疗为理由提前与学校终止合同。诸如此类的文化冲突,通过及时、有效的沟通和解释是可以克服的,但是如果相关管理和服务部门对这些问题听之任之,就会给学校造成损失,并影响到学校的声誉。

　　第三类是正式规范文化冲突,这类冲突是不同文化深层的碰撞,它主要表现为人的基本价值观,判断是非标准的不同,它能抵抗来自外部企图改变它的强制力量。在这个层次的文化冲突中,一个比较典型的例子就是西方特别是美国文化的精髓——个人主义与学校管理制度之间的碰撞。出于安全和方便管理的需要,我国不少高校都对外籍教师的居住进行集中式管理,派专人对外籍教师居住的公寓进行全天候值班,有些还在公寓的大门加装安全防盗门,并且实行定时开关大门制度。很多外籍教师特别是初次到中国任教的外籍教师对这种管理方式非常不理解,这与西方文化中的个人主义可以说是格格不入的。我曾经接触过一位外籍教师,其教学及为人都赢得了广大同学、其他教师及管理人员的认可,他对学校也非常满意,唯一不能忍受的就是学校对外籍教师公寓严格的管理模式。他告诉我"这种管理方式使我感觉自己是个囚犯。我是个成年人,并且我来自这样一种自由是不容讨论的原则问题的文化,如果无法自由进出自己居住的公寓是一种缺乏信任的象征,如果不能自由出入一个被我称为家的地方就是对我的人格侮辱,如果问题得不到解决我将选择离开。"从学校管理者的角度,如果给了一个外籍教师钥匙,就会发生连锁效应,可能每个外籍教师都会有同样的要求,这样就给公寓的管理带来不方便,有可能引发给外籍教师的财产或人身带来不安全因素,为此校方多次向其解释原因,但是都没有结果。对于这种因深层文化因素冲突造成的问题,管理者绝不能用一种强制的方式去处理,而应用一种理性的态度,从跨文化交际的角度来对待。类似的还有因宗教信仰等的差异而导致的问题。

上诉三个不同文化层次引起的冲突并不是彼此孤立的,它们之间存在着引起与被引起的关系,对于表层文化冲突引起的问题,外籍教师管理人员也应该认真对待,否则就会引发深层文化冲突,造成更大的问题。

二、对　策

虽然,高校在外籍教师管理中还存在不同层次的文化冲突,并由此造成了各种问题,但是我们不能因噎废食,相反,应该采取积极有效的对策来应对在管理外籍教师过程中遇到的挑战,从跨文化交际与管理的角度出发考虑问题,从而更好地为高校教学与科研工作和我国经济发展与社会进步服务。

1. 进行跨文化培训

跨文化的培训是防治和解决文化冲突的有效途径。培训首先是指对外籍教师日常和教学管理人员的培训。培训的主要内容有:外籍教师民族文化,通过课程、书籍、网络等形式;文化的敏感性训练,训练管理人员对外籍教师所在国家文化特征的分析能力,掌握其文化精髓;语言培训,语言不仅仅是沟通的工具,同时也是文化的载体,语言培训有助于促进沟通的有效性,增加对文化的理解;跨文化沟通及冲突处理能力的训练,建立各种正式非正式、有形无形的跨文化沟通组织与渠道。

此外,还应该对刚刚到校的外籍教师进行相应的培训,内容应包括:中国相关法律法规和宗教政策,学校的教学管理制度与教学要求,文化差异、地方风土人情和风俗习惯,在中国生活所需要的相关信息与知识,学校相关部门及其职责等①。这样可以使他们更多地了解中国的国情以及所在学校的校情,以便其主动地适应新的文化环境。

2. 坚持以人为本,认识文化差别,发展文化认同

"跨文化理解"是跨文化管理的存在方式。如果没有跨文化的理解,就不会有跨文化的交流,更谈不上跨文化人力资源管理。"跨文化理解"是减少和避免外籍教师管理中的由文化差异造成的问题的关键所在。

知己知彼,方能百战不殆。首先我们必须理解自己的文化,这种文化的优缺点的发展与变迁,有助于形成文化关联的态度。这种文化的自我意识使得我们在跨文化交往中能够获得识别自己的文化和他文化之间存在的文化上的异同的能力。同时,更要理解外籍教师所在种族、国家、民族的文化背景的特点,包括语言、思维方式、世界观、风俗习惯等,而且要了解各自所在的文化环境中独有的文化特色。其中,了解对方哪些方面与自己的价值观不同尤为重要。除此之外,了解一个人的历史对了解这个人的文化与价值观尤为重要。

在认识自我文化和他文化优缺点的基础上,我们要认同他文化,要在"以人为本"的管理理念指导下对外籍教师进行人文关怀。外籍教师远离故乡和亲人,由于文化、社会、工作、生活环境等的变化,面临着繁重的工作压力②,学校对他们工作上的热心指导、生活中的悉心照顾有助于他们尽快适应文化差异,全身心地投入到教学和科研工作中。

3. 建立及时、有效的沟通途径与网络

对于何为"沟通",人们众说纷纭。对于沟通过程,学者们比较一致的看法是:信息发出者编码,通过一定途径发出信息;接受者进行解码,获得信息;重新编码,通过一定渠道反馈信息;发出者接受反馈。沟通是一个相当复杂的信息传递与交换过程,其中任何一个环节出现了问题都会导致信息被修改、曲解、删节或增加。与一般沟通相比,跨文化沟通具有更大的难度。由此可见,在外籍教师管理过程中,建立及时、有效的沟通途径与网络有着十分重要的作用和意义,它不仅可以预防文化冲突与摩擦的产生,而且可以避免冲突与摩擦的加剧与升级。实践证明,由于

---

① 刘忠见,刘慧. 聘请外国文教专家效益探析[J]. 华北科技学院学报,2005(3):122.
② 娄玉英,冯凡立. 高校外籍教师管理工作探悉[J]. 沈阳工学院学报,2006(2):236.

沟通不及时、沟通渠道不畅等原因,在外籍教师管理中产生的许多小矛盾、小冲突最终酿成了大矛盾、大冲突甚至恶性事件。

在高校外籍教师管理过程中,及时、有效的沟通途径与网络的建立首先有赖于全校各相关部门的通力协作、密切配合。作为外籍教师的归口管理部门,外事部门应该与外籍教师本人、外籍教师所在院系、外籍教师公寓工作人员、学校其他相关部门,如后勤、财务等建立通畅的沟通渠道,做好他们之间的协调工作,及时发现并有效地处理外籍教师提出的日常生活及教学工作中遇到的问题。其次,学校应该建立定期的沟通机制,如可以由分管外事工作的校领导定期召开会议,集中研究在外籍教师管理工作中遇到的问题,总结经验与教训,对外籍教师管理工作做出整体的、长期的规划,以期防患于未然。另外要建立外事管理部门、外籍教师及其所在院系的定期沟通机制,如可以定期召开三方座谈会以及时了解外籍教师的要求及动向等。第三,制定突发事件应急方案。智者千虑,必有一失。顺畅的沟通渠道及定期沟通机制建立之后,还应针对千虑之后的一失,制定相应的措施,这样才可以避免矛盾的加剧与升级,把损失降到最低程度。

参考文献

1. 王国颖,陈天祥编著. 现代人力资源管理[M]. 广州:羊城晚报出版社,2002.
2. 戚艳华,程水香,金燕华编著. 现代人力资源管理[M]. 杭州:浙江大学出版社,2002.
3. 于秀芝编著. 人力资源管理[M]. 北京:经济管理出版社,2003.
4. 石金涛主编. 现代人力资源开发与管理[M]. 上海:上海交通大学出版社,1999.
5. 胡文仲主编. 文化与交际[C]. 北京:外语教学与研究出版社,1999.
6. 罗长海,林坚. 企业文化要义[M]. 北京:清华大学出版社,2003.
7. 蔡俊生,陈荷清,韩林德编著. 文化论[M]. 北京:人民出版社,2003.
8. 刘忠见,刘慧. 聘请外国文教专家效益探析[J]. 华北科技学院学报,2005,(3):122.
9. 张晓歌,张肇华,卢艳华. 外籍教师与本土教师在外语教学方面的分歧与对策[J]. 河北职业技术学院学报,2005(3):54—55.
10. 娄玉英,冯凡立. 高校外籍教师管理工作探悉[J]. 沈阳工学院学报,2006(2):236.

引智工作新思考

李 凌[*]

入世后,经济全球化促进了教育和文化资源的流动。我国社会经济生活的逐步改善,以及 WTO 所奉行的国民待遇原则会吸引更多的外国专家来中国工作。教育行业来自国外的服务将会增加,而且这种服务会具有更高的质量。无疑这给我国的高等教育既带来了新的挑战,同时也带来了新的机遇。

大学开展国际合作与交流的能力是大学综合实力的一部分。引智工作的成效如何,彰显了大学的国际交流与合作能力。引进国外智力同时也是高校教学、科研工作的重要组成部分;是大学优化师资队伍不可或缺的一部分;是加强高校学科建设,提高教学科研水平,培养高层次人才的重要措施;也是促进我国高校与国际教育接轨,赶超国际先进水平的重要途径。面对新世纪国际间教育、科技、人才等诸多方面的竞争和挑战,高校的引智工作也需要加大力度,引入新思想、新理念,更好地为学校的教学科研服务,促进高校综合实力的提高。

一、引智工作必须以项目为依托

引智工作必须以科研项目、人才培养项目、人才引进项目和教学科研为依托。组织聘请一批高水平的国外知名专家参与,既可以解决科研教学、人才建设方面的重大或关键问题。

项目依托首先要关注国际组织和政府间的重大科技合作项目。这类项目代表了世界一流的科研水平和专家水平。二是要注意申报国家级双边科技合作项目。有了这些项目为依托,既可以吸引一批知名乃至著名学者,同时在经费上也有足够的保证。我校近三年来在此方面做了

---

[*] 作者简介:李凌,武汉理工大学国际交流与合作处科长。

大量的工作,获批国家级重大科技项目两项,省部级重大科技合作项目五项,国际级双边科技合作项目七项,在国际重大科技合作项目上取得了突破性进展。

在引智工作中,根据学校科研项目现状,要注意把握科研前沿动态,联络国际知名专家,积极申报政府引智专家项目、世界著名学者项目等,以解决科研中的重大关键技术问题。我校合校四年来,组织申报各类项目300余次,获批150余次,累计获批引智项目金额一千多万元,从而保证了引智工作的正常进行。

现在我校已经形成了几个与国际同行建立了稳定、长期的科研合作伙伴关系的学科群。如我校的材料学科、光纤中心、硅酸盐工程、机电工程等等。材料学院承担的一项国家863重点项目"低环境负荷型水泥及胶凝材料关键制备技术"在研究过程中与英国谢菲尔德大学土木工程系保持了良好的合作关系。在几次科研互访中,双方协商确定在国际知名专业期刊上发表学术论文2篇,以使研究成果能尽快得到国际上的认可,提高知名度。

长期以来,新材所国家重点实验室的"211工程"建设项目"燃料电池关键材料与核心技术"一直与外国同行保持着联系,在重大和关键的技术问题上得到了他们的帮助和支持。目前燃料电池电动汽车"楚天一号"在我校正式通过专家组验收。

材料复合新技术国家重点实验室和日本的宇宙研究所在"纳米和梯度热电材料与太阳能光电·热电·风力复合发电系统研究"项目上,也建立了长期、良好的合作伙伴关系,并得到了中日两国相关部门的经费支持。

有了这样一些具体的合作项目,就给国外高水平专家提供了一个可以操作的平台;特别是国际、国内一些重大国际间合作的科技攻关项目,通过项目引智,真正取得效益。从而促进我校整体科研实力的提高。

二、引智工作必须有的放矢,提高引智效益

改革开放以来,大多数引智工作都有一个从接待型外事向项目型外事转变的过程。工作初期也仅仅局限于聘请长期纯语言教学型专家。

工作的模式也往往就是"迎来送往"。在新的形势下,高校的引智工作要做到有的放矢,首先要明确高校教师现从事的科研项目有哪些理论问题或关键技术问题迫切需要解决,哪些学科前瞻性问题需要研讨;其次针对这些问题要了解国际上有那些知名学府在这些领域有所建树,或者哪些知名学者是解决这些问题的专家;在以上两个问题清楚后,最后的问题就是怎样通过各种渠道和措施来聘请这些专家。

引智工作要做到有的放矢,在实施过程中要注意有些重大理论问题和重大关键技术问题不是一次或者数次能解决的,有些问题的研讨有一个长期积累的解决过程。同时有些问题即使不能马上解决,但在与专家合作的过程中,能够拓宽思路,有时也能达到另辟蹊径的效果。

合校以来,我校的引智工作一直以国家重点实验室、国家级重点学科为重点,盯紧国家"863"项目、国家级科技攻关项目、重大基础研究项目、省部级重点攻关项目的研究动态和项目需求,平时注重与项目负责人、重点科研骨干的联络与沟通,使引智工作成为我校科研工作、学科建设的一个重要环节。

三、引智工作要面向国际知名高校、知名企业、知名学者

加强与知名学府、知名学者、知名企业的国际交流与合作,是构建引智工作高水平平台的重要前提,也是保障引智工作取得成功的重要保证。

国际知名学府网络了一大批科技精英和知名学者。通过与这些名校的交流与合作,既可优势互补,同时还可以强强联合,也是把握学科前沿的一个重要窗口。

国际知名学者是引智工作的重点,也是取得引智工作成就的关键。纵观大千世界,国际知名学者乃至著名学者如云,如何从这些专家中聘请到于我有利的专家和学者,同时要为我所用本身就是一项艰巨的工作。这就需要我们注意收集信息,依托国内知名专家,依靠学校的专家学者一起实施引智计划。

我校合校四年来,随着我校整体实力的提高,同时注意加强与国际知名学府乃至著名学府的国际交流与合作,构筑了高水平的国际交流与

合作平台。

目前我校与英国的布里斯托大学和曼彻斯特大学、日本东北大学、澳大利亚蒙纳西大学等 45 所世界一流大学建立了良好的校际合作关系,聘请了包括诺贝尔奖得主在内的 100 余名世界著名学者、1000 余名科技专家来我校讲学、合作研究和学术交流,特别在材料学科等领域的交流非常活跃。他们给我校的学科建设、科学研究和交流注入了新的活力。其中 2 名学者获得了国家对外国专家的最高奖励"友谊奖"和湖北省人民政府颁发的"编钟奖",以表彰他们对中国人民的友好帮助和对我校教学、科研工作的贡献。

四、引智工作必须以教授、学者为主体

引智工作中,学校的教授和学者是工作的主体。

首先,聘请什么领域的专家、聘请什么水平的专家,需要听取教授和学者们的意见,只有他们对本学科的前沿状况最了解;其次,所谓"道不同不相与谋",吸引这些有名气的外国专家前来的重要因素就是与我校的教授、学者有着关于某个课题或学科方向的共同语言;其三,引智工作的显效程度也取决于教授和学者。

从某种意义上讲,引智工作也是外交工作的一种形式。所谓"弱国无外交",外交水平的高低归根结底要靠实力。只有提高自身实力,才能吸引别人的注意力,而实力的高低具体在教授、学者的层面来体现。要想成功地实现从常规外事向项目外事的转变,引智工作必须调动教授、学者的积极性,通过教授、学者间的相互交往,聘请高水平、国内急需的外国专家。

五、引智工作的软硬件保障

外国专家来到中国之后,日常生活的管理归口在外事部门,业务管理归口在院系。如何充分发挥外国专家的积极性、主动性和创造性,也是引智工作的一个重点。

外籍专家作为一种特殊的人才资源,有针对性地建立并完善外专管

理的激励机制是很有必要的。首先是感情激励。作为直接面对外籍专家的中方工作人员，要主动和外籍专家交朋友。身处异国他乡，在外籍专家眼里，高校的外事部门就是他们可以倾诉酸甜苦辣的地方。在武汉理工大学，经常有外籍专家（简称外专）到外事部门来沟通、谈心的融洽场面。外专即使对生活、工作环境有些不满意的地方，通过善意的交流之后，总是能够使问题得到妥善解决。身处在陌生的环境中，他人的问候和关怀最容易让人感到温暖。因此，工作人员还经常到外专楼主动关心他们的生活。另外，后勤部门的工作人员往往由于语言不通或文化背景差异而违反外事礼仪规范甚至引起纷争。在这种情况下，外事专业人员的主动关心就显得更为重要。久而久之，与外专建立了感情，自然更有利于工作的开展。

其二，在节假日适当安排外籍专家参加一些有意义的活动，增进他们对中国的了解。比如组织到周边名胜古迹旅游参观，既增进了感情交流，同时也使外专对中国的文化习俗、风土人情有亲身体会，认识了解中国改革开放后取得的巨大成就，从而产生对中国的情感。

其三，对有突出贡献的外籍专家，要进行表彰和奖励。武汉理工大学日本籍专家平井敏雄先生曾荣获国家"友谊奖"，美籍专家黑根先生也曾荣获湖北省"编钟奖"。这些专家往往对中国、对学校有着很深的感情，他们即使离开中国之后，也会借助各种机会大力宣传曾经工作过的学校。他们对推进校际的合作与交流、提升学校的国际影响等方面都起到了重要作用。

外籍专家的业务管理归口在院、系、所、实验室，其管理的基础是合同。外籍专家来华签订的合同是业务考核的依据。业务工作的管理实施要规范，强化目标管理。工作目标要具体化，衡量指标要量化，对外专的工作评价做到公平、合理，实施约束和激励的双重机制。

结 束 语

我校引智工作取得的进展，与合校后新的领导班子转变思想、理清思路、构建引智新格局的指导思想，以及力求工作上水平的态度密不可分。引智工作是一项综合工程，一个单位引智工作要取得好的效益，领导重视是关键,在此基础上,充分调动中层单位、专家、学者的积极性,使他们主动出谋划策,形成引智工作的主体,同时做好管理和服务工作。在新的形势下,管理和服务要更好地相互支撑、相互依赖、相互补充。引智工作在确保引智效益的目标下,要突出学科重点、优化资源配置、把握引智方向、强调绩效监控,所以应该义不容辞地强化管理。同时收集引智信息,做好调查研究,广开引智新渠道,主动牵线搭桥,提倡换位思考,切实排忧解难,真正为学校的学科发展做好服务工作,促使引智工作更上一个台阶。

总之,在当前创建世界一流大学或高水平大学的热潮中,引智工作任务艰巨。外事部门的工作人员也要不断学习,把握当前国际国内的发展形势,不断培养自己跨文化交流的能力,用良好的精神风貌去赢得外国专家和引智主体的信任和赞誉。

实践篇

国际化视野下的中法高教合作模式
——以同济大学为例

周家伦[*]

伴随着经济、信息的全球化进程,教育国际化已经成为当今世界一个基本现实,创建于1907年的同济大学是一所以与欧洲合作交流为特色的教育部直属重点大学,我们依据自己的历史传统和发展特色,在改革开放之初就确定为中德科技文化交流与合作的重要窗口之一,并在中德科技、教育交流与合作方面取得了重要的成果。近几年来,随着中国高等教育的迅猛发展,我们也在不断探索和开拓中外教育合作交流的新领域,其中与法国高等教育的交流与合作成为我们拓展的又一个重点。目前我校已与法国高校签订了23个校际协议,在合作办学、科学研究、师生交流等方面积极开展多种形式的交流与合作,建立了一些成功的合作模式,在此提出来与大家交流。

一、同济大学中法合作交流模式

1. "IFCIM"模式

IFCIM是我校与法国巴黎高科工程师学校集团(Paris Tech,简称"巴黎高科")于1999年共同创建的中法工程和管理学院(Institut Franco-chinois d'Ingénierie et de Management)。这是一个自筹资金并享有两国政府全力支持的非盈利性教育机构,以联合培养硕士研究生为主,致力于培养各类工程和管理高级人才。IFCIM在具体运行管理中主要体现以下特色:

(1) 强强联合。法国合作方巴黎高科集团(Paris Tech)汇集了法国

---

[*] 作者简介:周家伦,同济大学党委书记,教授。

最负盛名的10所工程师学校(属于法国的精英学校),这些学校与我校在学科设置、教学科研、服务社会等领域有着相似性和互补性。IFCIM已经启动的项目有:上海国际工商管理硕士项目、智能交通系统项目、环境工程项目、信息新技术项目、城市规划项目、建筑和城市设计项目、复杂材料工程项目、物质—波—仪器项目与工业风险管理项目。所有合作项目都以中法双方学校的优势学科和特色专业为背景,使学生真正享受到了中法两国的优质教育资源,从而为保证教学质量,培养优秀学生奠定了重要基础。

(2)与企业密切合作。IFCIM吸收了16家中法著名企业为董事单位,他们在学院创建初期提供了资金支持,8年来一如既往地积极关注学院的教学和科研,为各合作项目的优秀学生提供奖学金、实习机会和就业机会。学院与企业紧密合作,以市场需求为导向,培养了一批社会、企业急需的高层次优秀人才,在社会上产生了重要影响,所以现在越来越多的中法企业愿为IFCIM提供基金教席。

(3)整合优质资源。IFCIM为我校二级独立学院。学院董事会和院务委员会仅行使决策和管理功能,而各项目的教学和专业问题完全依托校内相关学院和巴黎高科属下相关合作学校,IFCIM实际上为各个具体项目提供了一个公共平台。因此,IFCIM所采用的是虚实结合的运行机制,不设自己独立的师资队伍,打破了传统的学院人员组成模式。

(4)颁发双文凭。我校与巴黎高科合作的工程硕士项目,由双方共同制订教学大纲和课程设置,学生第一年的法语强化和部分专业课程在我校完成;学生第二年在法国完成其余专业课程,并在法国有关公司至少实习6个月,按照巴黎高科要求完成论文后,可获得法方硕士文凭,然后学生回到我校再完成另一篇相关专业的硕士论文,通过答辩后,可获得同济大学硕士文凭。因此,毕业生最后可获得中法双方学校毕业文凭。

经过几年的实践,双方都认为这种强强联合、与企业密切合作的模式,不仅能有效地整合国内外优质教学资源,培养符合社会、企业需求的合格人才,而且可以激活中法企业对IFCIM的持续支持,使IFCIM不断向更广、更高的层次发展。此外,IFCIM的成功运行也为各专业学院开展中法联合培养博士生和中法联合科研提供了平台,这种合作模式已成为中法教育合作的成功典范之一。

2．"2+3"模式

1998年,我校启动了与法国汉斯管理学院(ESC Reims)双学士合作项目。该项目探索了中法合作办学独特的等额双向联合培养"2+3"模式,双方每年互派20名学生。中法学生在两校完成学业并通过论文答辩后,可获得双学士文凭。

目前该合作模式已经成功推广到我校与法国 ESSEC 商学院、马赛管理学院(Eruomed Marseille)和斯特拉斯堡管理学院(ESC Strasbourg)的联合培养双学士项目中,也成功拓展到与法国欧洲商学院(ESCP-EAP)、南特商学院(Audencia Nantes)等的双硕士项目中。

这一模式改变了许多中外合作办学项目以中方单向输出学生的模式,实现了中法学生的双向交流,真正做到了学生交流数额对等和"走出去、请进来"的联合培养模式。

除了以上两种合作模式外,我们还与法国高校与机构开展多元化合作交流。

我校已先后成立了"中法心血管疾病治疗中心"、"中法泌尿外科中心"和"法国思想文化中心",为若干学科的中法合作交流提供了平台。

在科研领域,我校与法国合作的"中国江南水乡城镇历史文化遗产保护"研究国际合作项目,得到法国外交部和文化部的支持,中法专家共同为保护中国文化遗产作出了贡献,我校两位城市规划学专家于2005年荣获法国文化部文化与艺术骑士勋章。此外,我校环境、海洋、土木工程、物理等领域的十多个科研项目被列入中法政府先进研究计划(PRA)或中法科技合作协作网(P2R),并在环境(尤其是崇明岛开发方面)、微电子(尤其是多核处理器方面)领域的中法两国政府级科研合作项目中承担主要工作。

在联合教学方面,我校与法国高校的合作也极富特色和成效。从2002年起,我校建筑与城市规划专业学生与法国南特建筑学院等一直开展学生定期联合课程设计。2004年至2007年,在我校相关学院和专业的协助下,法国斯特拉斯堡罗伯特舒曼大学新闻学院(CUEJ de l'Université Robert Schuman Strasbourg)连续四年与我校共同开展了"海外迁移教学项目",中法双方每年共同制订一个主题,中法师生在上海或中国其他城市生活考察、采集素材一个月后,以广播、电视、杂志三种形式展示法国人眼中的中国的方方面面。

我校积极参与由法国总统希拉克于1997年首次访问中国时提议建立的"50名建筑师在法国"(50 Architectes en France)的项目,由于在中法两国影响力的不断扩大,该项目先后更名为"100名建筑师在法国"和"150名建筑师在法国"。2005年5月,我校承办了该总统项目的成果总结会,吸引了所有被该项目录取的中国建筑师、规划师、景观师及其法国接收单位的代表等中外嘉宾500多人出席。与此同时,我校还举办了"展望2010年法中建筑和城市发展国际研讨会",法国建筑大师保罗·安德鲁、多米尼克·彼埃尔、让·诺维尔、克里斯帝昂·德·波占巴克,意大利建筑大师福克萨斯、瑞士大师雅克·赫佐格,中国吴良镛院士、郑时龄院士等分别作了精彩的主题报告。

此外,我校还与法国高校等开展众多高层次学术研讨活动,如"中法启蒙与现代法国哲学学术研讨会"、"中法心血管手术和介入治疗法研讨会"等。2000年10月至11月,由我校和法国欧洲城市大学联合举办的"2010年世博会规划概念设计竞赛暨国际研讨会",吸引了来自世界各国的选手参赛,他们的成果为上海申办2010年世博会及世博会的选址起到了重要的参考作用。

2004年10月11日上午,法国总统希拉克访问我校,亲自为我校中法中心大楼奠基;2006年10月28日,受届时正在中国进行国事访问的法国总统希拉克的委托,法国文化部长多内第·德·瓦布尔与法国总统顾问苔拉诺娃专程来访我校,出席了中法中心落成典礼。同济大学中法中心的建成启用将为中法科技、教育、文化和经济合作提供更为宽广的平台。诚如希拉克总统2004年10月在我校的演讲中所说:"卓越的同济大学对于中法两国友谊的维系,作出了重大贡献。"

二、同济大学对法交流与合作的特点

1. 独特性

学校在发展过程中,必须结合实际情况,选择一条适合自己的发展道路,形成鲜明的特色和优势,在国际交流与合作中我校也不例外。经过多年的努力和发展,同济大学已形成了以德国、法国等欧洲国家为重点,全方位开展国际交流与合作的框架和特色。同时,我们注重选择适合我校学科特点的合作伙伴,实行真正的强强联合。由法国十所著名工程师大学校组成的巴黎高科集团(Paris Tech),其办学理念、发展目标和学科结构与同济大学有许多共同之处。多年来,双方精诚合作、同舟共济,共同努力,合作取得了丰硕的成果。

2. 机构性

所谓机构性,是指合作建立在学校对学校的校际合作的基础上,避免了因人员变动而使合作受到影响。此外,建立的合作办学机构因其章程健全、规范,为人员管理、经费使用、利益分配、质量评估诸多方面均提供了制度上的保障,最终保证了合作的可持续发展。

只有建立了合理的中外合作办学和管理模式,才能调动多方面的积极性,同时确保资源和利益的合理分享。我校的 IFCIM 就是一个很好的例证。

3. 双向性

一是指合作双方平等的双向交流和培养学生,互认学分和互授学位;二是指学校和企业的双向合作,学校为企业提供优秀的毕业生,企业为学生提供实习和就业的机会,同时还参与学校的管理和提供经费资助。只有双向和互动,才能保证合作取得双赢。

4. 多样性

在我校与法国的合作中,既有不同层次的合作办学,又有众多的中法合作研究机构、合作研究项目和学术研讨会,同时还有卓有成效的联合教学活动。这种多样性使我校的对法合作项目相互补充、相互促进,保持了良好的发展势头。

经过十多年的努力,除形成上述合作办学模式外,我校与法国高教的合作交流已呈现出多元化、多层次、全方位的特色,初步建立了一套合作的体系、机制和与国际接轨的学术交流合作平台,形成了持续性、紧密型和国际化方向的发展态势。

三、中外合作的几点思考

1. 理念与定位

同济大学的发展目标是建设成为一所研究型、综合性、国际化的高水平大学。"国际化"是我校办学的三大目标之一，我们把加强与法国等欧洲国家的全方位合作与交流确定为我们国际化的既定方针。与此相对应，我们在探讨现代大学的功能时，明确"交往"是我校作为一所现代大学继教学、研究、服务之后的第四大功能。这一理念的确立正是基于对教育国际化的理解以及对学校发展的战略思考。

同时，我们对自身的历史与传统、发展与现状、优势和特色进行了实事求是的评估和定位，以便在不断探索中寻找属于自己的国际化发展模式。一方面，我们认为所谓国际化是以承认民族国家与民族文化的独特性为前提的一种相互间的学习、借鉴、交流与合作的过程，而非单一趋同和合一。基于此，我们在国际化过程中，特别是与国外著名学府合作办学时，特别强调达成学位、学历以及专业资质、行业资格的互认，进一步将学历资格纳入高等教育的国际化体系。我们认为这是高等教育国际化或者说合作办学中具有重要意义的关键步骤，因为只有在互认的基础上，才能实现高等人才的平等交流。在这方面我们在中法合作办学中得到很好的体现。另一方面，加深对中外合作办学文化交流层面的认识。一般观点认为，合作办学主要的意义在于引进和学习国外先进的教育管理经验，在于单一的专业知识的传授、国际化人才的培养。我们认为还要重视文化交流的重要作用，正如第二届中外大学校长论坛上耶鲁大学校长莱温所指出的，加强与中国高等教育的合作，在于促进两国和两国人民间的相互理解，推动两国关系的发展，把合作交流的意义提升到较高的层次。也是在这次论坛上，法国东方语言学院副院长阿尔伯特就呼吁，高等教育的合作与交流不应被看成是一种知识的全球化。我们提出的大学"交往"功能，就不仅仅是一般意义上的中外高校间的教学科研的学术交流活动，而是指不同文明和文化间的沟通交往。在这方面我们借鉴中德合作的成功经验，在中法合作办学过程中一开始就注重多方面的交流功能，比如在建设同济大学中法中心同时，我们还成立了法国思想文化研究中心,以期在两国文化交流中发挥更广更深的作用。

2. 引进与输出

由于我国教育规模和水平的原因,我们更加注重国外教育资源进入中国市场,而对我们的优质教育资源的输出上往往做得不够;我们更加注重中国学生的派出,而在吸引外国学生方面开拓不够。的确,在经济信息全球化的现代进程中,教育资源的共享已经成为现实,我们在发展中应当积极主动地借鉴国外大学的成功经验,引入发达国家先进的办学理念、教学方法和管理经验。但是,我们应当发挥自身的特色和优势,在学习借鉴的同时,注重交流与互补,一方面利用自己的特色和优势,使我们的教育资源能够在国外的教育市场发挥作用,另一方面,大力发展外国留学生教育,提高外国留学生的比例,世界一流大学的留学生一般占本校学生总数的13.4%,研究生比例更高,我们在中法合作办学中强调互认、互派就是一个很好的尝试。

中外合作办学是高等教育国际化的重要举措,我们在实践过程中体会到不能被动应对,而是采取多种方式积极主动地迎接挑战。我校在中法合作交流中取得的经验再次证明:实现高等教育的国际化、不断推进中外合作办学,必须树立科学和开放的理念,以求真务实的精神、踏踏实实的工作态度,发扬积极进取的创造性思维,抓住机遇,不断探索国际合作与交流的新模式、新途径,只有这样,才能在国际化平台上展示中国高等教育的风采。

大学国际化的实践与展望

毕家驹*

大学国际化是世界物质生产与精神生产发展的必然结果。所以,国际化是大学责无旁贷的历史使命。

当前,大学国际化受到经济全球化强有力的挑战,也从而得到空前的发展机遇。

大学国际化是一个过程,是大学持续发展,成为全球化背景下各种类型的国际性高水平大学、一流大学的过程。

国际化大学,在管理方面——"按世界各国大学之通例"办学(蔡元培);在教育方面——培养全球化世界中的优秀人才;在研究方面——凭借优秀的师资队伍,能够和世界上的科学家进行独立平等的交流,使大学的学术水平在国际上获得一定的评价。

大学国际化在教学方面应实现:易读性——各国大学彼此能读懂对方的教育文件,包括学位和文凭;可比性——彼此能将教育的"量"——例如学分——进行比较;相容性——彼此能对教育的"质"进行评价,这就要建立国际公认的的教育质量保证体系,推行鉴定(accreditation)制;透明性——彼此公开教育信息,彼此开放招生。

成熟的国际化大学集中表现为:国际客座教授多;国际学生多,尤其是研究生多;国际交流合作项目多;本国师生管理人员"走出去"也多。

大学国际化要求管理人员、教师和学生普遍掌握适用于中外沟通的共同语言,其中包括英语、德语和法语等。

国际化大学要求人、财、物的高投入和以人为本的软服务,为国际化创造必要的条件和环境。

---

* 作者简介:毕家驹,同济大学研究生院,国际教育评估与专业资格研究所顾问,教授,研究方向:国际高等教育质量保证与评估。

大学国际化,少不了大学质量保证体系的国际化,以及在此基础上,学分、文凭、学位等的国际相互承认。

这就是从世界范围来看,大学国际化的主要共性。

一、精 选 案 例

对全世界的大学来说,大学国际化有如上所述的共性的一面,而对于中国的大学来说,又有其特殊性的一面。中国的大学,总的来说,落后于发达国家的优秀大学。因此,在中国大学国际化的过程中,向世界优秀大学学习,必然成为一个很突出的方面,而其他方面则一时还难以面面俱到。因而,国际化将会有一个长过程。

当前,中国的大学应当广泛地、讲究实效地开展国际交流合作,借助外力的帮助,更直接地吸收先进的教育理念,使教学、科研、管理、师资的质量不断提高,逐步接近和达到国际公认的水准,为国际社会所接受。同时,凭借经济全球化和中国改革开放的大环境,以及大学或首先是若干二级学院中高质量、高水准的小环境,吸引外国学生、学者、科学家、教育家纷至沓来,使大学或学院成为一个国际化的小世界,活跃于国际教育界,从而得到国际组织、各国政府、跨国企业、国际投资人和赞助人的看好,使大学的进一步发展,得到更多支持。

同济大学以"综合性、研究型、国际化一流现代大学"为目标,多年来在国际化方面作了广泛而深入的探索和实践,取得了国内外的认同。通过同济大学的一些典型国际化合作项目,可以看到当前中国大学国际化之一斑。

1. UNEP-Tongji 环境与可持续发展学院

与国际组织的高层次合作——同济大学与联合国环境规划署(United Nations Environment Program, UNEP)合作,共同成立了UNEP-Tongji 环境与可持续发展学院。该学院将成为 UNEP 在亚太地区的教育、咨询、研究与信息交流中心。

国际高校的强强联合——为了实现这一目标,成立了以同济大学为核心的大学联盟,即亚太地区环境与可持续发展大学联合会,引入各国强势课程,共同开展环境教育。联合会成员包括美国耶鲁大学(Yale

University)、澳大利亚新南威尔士大学(University of New South Wales)等三所大学,新加坡南洋理工大学(Nanyang Technological University)和泰国亚洲理工学院(Asian Institute of Technology)等亚太地区的大学。

完全国际化的高级研修——学院已于2004年开始举办"亚太地区环境与可持续发展未来领导人研修班",对本地区各国环境与可持续发展事业的领导人和专家进行培训,并于2005年启动学位教育。

2. 中德学院

国家级合作项目——中德学院(CDHK)经中德两国政府共同倡导,作为中德政府文化协定所确定的合作项目,成立于1998年。学院目前的任务:以培养高素质国际化人才为主;促进学术交流,与德国高校和企业合作从事科学研究;为中德企业界提供服务;开展"中德论坛"活动,促进两国人民的文化交流。学院分别与柏林工业大学(Technische Universitaet Berlin)、慕尼黑工业大学(Technische Universitaet Muenchen)和波鸿鲁尔大学(Ruhr-Universitaet Bochum)全面合作,培养经济与管理、电子与信息工程、机械与车辆工程等三个硕士学位专业的精通业务、有跨文化交际能力的一流人才。学院实施汉、德双语教学。学生取得中德学院的硕士学位后,即可能获得攻读德国博士学位的资格。

构筑人才高地——中德学院设立了25个教席,聘请教授任教,他们主要是曾经留学德国、取得德国博士学位、现在已经事业有成的中国高级专家学者。

智力引进——中德学院每年聘请30位德国教授。每位教授来学院面向学生进行一周课程教学。

财力引进——德国学术交流中心(DAAD),这一德国高校最大的国际合作组织,从德国外交部获得经费,资助上述30位德国教授来华讲课的费用。25家德中企业提供基金,设立教席,从而上述每个教席每年可获数万欧元,用于科研和教学。

校企合作——每年都有五六十名学生得到德国企业资助到德国去,在著名跨国企业实习2—3个月,从事技术和管理工作,体验德国企业管理、企业文化和社会生活。部分学生还可获奖学金赴德国高校进行专业学习,撰写论文,最终同时获得同济大学和德国相关大学的硕士学位。

3. 中法工程与管理学院

中法两国间的重大教育合作项目——在中法双方政府的支持下,同济大学与法国巴黎高科(Paris Tech)合作成立了同济大学中法工程与管理学院。

董事会制与企业后盾——学院董事会主要由中法双方大型企业主要领导人、双方校领导、上海市人事局和法国驻沪总领馆代表组成。学院得以依托各董事单位的强大实力。学院同时又得到众多实力雄厚的中法赞助单位的大力支持。这些支持涉及专业设置、课程大纲、现场实习、毕业就业和教学资源等多个方面。

(1) 上海国际工商管理硕士学位专业

国际化的 MBA——中法学院的上海国际工商管理硕士学位专业(SIMBA)是同济大学与巴黎高科成员之一的法国国立桥路大学(ENPC)合作创办,目的为培养全球商务中具有现代价值理念的领导者。

国际师资——SIMBA 先后从法国、英国、美国、瑞士、荷兰、奥地利、澳大利亚、以色列等国的著名大学和学院聘请优秀教授,与中国教授一起,组成国际教授队伍,以全英文进行教学。其中 80% 的教授来自 ENPC 全球网络。

国际学生群体——SIMBA 录取了相当数量的国际学生,包括法国、德国、美国、加拿大、韩国、马来西亚、新加坡等国的学生,形成国际学生群体。最近一届的 91 名中国新生平均年龄 35 岁、平均工龄 9 年,50% 来自世界 500 强企业。

国外学习经历——SIMBA 与法国国立桥路大学设在法国、英国、日本、印度、摩洛哥的 MBA 教学点定期交换学生,互相参加对方的交换项目学习。另外,每届中国学生还有机会到欧洲游学。

国际公认的学位——SIMBA 颁发法国国立桥路大学的 MBA 学位证书。

(2) 工程类双硕士学位专业

国际双硕士学位——中法学院分别与巴黎高科集团的几所大学合作,另设五个工程类双硕士学位专业,即智能运输系统—信息系统管理—空间应用、环境工程、信息新技术、工业风险管理、城市规划等。

双文化教学——工程类学生在同济大学完成第一年的学习任务后,

赴巴黎完成第二年学习,从而可以获得巴黎高科的理学硕士学位和同济大学研究生课程班结业证书。第三年,如果学生回到同济大学完成硕士学位论文,通过答辩,还可获同济大学工学硕士学位。这样的教学计划有利于学生接触法国社会、开拓视野,有利于学生从中法双方不同的教育理念、不同的教学环境、不同的教学内容和方法以及法方的先进专业课程中得到真正国际化的教育。

4. 土木工程学士学位专业

专业的国际可比性与相容性——在建设部的领导下,同济土木工程学士学位专业和国内其他几所大学的同名专业一起,围绕专业改革与专业评估,与英国土木工程师学会（Institution of Civil Engineers，ICE）、结构工程师学会（Institution of Structural Engineers，IStructE）以及他们的联合鉴定机构（Joint Board of Moderators，JBM）,开展交流和合作。经过三四年的努力,同济土木工程专业初步树立了国际化的教育理念,基本上解决了国内一些建设类工程专业中存在多年的老、大、难问题,理顺了校内的同类院系体系,调整和合并了同类专业,扩大了专业面,优化了教学计划。从整体上看,同济土木工程专业的面貌发生了根本性的改变,已经与国际公认的同类专业具有可比性和相容性。

学位的国际相互承认——在1998年通过中英双方的正式协议,使同济大学土木工程专业与国内其他几所大学的同名专业一起获得了英国土木工程师学会和结构工程师学会的承认。同济的毕业生被认为与英国土木和结构工程专业的毕业生拥有相等的专业知识和能力。他们在申请成为中国注册结构工程师或申请成为ICE和IStructE的正式会员时,在满足双方规定的教育要求方面,与英国毕业生享有对等的地位。

5. 建筑学学士学位专业

国际化的根本之举——同济大学建筑学学士学位专业已经连续6年与美国、奥地利、瑞士等国家的建筑院系进行联合设计教学,教学周期3个月到6个月不等。在同济校园,中外教授共同授课、讲评,中外学生混合编组、共同设计。这样,学生可以不出国门,直接接受外国教授的指导和授课,零距离地与外国学生相互切磋;教师可以直接与外国教授探讨教学问题,更快了解和学习国外当今设计教学的发展趋势和教学方法。几年的国际合作实践,使建筑学专业的设计教学水准和质量有了很大的提高,受到中外学生的普遍欢迎,更多的外国大学愿意到同济来加盟。现在,这样的教学方式,已经从建筑学推广到城市规划专业和工业设计专业。

二、分析与展望

1. 当前中国大学国际化的典型特征

从上述精选案例可以看出当前中国大学国际化的特征包括:

- 开辟国际化的教学点;
- 建立国际化的师资队伍;
- 形成国际化的学生群体;
- 按世界各国大学之通例进行管理;
- 引入符合全球化需要的专业、教学计划、课程设置、教学方法和手段;
- 注重多文化熏陶;
- 要求学生掌握多种语言,其中英语是必需的;
- 学习期间,学生获得在外国学习和生活的经历;
- 颁发国际公认的或互认的证书、文凭和学位;
- 要优选合作对象,精选导致双赢的合作项目。

2. 中国大学国际化的展望

展望未来,在已有成绩的基础上,大学国际化要不断地在点上深入下去,在面上蔓延开来,开展多方面的工作,逐步加大整个学校的国际化力度。要进一步调动全校的力量,在人才培养、师资队伍、学术研究、教学管理和质量保证等方面全面国际化,使大学能为国际社会所接受,具有国际吸引力。

中国的大学国际化要继续做的工作应该包括:

- 进一步加强与国际组织的合作、与各发达国家政府的合作、与国际知名企业的合作、与权威研究机构的合作;
- 进一步扩大与世界一流大学的联合办学、联合教学活动、联合科研、校际交流,在这个过程中,坚持自己在教学和科研中的个性和

长处,办出自己的特色来;
- 持续建设一支高水平的、多元文化背景的、有杰出管理和学术带头人、拥有世界认可的学者和科学家的教学、科研、管理专业人员队伍;
- 努力开展中青年教师和管理人员的国际培训活动;
- 在已有的专业中,按国际化的需要,增设一些必修和选修课;或在已有的课程中,增加一些为国际化所需要的内容;
- 举办一些全新的、国际化的新专业,其中包括为经济全球化服务的内容和以研究中华文化为特色的内容;
- 科技教育和人文教育应该不仅是传授科技和人文知识,还必须注重培养科学精神和人文精神,将二者结合起来;
- 大力吸引外国学生特别是优秀学生来华学习;
- 提高对外汉语的教学水平和办学规模;
- 创造条件,使中国普通的本科生和研究生能得到各种出国学习、实习、参加国际会议和深造的机会和资助;
- 将中国的高等教育办到外国去。

3. 中国大学国际化的深入思考

- 大学国际化在目前阶段,主要是介绍和引入世界先进文化,但是,这决不限于"照搬",而必须予以创造性地发挥,使之具有一定的中国元素,然后还要进一步在更深层面上将世界先进文化融入中国主流文化,即在主流文化中加入外国元素,使主流文化不断更新和发展。
- 从长远来说,国际化更要把民族的、本土的原创(自然)科学与人文瑰宝发扬光大,使之成为世界文化的一个重要组成部分,贡献给全世界。不能仅有"中国跟着外国潮流走",还要有"外国跟着我们的研究走"(陈省身)。这是国际化中不可或缺的一个重要方面。
- 国际化是"和而不同",趋向一致而不是同一。国际化是"多元化",各元均具有普遍意义,但又保持各自的差异性。国际化是西方的与东方的文化之间、中国的和外国的文化之间的碰撞与交融。经过碰撞与交融,你中有了我,我中有了你,各自都提升了。但是,你还是你,我还是我。
- 在国际化的过程中,始终必须坚守精神,"心中有源"。科学的发展,是解决"求真"的问题,而人文的发展是解决"求善"的问题。经济和科学技术的健康发展,需要人文的引导和提升,而人文也需要经济的发展和科学技术的成果为载体,以继承历史、净化现实、美化人生、敬畏自然,更有效地为社会提供精神支撑,为民族提供道德和价值观念。这是国际化的灵魂所在。
- 由此出发,大学的人文和社会科学学科将与理工医农等众多学科一起,担当起更为艰巨、更高层次、更具深远意义的国际化任务。

推进高等教育国际化的和谐发展
——复旦大学的探索、实践和认识

薛 华 沈肖肖 冯建国[*]

高等教育的主要目标,是要培养出具备相当的知识素养、一定的创新精神和实践技能,并且乐于为社会的整体进步和政治、经济、科技以及文化等各项事业的健康发展作出贡献的各类人才。中国的高等教育要为社会的进步和健康发展服务,就必须与时俱进调整自己的发展战略,以满足当前社会和谐发展的需要,适应未来世界的挑战。本文首先将要探讨的,就是当前世界的主要特点,以及这些特点对我们的高等教育提出了什么样的要求;此外,本文还将对复旦大学近年来在推进国际化进程的探索和实践进行回顾和总结,在此基础上,提出关于中国高等院校在推进国际化进程方面的几点认识,以与读者探讨。

一、经济全球化的背景与高等教育国际化的必然性和重要性

当前世界的特点,最引人注目的莫过于经济全球化的浪潮所带来的全球性社会结构和形态的深刻变化。为与此相适应,世界各国的高等教育要应对这一浪潮的巨大挑战,就必须加强彼此间的交流和合作,培养出国际化的人才。经济全球化,一般是这样定义的,即"以全球市场化为目标,以全球信息化为条件,使世界各国在市场和生活上的相互依存日益加深。全球化推动了人力、资金、商品、服务、知识、技术和信息等实现跨国界的流动,促进了各种生产要素和资源在全球范围内的优化配置。

---

[*] 作者简介:薛华,讲师,复旦大学外事处项目主任;沈肖肖,教授,复旦大学外事处副处长;冯建国,讲师,复旦大学外事处专家科科长。

同样,经济全球化也推动了高等教育的国际化,促进了各国之间在教育资源方面的交流,迫使各国的教育市场向全球开放,从而各国都可能利用全球的教育市场。所谓高等教育国际化,就是加强国际高等教育的交流合作,积极向各国开放国内教育市场,并充分利用国际教育市场。在教育内容、教育方法上适应国际交往和发展的需要,培养有国际意识、国际交往能力、国际竞争能力的人才"。[1] 可见,高等教育国际化是应经济全球化而生,是世界经济一体化进程的必然产物。

不同国家的高等教育界相互了解和借鉴彼此先进的教育观念、教育模式、教育内容和教育方法,对于促进他们自己的教育事业的发展和进步具有不可忽视的重要意义。如果我们翻开历史,我们就会发现借鉴别国的教育经验的重要性。近代日本之所以能够通过"明治维新"走向强盛,与明治政府对教育的重视[2],以及大力贯彻它的"求知识于世界"的政纲是分不开的。[3] 在明治天皇在位的1868年到1912年之间,日本共聘用外国专家3000余人,其中在国立大学任教的人数仅次于通产省所聘用的人数。而创建于明治10年的东京大学则带有明显的"国际化"色彩:在该校早期的39名教授中,有27人来自国外,其中包括德国著名医学专家贝尔兹·埃尔温和尤里乌斯·C.斯克里巴。这两位专家分别在东京大学任教达26年和20年之久。可以说,正是由于当时的日本政府采取了"求知识于世界"的政策,近代日本得以广泛、深入地学习西方各国先进的文化科学技术,并对本国社会的政治、经济、教育、文化等各方面的体制加以革新,从而加速了近代日本的发展。

中国是一个古老的国家,有着悠久的历史和文化,但是,她年代久远的历史传统中也有许多封闭与落后的东西。对于这一点,富有真知灼见的中国人从来就没有否认和逃避。早在两千多年前,我们的祖先就用"周虽旧邦,其命维新"[4]这样的话来昭示后人。国家需要借鉴其他国家的发展理念和发展成果,以此来促进自身的发展,而教育尤其是高等教育的国际化在这个过程中扮演着重要的角色。已故卓越领导人邓小平

---

[1] 杨德广,王勤.从经济全球化到教育国际化的思考.教学研究,2000(4).
[2] 万峰.日本近代史.北京:中国社会科学出版社,1978:80.
[3] 吴庭珍.日本近代化研究.[出版地不详].商务印书馆,1997.
[4] 语见《大学》.

先生早在1983年就用十分精辟的语言指出,"教育要面向现代化,面向世界,面向未来",①他又提出,"要大胆吸收和借鉴人类社会创造的一切文明成果"。②正是基于这些理念,中国政府在实施改革开放政策的时候,高度重视教育的对外开放,大力倡导学习和借鉴国外先进的教育工作理念和经验,在很大程度上改变了中国的教育面貌。

二、复旦大学的国际化工作实践和认识

作为中国高等教育界重要一员的复旦大学,对当前世界的经济全球化趋势有着深刻的理解,对高等教育国际化的必然性和重要性有着清醒的认识。复旦大学始终把国际化当作学习和借鉴国外先进科学技术、先进文化和先进管理经验的重要形式;当作加强学科建设、提高师资队伍教学水平和科研能力的重要途径;当作拓展学生国际视野、锻炼学生国际交往能力、增强学生应对经济全球化挑战的能力的重要工具。进入21世纪的这些年来,复旦大学把国际化当作建设世界一流大学的抓手,制定了完整的国际化战略,并积极贯彻和实施这些战略,在推动国际化进程和国际化建设中作出了巨大的努力,在教学、科研、学科建设以及行政管理等各个方面都获得了很多收获。在我们的国际化建设过程中,我们对如何有效推进学校的国际化建设形成了一定的认识:

(一)要提高对教育国际化的重要性的认识

要想卓有成效地推进国际化建设,从思想上提高对国际化重要性的认识,是加快高等教育国际化的前提。诚如前文所述,高等教育国际化是经济全球化的必然产物,是势不可挡的世界潮流。通过高等教育国际化,可以引进境外高水平的人才和技术,提高自身的教学、科研和管理水平;可以分享境外的教育市场,吸引各国的留学生,推动学校的发展和国家经济的发展;可以向国外开放自身的教育资源和市场,相互借鉴,彼此促进。因此,越早进行国际化实践和探索,越深入推进国际化,受益就会

---

① 参见邓小平同志1983年10月1日为北京景山学校所作的题词。
② 邓小平.邓小平文选.北京:人民出版社,1993,3:373.

越多。当学校的领导、外事工作人员和各个专业领域的师生清醒地认识到国际化的重要性,学校的各项国际化工作就能切实有效的得以顺利开展,对学校的教学、科研、管理等各方面的工作产生不可估量的促进作用。

(二)要建立教育国际化的管理体系

教育国际化是一项系统的工程,它牵涉到学校的教学、科研、管理等教学资源的配置、学校各种设施的使用等各个方面。因此,高等院校有必要自上而下建立起一个完善、有效的国际化管理体系。

复旦大学近年来特别重视从体制上为学校国际化提供保障,学校在2002年由校领导亲自挂帅,成立了复旦大学国际暨港澳台合作与交流委员会,委员会由校党委书记秦绍德、校长王生洪和主管外事的副校长王卫平直接领导,由学校外事、科研、教学等各有关部门的负责同志以及相关专家、学者组成。委员会根据学校国际化进程中遇到的具体情况,有针对性地召开外事工作会议,积极解决国际化工作中遇到的问题,协调各部门工作。事实证明,有了完善、有效的管理体系,有了各部门的协同配合,学校国际化战略的部署才能得以有效实施。

值得一提的是,复旦大学所建构的国际化管理体系始终坚持以院系为主体,以教授为主角,以教学和科研为主线,以培养符合国际化要求的学生为目标,为学校的教学、科研和管理服务。学校的行政部门始终摆正自己的位置,努力做好政策指导、业务管理和服务工作,使国际化工作得以有条不紊地进行。

(三)要致力于培养符合国际化要求的人才

教育国际化的一个重要的目标就是培养出符合全球化要求的人才。在经济全球化的背景下,高等院校培养的人才必须能够适应经济全球化、信息全球化的要求,具有国际意识、国际交往和国际竞争能力,为此,学校必须在学生的培养中采用国际化的标准,加入国际化的内容。世界上许多国家都已经清醒地认识到了这一点,它们从本国的实际出发,制订了教育国际化的培养目标。美国在制定的《美国2000年教育目标法》中,强调了教育的国际化,提出了明确的培养目标,即采用"面貌新、与众不同的方法,使每个学校的每个学生都能达到知识的世界级的标准"。要通过国际交流,努力提高学生的"全球意识"、"国际化观念"。韩国为适应教育国际化的发展,成立了"21世纪委员会",提出的教育国际化培养目标是:努力提高学生国际化的意识,包括提高国语言能力,增强"自主的世界公民意识,加深学生对各国多种多样的社会、文化知识的理解,制订系统的国际问题研究计划,加强对世界各国政治、经济、社会、历史、宗教等问题的研究,强化国际交流与合作,加强国际间的相互理解"。日本在80年代就提出"要培养世界通用的日本人"。在日本的教育国际化中还提出具体的培养目标:要求学生"懂技术、通外语、会经营管理,具有较强的国际意识,通晓国际贸易、金融、法律知识,能够适应国外工作和生活环境"。[1]

通过国际化渠道,复旦大学努力创造机会,派遣学生赴国外进行长期或短期交流,使学生在知识结构上能够与国际上最新的学术发展保持同步,从2001年起,每年公派学生人数都以10%速度增长。2005年派出学生800名,2006年派出学生达1000名。与此同时,学校也尽量让学生能够积极、广泛地参与一些国际交流活动,提高他们的语言应用能力和国际交往能力。学校通过引进境外高水平专家学者来校工作或授课、引进国外的优秀教材、招募学生志愿者参加大型国际学术活动、组织学生参加与境外来访人士的座谈活动以及让学生有机会参与长期或短期赴境外交流等方式,保证学生在学术研究、沟通能力及交往能力方面都能从国际化进程中受益。

(四) 要积极开设用英语讲授的专业和基础课程,构建符合教育国际化要求的课程体系

中国在实行改革开放政策以后,经济、政治、文化、社会等各方面的建设取得了令人瞩目的成就,因此,境外的青年学生对来中国学习的兴趣越来越大。目前,对于中国大多数高校来说,用英语讲授的专业和基础课程相对不足,因此,留学生一般只能在学习专业课程之前,先学习相当长时间的中文,这势必会影响那些想来中国学习专业课程的学生的积极性。因此,能否在课程的设置上满足留学生的要求就决定着我们能不能对这些留学生保持持久的吸引力。

正是基于上述认识,在2006年1月份召开的复旦大学国际暨港澳台合作与交流委员会第四次全体会议上,各位领导和委员提出要系统开

---

[1] 陈丽君.全球化背景下的我国女性高等教育.高教动态资讯,2006(2).

设英语专业课程的要求。目前,学校已经完成了对英文授课的专业课程和能用英文授课的师资情况进行的统计,并还将系统统计和发布拟开设的国际课程。教务部门提早确定和收集下一学期的各个院系的英语课程,秋季学期不迟于当年 5 月初得到统计和发布;春季学期不迟于 11 月初得到统计和发布。全校院系推动英语授课,设定常设的英语授课课程。已经领先的学院可以多开一些英语授课课程供留学生选课,同时全校英语授课课程的教学资源统一面向留学生可以初步缓解对英语课程的需求。通过努力,通过交流渠道和自费渠道到我校求学的境外学生越来越多,学习的领域也越来越广阔,层次也越来越高。

(五)要积极开展国际合作办学和合作科研,借鉴国外先进的教学、科研与管理经验

与境外高水平的高等院校或科研机构开展合作办学项目,不仅可以学习到国际上先进的科学文化知识,同时也可以从教学科研组织、教材建设、项目管理等各个方面分享国际上先进的经验,做到为我所用。

复旦大学在与境外机构开展合作办学方面取得了显著的成绩:数学学院与法国巴黎综合理工大学合作开展的"金融数学"硕士项目,管理学院与华盛顿大学联合开展的 Olin-Fudan EMBA 项目、与麻省理工学院合作举办的 IMBA 项目、与香港大学举办的沪港 MBA 项目,复旦大学微电子研究院与荷兰 TU Delft 大学合作举办微电子工程硕士项目,管理学院与美国华盛顿大学联合举办 EMBA 课程、与爱尔兰都柏林大学合作的软件学院项目、与香港大学合作的 MBA 和社会工作者硕士学位项目、与挪威管理学院的变化管理硕士学位,都已陆续有多批毕业生毕业,形成了一定社会影响。2003、2004 年又新增与荷兰 TU Delft 大学合作的微电子硕士项目,以及与法国里尔二大的物流管理学士项目等等。[1] 此类办学引进了相关领域的国外先进教育体系,为促进我校的学科建设、提高我校的教学水平以及吸引境外留学生做出了很大的贡献。

复旦常年承担的政府间科技合作项目有 30 余项:我校历史地理研究所与哈佛大学合作开发数字中国历史地图;美国研究中心在福特基金会资助下开展美国国会及军控项目研究;医学院从美国中华基金会

---

[1] 参见《复旦大学 2006 年度外事年鉴》,第 14 页。

(CMB)获得总额近1 000万美金的资助进行手外科、肝炎肝癌、肾病等研究,并合作培养医学管理干部和专业技术人员;我校联手北欧20所知名大学以全国唯一的北欧中心为平台,创出学术交流新模式,今年已是第十个年头;生命学院与英国曼彻斯特和诺丁汉大学合作的联合研究所,与耶鲁大学合作的发育生物研究中心和复旦—耶鲁教育合作中心等等。

(六) 要积极开拓渠道,引进优秀境外智力

引进境外一流智力,可以直接利用优秀的境外人力资源,有效提高学校的教学、科研和管理水平。

学校外事处立足于学校各院、系、所自身的需要,遵照教育部、国家外国专家局的精神,在积极聘请好长期专家项目、重点外国专家项目、政府合作专家项目、上海市引智项目等传统专家项目的基础上,自主积极争取学校经费,与学校教务、科研、研究生院等部门通力合作,开设了具有我校特色的"海外优秀学者授课"项目。同时,外事处积极组织各院系所聘请高水平的境外一流专家、学者担任我校名誉教授、顾问教授等多种荣誉教衔,邀请他们不定期到我校举办讲座,进行合作科研,以使我校师生能够及时接触国际最新、最高水平的学术前沿动态。

与此同时,境外专家的层次也明显提高,目前我校的长期专家不再只是在我校担任一般的教学任务,而是出现了像许田(美国)、韩珉(美国)、庄原(美国)这样的学科带头人,甚至还出现了生命科学院院长周电(美国)、微电子学院院长金力(美国)这样的学科发展的领军人物。高层次专家的引进,对于推动学校重要学科的建设和重大科研课题的顺利开展提供了强大的动力。

(七) 积极发起和参与高水平的国际会议,在加强学术交流的同时树立良好的国际形象

由于一般的国际会议参加的人数众多,专业性又比较强,因此,借召开国际会议的机会,邀请在国际上有重要影响的专家参加会议,不仅使我校师生可以对当前国际前沿学术动态有直接的了解,使他们在治学态度、学术修养等多方面获得教益。

举办水平高、规模大的国际会议还可以扩大学校的国际影响力,提高学校在境外的知名度。比如说,我校在2004年与哈佛大学亚洲与国际关系协会(HPAIR)联合举办HPAIR 2004年年会,总计有来自世界各

国 500 名左右学生代表以及 40 余名国际政界、商界和学术界知名人士出席。[①] 复旦大学有条不紊的组织、富有前瞻性的会议内容安排、学校师生所体现出的高水平的学术素养和国际交流能力给与会的各国学者、学生和各界人士留下了深刻的印象。

(八) 重视外事接待, 树立窗口意识, 扩大学校的国际知名度和影响力

教学、科研和合作之外的外事接待也是高等院校的国际化工作的重要组成部分。高等院校在推进国际化的进程中, 还要承担国家各部委和本市各级领导部门所下达的接待任务(比如我校按有关主管部门的要求在 2007 年 4 月份接待的泰国公主玛哈扎克里·诗琳通小姐等例)。同时, 学校还要根据具体情况, 做好日常一般来访者的接待。

近年来, 由有关部门安排到我校访问的境外人士以及来复旦大学作一般短期访问的境外人士的层次越来越高, 其中不仅包括 1957 年诺贝尔物理学得主李政道教授、1970 年 Friedenwald 奖得主 John E. Dowling 教授、1982 年 Fields 奖得主 Alain Connes 教授以及 2003 年诺贝尔经济学奖得主 Robert Engle 教授这样国际顶尖的学者, 也包括 IBM 副总裁 T. W. Fletcher 先生、爱立信集团公司董事长 Micheal Trescow 先生、微软高级副总裁 Bob Muglia 先生等商界名流, 以及美国副总统 Richard Cheney 先生、法国外长 Dominique de Villepin 先生、德国前总理 Helmut Schmidt 先生、阿根廷共和国总统 Nestor Kirchner 先生等政界重量级人物。[②] 对于这些人士的接待, 虽然表面上和学校的教学、科研和管理等各方面的工作没有直接的关系, 但是, 对于扩大学校在国际上的影响却具有不可忽视的作用。

---

① 当时, 哈佛燕京研究所所长杜维明博士、哈佛大学 Reischauer 中心主任 Susan Pharr 博士、韩国驻美大使 Sungjoo Han 先生、国际货币基金执行主席 Krueger Anne 女士等各界知名人士参加了全体会议或分组讨论。参见 http://www.fudan.edu.cn/fudannews/news_content.php? channel=1&id=5300。

② 参见复旦大学 2003—2006 年统计年鉴。

从上海交通大学与美国密歇根大学的合作论提升国际化办学水平

刘 南*

改革开放以来,中国高校加强了和世界一流大学的交流与合作,但交流的初期主要是点上的交流,即:简单的人员派出和请进国外学者来华讲学,这样的合作交流更多的还是停留在个别学者间的学术交流层面上。近年来,随着我国综合国力的提升,随着我国高校办学条件的不断改善,随着大批留学人员学成归来,这为我国建设世界一流大学提供了有利的条件,很多研究性大学都把国际化办学作为学校办学的主要指导思想之一,希望通过全方位的国际合作与交流尽快达到建设世界一流大学的目的。20多年的实践证明,简单的国际化办学或者仅停留在派出学生学者这样一个层次上的国际化合作很难达到双赢,很难真正提高中国大学的办学水平和办学质量。如何通过将单个分散的教授间的国际合作与交流转变成为学校与学校间全面的国际化合作办学,如何将个体的教授间的科研合作转化成比较全面的有目的有针对性的广泛的科研合作,使之向更高的学术层次上发展,是需要我们在国际化办学中探讨的。

一、上海交通大学与美国密歇根大学国际化合作办学历史回顾

上海交大历史悠久,校友遍布全球,在国外著名高校任教者众多,且"爱国荣校,饮水思源",情真意切。这是交大办学最宝贵的资源之一。我们与密歇根大学(简称 UM)的合作就是从 UM 教授倪军博士开始的。倪军教授系我校 20 世纪 80 年代赴美的校友,曾获总统奖和国际制造工

---

* 作者简介:刘南,上海交通大学国际合作与交流处项目主管,讲师。

程师学会"杰出青年制造工程师奖",在世界汽车制造学术界和企业界都享有很高的声誉和影响。倪军博士受聘后,不顾在美工作的繁重,每年坚持回国 6—10 次。返校期间除了参加我校机械学院实验室工作、指导博士生、开办讲习班、参加博士论文答辩外,他还与院系领导一起分析比较国外著名大学的教学模式,讨论教学方案。正是他这种对母校发展贡献自己力量的热情,才促成了我校与 UM 的全面合作。

上海交大与 UM 的国际化合作办学 2000 年至今,可划分为两个阶段:

第一个阶段:从 2000 年 8 月至 2005 年 6 月,双方以机械工程学科为试点,在教学、科研、人员交流等方面展开合作。

第二阶段:从 2005 年 6 月起,双方将通过合作运行"上海交通大学－UM 联合学院",在更广泛的学科领域、更深的层次进行国际化合作办学。

第一阶段合作办学(2000 年 8 月—2005 年 6 月)

1. 办学基本情况

2000 年 8 月,上海交通大学与 UM 工学院签署合作协议,双方共建上海交通大学机械工程学院,2001 年 3 月和 5 月该合作办学项目分别获得中国教育部和国务院学位委员会的正式批准。根据协议,机械工程学院将采用世界一流大学的办学模式进行办学,参照 UM 的培养方案和课程体系,实行双语授课,学分互相认可,联合授予学位,建成与国际接轨的创新人才培养体系,培养高层次的机械工程技术人才,合作开展师资培训和科学研究。多年来,双方致力于教学、科研、人员交流等方面的合作,在教学体系建设、学生联合培养、学位和学分的相互认可、科研基地建设、师资培养等方面取得了很好的成绩,成为中国高等学校中外合作办学的典范。

2. "4+2+3"的创新人才培养模式

通过合作办学,建立"4+2+3"的创新人才培养计划。参照 UM 的教学体系和课程,建立全新的本科教学和研究生教学体系和课程;按照新教学体系,根据课程需要引进 UM 的教材(英语)和进行相应的教学实验;双方实现学分互相认可,对分别满足 UM 学位要求和上海交通大学学位要求的优异生分别授予密歇根大学学位和上海交通大学学位。

"4 年阶段"(学士学位):2000 年开始招收试点班,5 期共招收本科生390人,试点班参照UM的教材进行30门课程的英语授课,其中10门课由UM教授在上海交大授课,20门课由上海交通大学教师用英语授课。2003年部分优秀学生在上海交通大学完成3年学习后,赴UM学习2年,可获得上海交通大学工学学士学位,以及UM工学硕士学位或UM工学学士学位。自2004年起,部分成绩优秀的学生在交通大学完成两年的学习后,可以到UM学习两年,双方互相承认64个学分,获得上海交通大学工学学士学位和UM工学学士学位。至2005年9月,已派出3批共35名本科生赴UM学习,其中12人已获得了UM的硕士学位,1人获得了学士学位。

"2年阶段"(硕士学位):2001年开始招收硕博连读研究生试点班,研究生4期280人;在上海交通大学完成15门学位课课程的学习后,从2002年开始,学院每年选拔优秀学生去UM学习1年,UM承认研究生在上海交通大学新的教学体系下取得的9个学分,对分别满足UM学位要求和上海交通大学学位要求的优异生分别授予UM硕士学位和上海交通大学硕士学位。至2004年9月,已派出31名硕士生赴UM学习,并获得UM工学硕士学位。

"3年阶段"(博士学位):2001年开始每年招收联合培养博士生;根据课题需要,在适当时候赴UM学习;联合培养的博士生论文需同时符合两校规定,对特别优秀的论文可获UM博士学位。UM可以在赴UM攻读硕士学位或本科学位的学生中选拔学生在密歇根继续攻读博士学位。目前,有13位同学利用UM提供的奖学金在UM机械工程系、工业工程系、船舶与海洋工程系攻读博士学位。

这种4+2+3培养模式的确定,使得上海交大和UM的合作办学从本科、硕士到博士形成了一个完整的体系。几年来通过这样一种办学使我们的整个课程体系的设立得到了根本性的改变。上海交通大学机械与动力工程学院根据UM工程学院相关学科体系建立了和国际接轨的课程体系,同时选拔了国际一流的教材,学习了国际一流的教学方法,在大多数课程上采用了英语或双语教学,同时引进了UM先进的教案和教学大纲。除了派往UM的学生外,另外还有数百名学生在国内接受了国际一流大学课程、培养方式及教材,使得上海交大机械与动力工程学院本科教学实现了与世界一流大学的接轨。

3. 科研合作与教师交流

通过与 UM 的合作办学,极大地促进了上海交通大学机械与动力学科的发展,双方在车身制造、高速切削、可重组制造系统、微机械、工业工程、核工程和航空航天工程方面进行了比较全面的合作。在双方的共同努力下成立了"通用汽车车身制造卫星实验室",通用汽车公司每年提供10万美元科研经费,成立了由十二家世界著名企业加盟的工业创新中心(资产200万元),获得由 Sun、EDS、GM 公司捐赠的价值几千万美元的工作站及软件,成立了 PACE 中心,成为重要的 CAD(计算机辅助设计)、CAE(计算机辅助工程)、CAM(计算机辅助制造)研究和教学基地。

2001年至2005年7月有22位 UM 教授到上海交通大学为本科生、研究生开设了23门课程,全部采用 UM 的教学模式和教学资料,同时帮助新课程体系的建设、开展研究合作。上海交通大学已有30名青年教师赴 UM 进修,进修内容包括1门课程,1个方向,1篇国际论文,1个合作教授,1次国际会议;学习 UM 的教学方法,进行课程移植;寻找研究新领域;参加国际学术活动;与 UM 教授开展合作研究等。另外,UM 短期来访的教授逾40人次,大大加深了彼此的了解,促进了双方的合作。

4. 加强管理层的互访

2000年至今,双方高层领导互访达10余次。2001年至2003年分别召开了年度工作评估会议,总结、规划、推进合作进程。

二、上海交大与密歇根大学合作办学的成效与思考

1. 以双赢为目的

通过与 UM 的合作办学,我们深刻地体会到国际化合作与交流首先应该以双赢为目的,在合作办学的过程中我们要使得对方感受到中国高等教育的快速发展,通过合作办学也能够使对方的国际地位得到提升,使对方能够参与到中国的经济发展中,这样对方才会自愿而富有诚意地与我们共同开展全方位的国际化合作。

2. 引进国外先进的教学思想和教学理念来改变我们传统的教学模式和教学方法

在合作办学的过程中要特别注意学习国外先进的办学思想,例如:

培养学生独立思考的能力，注重学生学术道德水平的建设，注重教学的独立性和教学过程中教师的主动性。在合作中我们发现，国内外在本科教学上存在很大的差异，我们更强调课堂教育本身，而国外更强调课后学习，他们通过大量的课后练习和大量的考试来加强学生学习的自觉性和加强学生学习的紧迫感。长期以来我们错误地认为，中国的本科教育比美国的本科教育更加严格、紧张，但实际上我们的学生到UM后才深切感受到，在UM这样一个世界一流大学学习远比在国内紧张，他们需要更多的时间独立思考，更多的时间查阅资料，更多的时间相互交流，才能够较好地完成作业、通过考试。但同时他们感到学到了更多有用的东西，比在国内更善于独立思考、周密分析、发现问题和解决问题。这种办学思想对我们是一个很好的启示。

3. 全方位的国际化合作

只有加强双方教师和学生全方位的交流与合作，才能使我们的教师真正学到国际一流的教学方法和理念，采用一流的教材和教学手段，才能使我们的学生真正接触到国际先进的教育思想和方法。尤其要注重对量大面广的本科生的国际化教学，而不是只针对少数个别学生的国际化交流和教学。因此，我们通过比较大面积的试点班，系统的邀请UM教授来校授课，提高我们整个机械工程学科的本科生教学。我们通过大量的青年教师的派出，一方面学习先进的课程和教学方法，另一方面通过和相应的教授进行科研交流，探讨合作方向，联合申报科研项目；同时，还通过博士研究生的联合培养，加强双方在科研和学术方面的交流；通过联合举办高水平的国际会议、高水平的培训班使得我们整体的学术地位和水平得到提高。在合作办学的过程中我们深深地体会到，如果合作仅仅停留在教学上，是很难培养双方合作的积极性和提高双方合作的水平。因此，从一开始我们就注重在合作办学的过程中加强科研交流合作，只有这样才能够提升教授这一办学主体的积极性，才能够使得我们整个学校的科研水平得到提高，才能够使我们接触到世界最前沿的科技，同时也才能够提升我们的国际学术影响。

4. 改进现有教师评估体系

中国高校和世界一流大学一个很大差异就在于管理水平和师资力量，我们深深地感到国际一流大学在教学管理上特别突出管理的服务性和教授的主观能动性,特别强调规范化管理和政策的连贯性。通过与UM的合作,我们也在我们整体的办学思路和管理水平上进行了改革。几年来,我们先后邀请了UM的校领导、学院院长、系主任等不同层次的领导来上海交大介绍他们在教学管理、科研管理、师资管理、学生管理等方面的先进经验,全方位地了解他们的教师考评体系、教师晋级等方面的先进经验和做法,我们发现国外大学特别注重教师的个性发展和学生对教师的评价,强调学术和科研的前瞻性,强调教师发展的潜力,而不是像我们现在这样非常细化的记工分式的考评体系。所以,在与他们的合作中我们也注意吸收他们先进的教学管理理念、学习他们对教师的考评和教师聘任体制,相应制定了上海交通大学机械与动力工程学院的教师聘任与教师考评体系。这一考评体系在近几年的办学中起到了非常大的作用,使得机械与动力工程学院的整体办学水平得到了很大的提高。

5. 成效

通过5年来和UM的国际化合作办学提升了我校的整体办学水平,尤其是提升了我校机械工程学科的办学理念、课程设置、教材选用和教学方法。近几年来我校机械与动力工程学院得到了长足的发展,科研经费从2002年的5千万迅速提高到现在的1亿3千万。而发表的高水平的国际期刊论文,也从2002年的几十篇提高到现在的250多篇。机械工程一级学科的研究生在今年中国科学评价研究中心的评估中获得了全国第一名。事实证明,这样一种先进的教学管理思路,能够产生强大的动力。

三、合作办学的新思路与新举措

尽管这几年我们与UM合作办学取得了很大的成效,但是与创建世界一流大学还差得很远。如何在新形式下进一步加强我们国际化办学的深度和广度,探索通过国际化办学来进一步提升我们整体的办学实力和水平。我们和UM进行了更深入的探讨和交流。

2005年6月,UM校长Mary Sue Coleman率UM代表团访问我校,并受到了国务委员陈至立、教育部部长周济以及上海市市长韩正的亲切接见,他们对上海交通大学与UM的合作模式予以了充分的肯定,并表示将会支持双方进一步的合作。陈至立国务委员指出:"上海交通大学和 UM 进一步地进行合作,我们希望能够创造一种模式,这种模式能够突破我们目前高校办学中一些陈旧的模式。下一步的合作应该是在体制上、机制上和结构性的合作"。上海市市长韩正在接待代表团时表示:"高等教育对城市与国家的发展至关重要,上海高校需要向世界名校学习,上海市政府将始终支持两校的合作。访问期间,两校校长签署了《上海交通大学密歇根大学关于探索新模式拓展全面合作的协议》、《密歇根大学与上海交通大学建立上海交通大学-密歇根大学联合学院的协议》。双方决定在更广泛的领域拓展,探索中美一流公立大学国际化合作办学的新模式。

为了落实陈至立国务委员的讲话精神,双方就未来合作办学在机制、体制结构等方面进行了深入的探讨,将双方在机械工程等学科成功的合作模式扩展到其他学科,拟组建上海交通大学与 UM 联合学院。该学院作为探索办学体制和机制招生模式管理结构和人才培养的实验区,我们将紧密围绕创办综合性、研究性国际化世界一流大学的办学定位和奋斗目标将国际化作为重要的发展战略。

我们的具体做法是:

1. 建立联合学院,探索新模式的合作办学

与 UM 联合建立相对独立的二级学院,具有相对独立的教授聘用,财务运作,教学管理等权利。

联合学院的日常运作与管理参照 UM 教育模式进行;促进两校交叉学科和新学科方向的科研合作;探索中美大学共同与国际著名的企业和研究机构进行产学研合作的开放式办学模式。

上海交通大学将通过这一新的模式建设一个教学、科研和管理特区,进行国际化的教育理念探索,在国际化大学的管理理念,教师的聘用和评价,教学计划和模式,学生招生和评价等方面进行重大改革,促进上海交通大学成为世界一流大学的建设。

2. 联合学院组织机构

建立理事会领导下的院长负责制,批准学院的工作计划和年度预算,检查学院的年度工作;聘任院长和副院长;对聘任教授的资格进行评审;而 UM 将通过建设一个在中国的合作基地,为 UM 的学生在中国进

行国际化的课程学习实习提供基地,同时也为 UM 教授在中国开展合作科研提供基地。UM 将为美国在华企业的全球化进程提供服务,从而扩大建设成为世界性大学的品牌和声誉。

学院教授聘任:学院将有专职教授、兼职教授和课程教授。专职教授进行全球公开选聘,兼职教授和课程教授主要来自上海交大和 UM,教授的资格要经过理事会的认可,教授人数根据学生和科研发展的需要而定。实施教授治校的思想,体现教授在学院管理中的主导权利,教师的评价标准是学术、教学和社会服务,推行终身教职(Tenure)的聘用和评价体系。

3. 联合学院的教育

- 学位设置:联合学院具有本科、硕士、博士完整的教育体系;
- 课程体系:参照 UM 的教学体系改革,如课程设置、教学方式、成绩计算体系、学分计算方式、考试方式等,争取得到 ABET(美国高等工程教育认证机构)认证、美国高等医学教育认证机构的认证等;
- 教学语言:进行双语教学,以英语教学为主;
- 招生方式:参照 UM 等国外一流高校的招生模式改进现有模式;
- 学生创新能力培养:培养学生创新性的思考能力,学生的学习重点从学习书本转变为学习学问,学习成绩将综合考试和附加因素。

4. 联合学院的科学研究

学院的研究机构:在联合学院设立两校共同感兴趣的交叉学科和新兴学科研究所。

重点开展的研究方向:以前沿学科和交叉学科为主。

5. 在中国办学的主要突破点

从 2005 年到 2010 年,将通过一个联合学院的办学,在高等教育的管理,教学和科研等方面进行全面的合作办学,深入探索世界一流大学的办学模式。在学院的管理理念和管理模式,教授的选聘和评价,学生的招生和教学计划,科研的组织和特色等方面作出探索。

主要突破点为:

- 招生方式：建立新的学生录取评价标准；
- 管理体制上的突破：双方共同对学院进行管理，联合学院接受由两校领导组成的理事会领导，理事会聘任院长，批准学院的财务计划和年度工作计划，成为相对独立的中外合作的二级学院，学院具有相对独立的人事，财务和资源调配权。
- 用人机制上的突破：在教授的聘任方式上，根据学院的发展规划，实行全球公开招聘，通过两个3年共计6年的合同聘用，实行终身教授制和教授学术休假制；在教授的收入方面，实行年薪制，取消现在中国大学普遍实行的科研提成制度；在学院的运行经费方面，实行教学成本核算制，充分利用科研管理费和社会资源办学；
- 学院结构上的突破：学院根据新型交叉学科发展的需求，追踪国际学术前沿，建立若干个研究所，面向全球聘任若干名全职教授和兼职教授，兼职教授的研究成果应该与原单位共享；
- 培养方式的突破：培养学生创新性的思考能力，学生的学习重点从学习书本转变为学习学问，学习成绩的评定将综合考试和附加因素；利用上海的区域优势，大幅增加学生的企业实践环节和学时，加强学生的实践能力、国际化能力和素质；
- 课程设置的突破：核心课程和学时数参照国外一流大学的课程体系设置，争取 ABET（美国高等工程教育认证机构）认证、美国高等医学教育认证机构的认证等，注重课程的双语教学，将英文作为工具，而不作为课程而占据大量的学分。

我们相信，通过进一步深入的国际化合作办学，我们将能够进一步培养学生的国际化能力和素质，提升上海交大整体办学实力和国际化办学水平，为建设世界一流大学进一步打好基础。

四、中外大学在体制和文化方面的差异对国际化办学的影响

几年来的实践，我们发现在国际化办学中，中外高等教育的差异对

国际化办学影响很大,如:
- 在办学的理念上我们更强调双方联合授予学位,而 UM 更强调如何把先进的教育方法和思想传输过来;
- 对办学经费的理解不同,我们认为美方的学费过高,但他们认为,这一学费标准离它的培养成本差距还很大,这为开展国际化合作办学造成了一定的困难。
- 在国际化办学中我们也发现在教师聘任方面我们和世界一流大学也有不同,世界一流大学完全采用全球公开招聘的形式,其师资都是最先进的,大部分都是最优秀的世界一流大学的博士毕业生,而我们整体师资力量与国外一流大学的差距还相当大。
- 科研方面国外大学更注重基础研究,而我们更强调与企业的合作和进入国民经济第一线,相对说来,我们在基础研究方面的投入和重视程度上不如国外大学。如 UM 工学院尤其是机械学科来自企业的项目仅占科研总经费的 10% 到 15%,而上海交大机械与动力工程学院横向课题占总科研经费的 60% 左右。
- 对本科教育的重视程度不同,世界一流大学都把本科教育作为其最重要的任务,而中国高校尤其是一流大学往往对本科教学重视不够,优秀教师特别是著名教师对本科教学的投入不足,也影响了外方对我们国际化办学能力的信任,他们低估了我们的教师水平。
- 此外,在办学理念上、在大学的独立性、教授治学、考评体系、晋升体系等方面都与世界一流大学有很大的差异。

五、结论与展望

通过几年来与 UM 的合作办学,我们认识到,只有把提升整体办学实力和水平、提升双方科研交流和学术交流的水平,加快对中国大学量大面广的整体本科生教学的国际化进程,加强对中国大学师资队伍国际化的培养,尤其是加强对管理人员的国际化培养,在理念、体制机制上进行改革,加强互利双赢的科研合作,综合配套,才能真正达到国际化合作办学的目的,加快建设世界一流大学的步伐。我们也希望能够进一步学习香港高校先进的办学思想和办学理念,加强和香港高校的学术交流和科研合作,加强与香港高校的学生交流及教师交流,学习香港高校的国际化办学经验,共同探讨国际化办学对建设世界一流大学的作用,为中国高等教育的发展作贡献。

值得一提的是,国际合作化办学是一种走向世界一流大学的必要途径,更是一种严峻的挑战,需要对中国的现状及国外大学的传统及背景两方面作深入理性的分析研究。我们必须根据中国的实情,有所取舍,吸收其中具有普遍性、规律性的教育理念,避免食养不化,水土不服所造成的困境。这需要我们大家不断地思考、探索和实践。

参考文献

1. 上海交通大学与密歇根大学共建上海交通大学机械工程学院工作汇报.
2. 全国教育外事工作会议经验交流材料,教育部国际合作与交流司编,2002.
3. 中国高校引进国外智力工作研讨会 2004 年文集.

高等教育国际化和香港城市大学的经验

朱国斌*

国际化是当代高等教育变革中最强有力的推动力。本文以奈特(Knight)及汉斯·迪·威特(Hans de Wit)所阐述的国际化概念作为出发点:所谓国际化就是"把国际化的观点融入高等教育机构的教学、研究和服务功能中的过程"(de Wit, 1995, pp. 9—14; Knight 和 de Wit, 1997, p.8)②。艾伦堡(Ellingboe)把国际化进一步阐述为"包含众多利益攸关者共同努力为适应越来越多样化、全球聚焦的、永远变化的外部环境对机构内部的构成进行的变革,从而呈现出在前进中的、面向未来的、多角度的、跨学科的、先锋推动的景象"(Ellingboe 1998)③。从所有知名大学的理论和实践经验的角度来看,我们注意到提出一种关于国际化的战略,并对其进行发展与完善是任何一所大学都必然经历的过程。

目前,世界经济正朝着全球化与一体化的方向发展:欧盟和东盟就是这一本质属性的典型机构/制度。我们所生活的世界正变得越来越充满活力,人们以不同以往的崭新方式生活,现在拥有更多的职业选择和

---

* 作者简介:朱国斌,香港城市大学对外联络合作处处长,法律学院副教授(讲授香港基本法、中国宪法与行政法、中国法律制度、公法导论等)。中国人民大学历史学学士、硕士,香港大学法学硕士,法国国家行政学院进修文凭,法国艾克斯-马赛大学法学博士暨研究导师资格文凭(公法)。

② Hans de Wit. Strategies for Internationalization of Higher Education: a Comparative Study of Australia, Canada, Europe and the United States of America. Amsterdam: EAIE, 1995.

Jane Knight and Hans de Wit. Internationalization of Higher Education in Asian Pacific Countries. Amsterdam: EAIE, 1997.

③ B. J. Ellingboe. Divisional strategies to internationalize a campus portrait: results, resistance and recommendations from a case study at US universities, in J. A. Msetenheuser & B. J. Ellingboe, eds. Reforming the Higher Education Curriculum: Internationalizing the Campus. Phoenix, AZ: American Council on Education & Oryx Press: 198-228.

国际交流的机会。

我们意识到,在世界的其他地方,随着社会经济的快速发展,高等教育在社会中所充当的角色和其自身的重要性也在迅速转变之中。高等教育机构正竭尽全力应对这些挑战。而全面地消化吸收国际化的观点对于全世界的高等教育机构来说都是一项重要的挑战。

然而,在进行正式的讨论之前,由于高等教育涉及到"国际化"和"全球化"两个概念,首先我先区分这两个概念间的细微差别。在这一点上,我完全赞同迪·威特(Hans de Wit 2002)所给出的解释:

高等教育的国际化与全球化有所不同,其区别在于国际化以国与国之间以及国家间教育机构之间的联系为基础,因此在联系确立的最初就与全球化存在差异。全球化忽略国家的存在及其多样性,在联系的最初就更多寻求相似性而非不同点。

更进一步来说,人们经常把全球化描述为科技、经济、知识、人员、价值等各种观念跨国界的流动。当教育家们谈到国际化的时候,他们所涉及的是教学、研究和与服务相联系的各种活动这样一个很宽泛的范畴,其中当然包括了学术交流——而其中的大多数与贸易无关。

一、国际化的不同观点

2005年12月18日至19日由香港浸会大学承办的名为"教育服务中的世界贸易组织和国际贸易:跨国高等教育的机遇与挑战"大会上,程介明教授在他的演讲中提出了针对国际化的三个观点。在此,我引用这些观点以便读者参考:

1. 西方对于国际化的观点

西方人认为,高等教育国际化就是跨国界的教育供给及这种供给能力在国际交流中的差异。某些西方国家的教育市场呈现出饱和状态,这些国家目前正寻求在东方国家扩大其教育影响。

在这一点上,程介明教授同样提出了高等教育国际化中所面临的一个矛盾:这是一种贸易还是一种帮助?这些在世界其他地方竞相招生的西方国家是为了牟利还是为了帮助那些发展中国家?

2. 中国对于国际化的观点

作为一个中国公民,高等教育国际化有助于使中国成为精英学术交流和地区发展的中心。中国人可以与世界上其他地区的人民一同分享教育经验。教育的国际化是一个国际化城市应尽的责任。这不仅可以为当地学生也同时为国际学生提供更多的受教育机会。

然而,通过观察当前中国高等教育的国际化现状,这更像是为国际学生提供了一个语言培训中心。另一方面,大多数留学海外的中国学生还没有回国。

3. 香港对于国际化的观点

作为一名香港高等教育的参与者,国际化是一个大城市综合发展的基本条件。香港具有吸引内地和世界各国学生的国际环境。

基于此种理解,我们可以把国际化看作一种交流的渠道,一个让香港向外部世界进一步展示自身的方式,香港与外部世界沟通的另一种途径。简而言之,国际化是一个把香港建设成为国际教育中心并使之成为亚洲的国际城市的过程。

世界各国不同的人和大学会为适应自身所处环境而持有不同的观点。因此我们既可以说城大的国际化之路与以上三种观点是相似的,又可以说与他们是相互区别的。作为一所年轻而充满活力的大学,香港港市大学(简称城大)或许不需要步其他历史悠久的学校的后尘。在某种程度上来说,校龄短也是一种优势,因为这样可以紧随飞速发展的高教趋势。事实上,城大也确实在国际化的道路上快速前进。

二、大学国际化程度的若干指标

我们可以用一系列标准来衡量大学国际化及其程度。以下列出的就是笔者认为大家所普遍接受或可以接受的标准。

1. 教师尤其是任课教师的国际化。这意味着教员的选拔雇佣应该仅从精英中挑选,并且面向世界招聘,以免教育的近亲繁殖和停滞不前。

2. 学术项目的国际化。这是反映和代表一个学校相关学科发展的重要指标。

3. 学生的国际化。这意味着学校的学生应该来自世界不同的国家和地区,并可以以交换生、访问生或者自费生的身份参与学术项目。

4. 学校应该采用国际通行的先进管理理念和方法,引进先进的教学与科研设备,包括实验室、多媒体、校园网、在线图书馆等。

三、香港城市大学国际化发展现状

创建于 1984 年的城大,已经快速地成长为一所具有领导地位的优秀高等教育学府。城大拥有 900 多名来自世界各地的教学科研人员,他们中绝大部分拥有世界知名大学的博士学位。

城大是亚洲最现代化和拥有最多高科技的大学之一。今日的城大为超过 26 000 名(2006—2007 学年的统计数据)学生提供 170 多种不同层次的学位课程。它的优势在于囊括了比较广泛的专业教育学科,包括从理工、人文、社会科学、商学、法学到创意媒体学。

城大年轻向上、充满活力,通过与中国内地和海外大学相互交换学生、教师和经验,共同开展以合作培训项目、研讨会、会议为形式的学术交流,以进一步加深彼此的联系。城大(包括下属之院系)与世界上超过 35 个国家和地区的 266 所著名大学或学院签订了 401 项涉及不同学科和专业的交流与合作协议,其中城大与 156 所海内外大学签订的学生交换协议共计 168 项,协议名额共计 756 名(资料截止于 2007 年 3 月底)。在 2005—2006 学年,近 500 名城大生参加了学生交换计划;城大亦接收了相同数目来自海外和内地的交换生。

四、天时地利——有利于国际化发展的地理与历史环境

作为东西方文化交汇的国际金融中心,香港被世人自然地看作中国内地与世界沟通的桥梁。对于中国来说这是一座重要的桥梁,因为通过这座桥,中国与世界相连。实际上,香港既是内地学生走向海外的出口,又是海外学生进入内地的入口。最重要的是,它还是东西方学生可以共同学习与生活的地方。这是香港吸引非本地学生的优势所在。

由于香港独特的历史背景,香港大多数学校(包括中小学)的教学语言都是英语。这就排除了国际学生出国留学时的最大担忧:语言障碍。

香港特区政府也在鼓励各大专院校积极进取,开拓国际化渠道,实现将香港建设成为"区域性教育枢纽/中心"(regional educational hub)的目标。为此,政府所属的大学教育资助委员会(UGC)为香港8所公立大学分别提供500万港币的配对基金,作为支持国际化发展的启动经费。

五、香港城市大学已经采取的国际化措施和取得的成绩

(一)师资国际化

为了选择最优秀的教员,城大的人员招聘对全球开放。现在,我们拥有来自澳大利亚、比利时、巴西、法国、巴基斯坦、西班牙、埃及、土耳其、新西兰、德国、美国和英国等30个国家的教员,这使城大拥有了一支高度专业化和多元文化的教师队伍。

(二)国际纽带和学术交流

1. 多渠道筹募资金推动国际往来

城大意识到拓宽其学术人员国际视野的重要性,因此建立学术交流基金,鼓励学术人员参加世界各地教育机构开展的交流活动。除此之外,城大不断努力寻求政府和私人的捐助资金以支持其学术人员的交流活动。成功事例之一就是王宽诚教育基金。这一基金同样也使很多中国内地大学受益。

城大同样受益于各种基金在人员发展、科研、奖学金和国际交换项目上的资助。这些基金包括:富布赖特香港奖学金、裘槎基金会奖学金/裘槎资深研究员奖、洪堡研究奖学金、日本国际交流捐助金/奖学金、德意志学术交流(DAAD)奖学金、澳大利亚—中国访问奖金、以色列博士后研究奖金、奥地利国际奖学金、南亚高等教育研究联合会(ASAIHL)奖学金、和简东浦皇家访问教授,等等。

城大一直致力于国际交流,因此建立了合作研究项目、各种主题研讨会和会议以及人员交流机制。

2. 积极参加国际高等教育论坛和会议

为加强和拓展城大的全球关系网络,城大积极参与世界高等教育的

许多重要活动,包括:在欧洲举行的一年一度的欧洲国际教育联盟大会(EAIE)、在北美的美国国际教育工作者联合会(NAFSA)年会以及亚太地区国际教育协会(APAIE)组织的会议等等。这些活动为来自世界不同地方的教育工作者提供了国际交流的平台,也使他们有机会与新的合作伙伴交流与联络。

3. 校际的访问以促进新合作关系的建立

城大的高层管理人员已率团访问了北美、西欧、中东欧和东南亚等地的著名大学,并以此为契机努力拓展城大的学术联系和交流项目。

(三)教学活动国际化

1. 与内地和美国一流的媒体、学术团体的三方合作

城大创意媒体学院、北京电影学院(BFA)和美国南加州大学电影电视学院(USC)首创了三方合作关系,为在香港、大陆和美国进行创新工业开创了新纪元。

城大拥有双语和文化多元的优势,香港也因而起着联系本地教育与内地和海外教育机构之间的桥梁作用,在增强国际化的过程中扮演了重要角色。香港的商业和金融业发展成熟,东西方文化在此交汇融通,使其成为本地区创新工业的中心。

建立在强强联盟的基础上,此种三方合作伙伴关系致力于为三地的数码创新工业培养更多拥有深厚知识功底的专业人才。这项协议同样为香港本地和美国的创新工业进入充满机遇的大陆市场开辟了道路。

另一个很好的范例就是城大与伦敦帝国学院和上海交通大学在电子工程领域签订的三方合作协议。

2. 城大法学院的"环球法域行"(Global Gateway)计划

随着中国加入世贸组织、亚洲经济的蓬勃发展和商业全球化的普遍影响,律师和行政人员掌握国际市场运行规则正变得越来越重要。为了在飞速发展的商业文化中保持竞争力,掌握相关的法律知识、培养有用的专业技能、了解跨文化法律和商业交易的法律尺度都是非常必要的。城大法律学院创建了"环球法域行"——国际法律学习硕士学位项目,以应付此种需求。

通过"环球法域行"项目,城大学生有资格获得多种多样的国际法律学习机会。该项目鼓励城大的学生根据自己的兴趣和职业目标来确定

他们的国际法律学习内容。"环球法域行"项目与若干国际法律教育机构签订了合作协议以便学生们参加其中：

（1）与美国大学华盛顿法律学院交流项目

（2）一些双边项目，合作者有：① 美国的美国大学华盛顿法律学院；② 法国的马赛法律、经济及科学大学；③ 美国的伊利诺伊理工大学芝加哥肯特法学院；④ 澳大利亚的邦德大学法学院。

"环球法域行"项目的目的是为了建立中国和世界法律教育的纽带。此项目致力于为大中华地区有志于在香港和海外学习国际法律的学生提供机会。同样，它也为想在大中华和香港地区进行研究生学习的海外学生提供机会。鉴于本项目吸引的学生越来越多，我们相信它的最初目标已经圆满实现。

3. 城大与法国巴黎九大（University of Paris-Dauphine）联合硕士学位项目

2004 年 9 月，城大与巴黎九大签署合作协议联合开设金融与精算数学理学硕士学位项目。这在香港尚属首次。

这一两年制的硕士学位项目是两所大学在香港合作的第一个研究生项目，其教学内容包含了这一领域最新的成果。学位由两所大学共同授予。

2004 年 5 月，城大校长张信刚教授在协议签署仪式上指出：随着中国加入世贸组织，香港巩固了其国际金融中心的地位，社会上对于有能力的保险精算师的需求越来越旺盛。我们很高兴与巴黎九大共同推出这一项目来满足社会对于此种人才的需求。城大的使命是致力为学生提供专业教育与应用研究。与巴黎九大联合开展的这一项目就是我们为完成这一使命而努力的最好证明。

融合两个大学的优势，此项目将为学生提供处理复杂金融和保险业务所需的专业知识和技能。它致力于培养金融工程、保险精算数学、物理以及金融和保险行业的专门人才。此项目由两所大学的教授共同授课，巴黎九大的学生来城大学习，这样就为本地和法国学生提供了交流的机会。定量金融和保险精算科学的行家会被邀请为客座讲师向学生们介绍全球金融和保险业的实际运作情况。

另一个很好的例子是城大与北京师范大学合作的项目管理（建筑与构造）理学硕士学位项目。这一项目有望不久后得到教育部的认可。

4. 工业培训计划（IAS）

一些学术项目附带的课程和实习数量也在不断增长。合作教育中的国际实习越来越受到青睐。这些实习工作为年轻人提供了工作经验，使他们工作和生活在一个更加全球化、更充满竞争且更独立的环境下。

城大的实习计划不仅局限在香港和珠江三角洲地区，越来越多的学生被派到大陆的上海、昆山以及新加坡和德国的公司。自从它2000年开始以来，已经有1500多名学生从中受益。

5. 学分制大陆暑期班/学校

暑期班是城大人文社会科学系的一项新措施，将学生分派到北京交通大学、四川大学和浙江大学参加学分制课程。

暑期学校前四周由城大和内地高校的教授讲授。课程包括哲学、宗教、翻译、电影、历史和国家政策等一系列科目。学生完成每门课程可以获得三个学分。第五周是一次学习性旅行，如通过游览青城山、峨眉山、大同的云冈石窟、内蒙古和黄山，学生们可以对中国的文化遗产有更深入的了解。作为课程的一部分，学生要根据自己的学习经历撰写报告。

城大也与山东大学和四川大学合作开展过类似的活动。这些活动是为在城大中国文化中心修课的学生们准备的。

暑假班/学校充分展示了城大为拓宽学生的眼界而提供的最新的多样化课外教育。

（四）学生群体国际化

国际化的主要任务之一乃促进学生群体结构的国际化，并招募更多的交换生、访问生和自费生。来自世界各地的学生都可以为教学活动和文化交流作出他们自己的贡献。这是一项十分艰巨的任务。

香港特别行政区政府规定了国际自费学生的比例为全部本科生规模的10%，以此来限制其规模的增长。然而这一政策却遭到来自高等教育界和商界的批评，他们要求将比例提高到20%—25%。在城大，我们目前拥有来自诸如澳大利亚、法国、意大利、韩国、挪威、泰国、土耳其、印度、新加坡、马来西亚和印度尼西亚等国的学生。从一开始，城大就十分注重这类学生的素质。

通过直接招募国际自费生以达到学生群体结构的国际化并非易事。过去两年，城大在内地招到的学生的IQ和EQ素质都非常高，我们将一如既往地努力。为更好地为海外招生做准备，城大通过以下办法征集来自校内外的建设性意见：

1. 组织不同国籍、具有他国教学经验的老师参加茶聚，欢迎他们对招募国际学生提出建议；

2. 组织各国驻港领事馆高层官员的午餐会，与他们讨论在他们各自国家招募学生的最佳战略；

3. 邀请内地中央政府和地方政府相关部门的官员共同探讨内地现有招生计划并聆听相关意见。

世界各地的高等教育机构都越来越重视国际化。扩充大学国际学生的数量并使其多样化是一项战略选择。然而，经济问题是离家在外求学的国际学生最关心的问题。香港高昂的学费和生活费会阻碍他们申请来港就读。

大学高层也充分意识到这一"瓶颈"问题，并作出初步努力。城大已经设立了内地本科生奖学金、国际交换学生奖学金，并同样为非本地自费学生设立了国际奖学金计划。城大正竭尽全力招募更多的国际学生。

（五）适合国际化校园的管理理念和方法

为加强城大的国际学术联系、发展更多的学生交换渠道和建构多元化的学生群体，城大于2005年初就成立了国际化策略委员会，邀请校内各利益攸关方面共同议事。委员会被要求对大学的国际化发展方向提出建议，并勾画出大学国际化的策略。

为配合大学向国际化方向发展，作为具体措施，城大专门成立了国际及外地学生组，为内地和海外学生提供更好的协调服务。

（六）支持国际化的先进设施

一所教育机构的国际化发展需要综合的硬件系统支撑。如今硬件系统包括：在线图书馆、校园网和语言中心等，没有这些设施就不是完全意义上的国际化。

1. 图书馆：城大图书馆现拥有藏书844 210册、期刊179 800册、音频材料41 528套、网上期刊32 646种和古今中外的正版教材100 600册，所有这些都可以在双语计算机系统上找到索引。

2005年城大与台湾逢甲大学和台湾中兴大学联合建成超级电子图书联盟。这个联盟由中国香港和中国台湾的48所大学图书馆组成，是世界上最大的电子图书供应者,名为在线电子图书中心。此联盟提供超过50 000册的不同专业和学科的电子图书。学生可以接触到世界上最新的电子出版物并从最新的出版物中受益,这对于推动国际学术交流,辅助在线教学都是突破性的进展,也展现了跨地区合作和国际资源共享的决心。

2. IT校园:城大为阅览室、教室、教学工作室和会议室提供先进的IT教学环境。校园中拥有可以容纳8 450人的159个教学场地,各场地都配备电脑和视听设备。学生们可以享受到各类电脑服务,包括利用个人电脑、电算服务中心的工作站和校园公共场所的高速终端,租用笔记本电脑,以及无线区域网的服务。

3. 语言中心:城大的英语语言中心和中国文化中心为学生们提供丰富的课程与活动。

英语语言中心是国际活动中心。这是一个本地学生和国际学生都可以休闲娱乐的场所,学生间可以相互交流、举行非正式的聚会和各种活动,可以观看各个频道的国际电影电视,也可以讨论时事。

中国文化中心开设中国文学、哲学、历史、考古学、中外关系、社会学、创意艺术的课程。它的外观极其传统和古典,为对中国文化感兴趣的国际学生提供了一个交流的平台。

4. 学生宿舍:城大已经计划在校内为学生建设大规模的学生公寓。现在已经建成了2800个住宿单位。学生宿舍不仅是住宿的地方,更是本地学生和国际学生交流的场所。学生住宿委员会将会为住宿生提供一系列训练课程和文化交流机会。

结　论

本文试图分析国际化背后的根本原因并列出不同观点,阐述建设国际化校园的重要理念和组成部分。尽管城大在国际化的道路上取得了一定成绩,但是我们同时也意识到,在深入国际化和不断创新的道路上,我们要做的还有很多。我们需要有创新和新的突破。城大将与内地和海外的兄弟院校共同努力。

参考文献

1. Hans de Wit. Strategies for Internationalization of Higher Education: A Comparative Study of Australia, Canada, Europe and the United States of America. Amsterdam: EAIE, 1995.
2. Jane Knight and Hans de Wit. Internationalization of Higher Education in Asian Pacific Countries. Amsterdam: EAIE, 1997.
3. Jane Knight. Internationalisation of Higher Education: New Directions, New Challenges—2005 IAU Global Survey Report, Paris: IAU, 2006.
4. Minna Söderqvist and Christine Parsons. Effective Strategic Management of Internationalisation. EAIE Occasion Paper 18, Amsterdam: EAIE, 2005.
5. J. A. Msetenheuser & B. J. Ellingboe. Reforming the Higher Education Curriculum: Internationalizing the Campus. Phoenix, AZ: American Council on Education & Oryx Press.

国际合作交流的模式应该有所创新

张梦萍　杨　杰[*]

自从1998年国家实施985工程项目以来,我国主要的研究型大学的领导者们都在认真思考:如何在中国这样的实际环境下改革开放,开拓创新,如何脚踏实地建设世界高水平研究型大学。

根据《国家中长期科学和技术发展规划纲要(2006—2020年)》,我国将以"自主创新、重点跨越、支撑发展、引领未来"的指导方针,到2020年进入创新型国家行列。这一国家目标为我国研究型大学的建设和发展指明了方向。围绕国家战略目标,面向世界科技前沿,促进高等教育与科学研究有机结合,实现教育科技创新发展,大力培养创新型人才是研究型大学所必须承担的历史责任和面临的根本任务。

国内外的大学发展历史雄辩地证明,要想建成创新型国家,要想创建世界一流水平的大学,关键的关键是建立培养创新型人才的体系,建立引进创新型人才的机制。换言之,一切均要以人为本。所谓的市场竞争,国际竞争,说到底就是人才竞争;所谓的市场经济,知识经济,其核心就是人才经济。

众所周知,今天的美国云集了全世界许许多多优秀的科学家,为美国的建设和发展,同时也是为人类作出了不可低估的贡献。美国自第二次世界大战之后的人才战略确实值得我们很好地学习和借鉴。美国虽然曾经出现过"爱迪生"等大发明家,但美国当年远远没有成为世界科学技术和高等教育的中心,19世纪后期,美国派出大批留学生,从德国带回了研究型大学的理念,又在"二战"期间接纳了爱因斯坦等顶尖科学家,美国从那时起就在人才战略思想的指导下,开始建立培养和引进全世界

---

[*] 作者简介:张梦萍,中国科技大学外事办公室主任,数学系教授,博士生导师;杨杰,中国科技大学精密机械与精密仪器系教授,博士生导师,曾任外事办公室主任。

优秀人才的国家整体体系,并在几十年的实践中,形成了美国在教育科技领域的世界领先地位。

引进和培养创新型人才必须有机结合

在创建一流大学的过程中,有没有创新型人才是能否建成一流大学的关键。事实上要建成一流大学需要的不是几个创新型人才,而是需要一批创新型人才。学校的管理层首先需要有远见卓识的创新型人才,各学科各专业都要有活跃在国际学术前沿的创新型人才。在竞争日益激烈的国际化环境下,人才第一的观点已经为绝大部分领导者所认识,但是,一大批创新型人才从何而来?

引进人才是一条捷径。事实已经清晰地告诉我们,要引进真正的的人才并非简单的事情。基于我国的实际情况,引进人才是长期的战略,创建自己培养创新型人才的机制是根本。基于我国的现状,大量引进创新型人才极为重要,但是在引进人才的竞争中我们也需要有清醒的认识。我们引进人才并非只是看重已有的研究成果,也不能寄希望已有造诣的人才回来后能马上引领一支团队做出国际水平的科研成果。教育部的长江学者计划,中科院的百人计划所引进的人才从数量上说也不算少,但是并没有完全达到预期的目的。这其中很重要的问题在于我们在一段时间里没有充分重视建立自己的培养创新型人才机制。把引进人才和培养人才有机地结合起来,把我们已经唱熟了的"走出去、请进来"的模式加以认真地思考与策划,加以创新和发展,就可能使我们的国际合作交流走出一条高效益的新路。

我校"合肥微尺度物质科学国家实验室(筹)"近几年的国际合作就是在优先引进人才,立足培养人才的思想指导下,赢得了引智高效益的成果。

合肥微尺度物质科学国家实验室(筹)于2003年11月25日经科技部正式批准开始筹建。为了将其建成开放式国家层面的研究平台和国际知名实验室,首先要在管理理念和机构设置上与世界一流实验室接轨。该实验室聘请了具有丰富管理经验、熟悉国外一流实验室运作的著名物理学家、香港城市大学常务副校长唐叔贤院士为实验室主任,常务副主任由学校常务副校长、纳米科技领域著名学者侯建国院士兼任,他们又组建了国际学术顾问委员会,13位成员均是从境外聘请的相关领域的著名专家,包括诺贝尔奖获得者。该委员会负责对实验室的研究领域、学术方向、重大学术活动、国际学术交流等提供咨询、把关,并提出建议,对主要学术带头人的选聘、实验室运行管理模式、学术成果等进行评估。领导管理层的国际化,大大地拔高了该国家实验室的运作水平。

单有管理层面的高水平,没有从事科学研究的创新型人才,最终还是无米之炊。利用国外境外的研究型创新人才来培养我们自己的创新型人才,是实验室自2003年底筹建以来所一直实行的战略措施。

该国家实验室在短短的几年内从境外招聘了20多位活跃在科研第一线的优秀年轻学者,这些学者的加盟给实验室注入了极具活力的新鲜血液。该实验室秉承高水平、开放式、国际化的理念,建成了两个海外合作团队,即"微尺度物理化学研究团队"

和"超快量子光学研究团队"。这两个团队的海外成员均为活跃在各自领域学术前沿的国际知名专家。他们每年都来实验室工作,开展合作研究,联合培养研究生等。实验室配备相应的优秀年轻教师和研究生和海外团队的学者一起工作,一起讨论,并且每年将自己团队的年轻学者分别派往海外学者实验室工作一段时间。几年下来,不仅这批年轻学者的研究能力和学术水平有了显著的提高,在实验室的研究生成为最大的受益者。也就是说,研究团队的年轻学者在这样的氛围中,通过自身的努力不断地向国际前沿水平靠拢,培养研究生的体系和模式也在国际合作中逐渐完善,逐渐向国际化靠拢。这就是我们强化国际合作交流所期望达到的目的。

此外,国家实验室也非常重视与境外大学、研究机构和公司建立长期合作关系。他们与德国科学家合作,经中国科学院和德国马普学会批准成立了"中科院马普学会伙伴小组"。与日本、美国、荷兰、德国的大学、研究机构、公司等签订了5个合作研究项目,每个项目都是科研前沿项目,均有来自对方的专项经费。每个项目都定期交换学者,使得实验室的众多年轻学者和研究生能够融入到国际学术交流之中,在国际化的氛围中学习成长。

高水平的、有计划的、实质性的国际合作交流使微尺度物质科学国家实验室在原始创新能力的提高、特别是在自身创新型年轻人才的培养等诸多方面都得到长足发展,在交叉前沿学科领域取得了不少在国内外都有很大影响的成果。以 2005 年度为例,共有 80 余人次海外专家来实验室访问并开展合作研究,仅 2005 年度实验室发表 SCI 论文 300 余篇,其中 *Science* 论文 2 篇(其中一篇为合作研究)、*Nature* 论文 1 篇(合作研究)、*Nature Materials* 论文 1 篇、*Phys. Rev. Lett.* 论文 8 篇(其中二篇为合作研究)、*J. Am. Chem. Soc.* 论文 1 篇、*P. Natl. Acad. Sci.* 论文 1 篇。这些高水平论文的发表完全是引进人才和培养人才有机结合战略决策所取得的丰硕成果。

联合培养研究生是国际合作交流的重要形式

教育是学校的第一任务,教育创新是学校面向未来发展开拓的必需。高等教育实践证明,研究生教育的水平,研究生的质量基本上可以反映出学校整体的研究水平和质量。事实上,各研究型大学的研究生培养体系的建立已经成为创建世界著名高水平大学的重要一环,和学校自身的前途命运紧密相关。

与国外知名大学相比,国内一流大学的本科生教育体系在某种意义上评价还有自己的特色和优势,但由于研究生的培养模式,培养体制还很不成熟,很不完善。研究生培养的质量与发达国家相比有着明显的差距,尤其是研究生创新能力的培养还受到我国科研体制和经济全局的约束。

研究生教育体制的改革创新是我国一流大学面临的重要使命。但是,研究生体制改革是全国性的一个系统工程,一个学校企图单枪匹马进行大刀阔斧的改革是不可能的,高唱跨越式发展的高调也是无济于事的。在这样的前提下,如何能加快提高研究生培养的质量,使得我们培养出来的研究生能较快地融入到国际学术研究的领域中去,是学校领导层必须认真思索开拓的重要课题。

毫无疑问,研究生培养机制和管理体系建设中的重要手段依然是引智,如何引进先进的研究生培养机制和管理体系需要去思索创新。以当前情势而论,和先进大学联合培养研究生无疑和引进人才一样是条捷径。

在这样的思想指导下,2005年初,我校和香港城市大学签订了《中国科学技术大学与香港城市大学关于联合高等研究中心(苏州)联合培养研究生协议》,确定合作项目,建立合作小组,联合培养研究生。双方经过反复的磋商,决定在"应用数学"、"控制和机电一体化"、"互联网服务"、"知识及创新管理"4个项目上首先启动。联合培养研究生实行双导师制,即两校各有一位导师。2005年,从在读研究生中通过自愿报名和导师推荐,选取了43位研究生作为联合培养研究生,双方参加合作的老师超过60人。这批学生已经在学校本部完成了1年的硕士研究生基础课学习,于第二学年开始到我校苏州研究院的"中国科学技术大学与香港城市大学联合高等研究中心(苏州)"学习。培养方案由双方导师商量确定,日常事务及学生管理采用香港城市大学的模式。

研究生在苏州期间,香港城市大学导师和中国科技大学的导师轮流到苏州授课指导,每个项目组聘请一位指导老师负责。每周写一份简单的阅读文献收获或工作进展汇报,每月进行一次研讨交流。不论是书面报告还是学术交流的口头报告都必须使用英语。每年暑假,学生到香港城市大学学习工作2个月。一年后,我们发现,虽然双方导师不是天天和学生在一起,研究课题又大多是学术前沿探索性很强的课题,但是这批联合培养的研究生学习和做研究的积极性很高,效果很好。他们思想活跃,对研究兴趣浓厚。一年后已全部通过博士资格考试,并得到了双方导师的好评。有的学生已经在一年多的时间里,取得了研究工作的阶段性成果,向国际高水平杂志投出论文。这一切与借鉴香港城市大学的研究生培养管理模式密切相关。

这一联合培养研究生的模式现在还处于摸索阶段,固然香港各大学的研究生培养模式值得借鉴,同时我们还在考虑借鉴欧美的培养模式,使各种模式中适合我国国情的部分有机结合,为培养高质量的研究生创造一个逐渐成熟的体系。

前面举的两个实例是我们学校在创建世界高水平大学过程中的尝试,几年来的结果是令人满意的。

在世界高水平研究型大学的创建过程的引智实践中,我们深深感受到人才竞争的激烈,也深深感受到引进人才的重要。同时我们也一样深深感受到,一个大学整体水平的提升绝不是一朝一夕之事,它是长期教学与科研工作的积累,是长期校园文化的沉淀,是长期国际合作交流的效益体现,绝不是不顾条件与基础乘势而上就能跨越式发展的,也不是引进若干名优秀人才就能奏效的。大学发展的机遇时时存在,无需抢抓。扎扎实实地加强自身体制的改革和完善是创建世界一流大学的关键,这个改革与完善恰恰又必须通过长期不断的引智工作才能高效实现。因此加强国际合作交流不应是挂在口头装饰门面的标语,"走出去、请进来"的引智工作也不是只要走出去只要请进来就能达到预设的引智目的。

　　在学校整体创新的进程中,引智工作的重要性和必要性已经毋庸置疑,引智工作在创建世界一流大学的重大工程中的地位也已经十分明晰,我们必须从自身体制改革与完善出发去思索国际合作交流的有效模式,并进行必要的开拓创新。

南京大学的引智创新工作

程 序[*]

进入21世纪以来,科技创新已成为国际竞争中决定成败的主导因素,科技竞争力将决定一个国家或地区在未来世界竞争格局中的命运和前途,成为维护国家安全、增进民族凝聚力的关键所在。而科技创新所依赖的核心力量正是创新型的人才。因此,引智工作,特别是引智工作在新的历史条件下的创新,将会在国家的科技创新体系中发挥出更为明显的重大作用。可以说,对引智工作进行创新,是我国建立创新型国家事业的重要一环。对此,詹文龙、谢铭(2005)曾指出:"围绕大科学工程和重点项目成套整系统地引进智力和技术比简单引进设备成效更加显著。"[①]王红蕾(2004)则建议,引智要为创新服务,引智系统本身就需要不断创新,包括健全和加强引智工作系统、转变部门职能、改变管理机制、认真贯彻政策等。[②]

南京大学(简称南大)党委书记洪银兴教授曾就构建科技创新体系提出了四个方面的建议,即:创新观念、创新机制、创新队伍、创新环境。[③] 笔者认为,引智工作的创新也应当围绕这几个方面来进行。

一、引智观念的创新

我国已加入世贸组织,这个大形势要求我们在引智观念上一定要有所创新。可以说,如果我国新世纪引智事业要开创新局面,引智观念的创新就是根本的动力。引智观念的创新要求我们应该树立下面几种

---

[*] 作者简介:程序,南京大学国际合作与交流处外国专家工作科科长,硕士,助理研究员。
① 詹文龙,谢铭. 开展国际合作,促进大科学工程[J] 中国科学院院刊,2005(3):256.
② 王红蕾. 引智为创新服务的理论思考[J] 西安邮电学院学报,2004(2):78—79.
③ 洪银兴. 我国研究型大学如何增强自主创新能力[N] 光明日报,2006-2-12.

观念：

一是树立国际化的人才观。国际化的一个重要表现就是国与国之间物资、技术、人员的流动渐趋自由化。为了适应这个趋势，我们在引进国外智力的观念上也急需跟上世界大势。我认为，目前，我国各大专院校的外国专家绝大多数都是临时性质的，所谓"临时"，是指外国专家们来华任教的经历，在他们自己看来，只是一段域外生活的小插曲，极少会有永久居留的想法。在国内聘用单位看来，大多数情况下也只是因教学、科研或其他项目需要而临时借重的资源。这一方面固然是由于政治、经济、文化等多方面的差异所造成，另一方面，也与我们内外有别的人事观念有关。赵克指出："在发展机遇方面，人才对专业本身的忠实程度，远远大于他们对政治和地理区域的忠实程度。自近代以来，尤其是自20世纪80年代国家主义和民族主义削弱并趋于解体以来，人才在世界市场上的流动和配置的整体方向历来与当地的学术水平和文化传统存在密切联系"。[①]

二是树立国际化的人才管理观，特别是要加强国际人力资源管理理论的学习。改革开放以来，我国的引智工作无论在规模、类型还是层次上都有了惊人的发展，在对外国专家的管理上也积累了越来越多的经验。但是，对外国专家的大部分管理仍然是建立在经验主义基础上的非系统性的方法，而缺乏严谨扎实的理论支撑。比如，我国的外事工作者对不同文化观念和社会价值观的相互影响都有很深的体会，在工作中也积累了一套应对模式。但是，如何从理论观念上去关注一种文化向另一种文化转化时管理方法的适用性、法律和经济的差别以及由于社会文化差别而引起的不同学习风格，则是很多外事工作管理人员所欠缺的。在国际上，近十几年来，随着跨国公司等全球性实体的发展，国际人力资源管理理论和实践已渐趋成熟。笔者认为，目前国际人力资源管理理论和实践研究主要集中在以下四个领域值得我们认真借鉴：(1)国际职工的职业生涯设计问题；(2)国际人力资源管理的职能问题；(3)国际人力资源管理流程的统一模式开发问题；(4)跨文化管理问题。

---

① 赵克.影响中国科技创新需求的障碍与对策[J]科学学研究,2005(5):710.

二、引智机制的创新

引智机制的创新是整个引智工作创新的最有力的保障。国家外国专家局局长万学远（2003）指出，我国的引智工作出现了"引智机制市场化"的倾向，即市场在配置国际人才资源中的基础性作用越来越明显，引智机制正逐步走向市场化。① 市场化本身就是对我国过去引智机制最大的改革和创新，它将把我国的引智工作纳入国际化的轨道，开创我国的引智工作全新的局面。

面对全球化的浪潮，我国引智工作者需要着手做的一件事是从招聘到工作和生活的管理，逐渐破除一些不必要的壁垒，在允许的框架内，尽量缩小国内和国外教师在人事体制上的差别。

南京大学在改革人事制度、全球招聘人才方面是国内高校的先行者之一。实践证明这种做法能够更好地吸引国际人才，促进科技创新。

从 2002 年年底开始，南京大学取消了持续了二十多年的职称评审制度，按照全新的思路开展了教师高级职务岗位设置和面向校内外公开招聘的工作，将岗位聘任与人才国际化战略紧密结合，由此拉开了对国内高校具有重要影响的专业技术职务评审改革的序幕。经过 3 年多的实施，此项改革已收到良好效果，招聘了一批海内外优秀的人才。截至 2005 年，南京大学共公布了 633 个教师高级职务岗位进行公开招聘，其中教授岗位 281 个，副教授岗位 352 个，现已有 174 个教授岗位和 204 个副教授岗位完成了招聘工作，还有 107 个教授岗位和 148 个副教授岗位正在招聘中。引进的 27 位海外学者中包括来自牛津大学、斯坦福大学等名校的优秀研究人才。他们在学科建设方面发挥了巨大的作用，或提高了学科建设水平，或填补了学科建设空白，和国内人才共同构成了南京大学学术骨干队伍的主体。

笔者认为，在引智机制的创新方面，香港的经验值得我们认真研究。因为香港国际化进程起步早，范围广，比如香港高校很早就开始全球招

---

① 万学远. 引进国外智力，为科技创新战略服务[N]. 参见中国科学院网站 http://www.cas.cn/html/Dir/2003/11/26/5475.htm, 2003-11-27.

聘教授和其他工作人员。这就为我们提供了十分现实的参考坐标,有利于我们更好地发挥后发优势。孔剑锋(2006)在考察香港中文大学全球招聘学者的具体做法时,总结了若干内地高校应该借鉴的模式和做法,包括:加大宣传力度,注重在世界专业学术期刊宣传招聘信息;招聘过程严格、透明,比如推荐者回避制度、招聘过程各环节的书面报告制度、学术专家评价制度等;人事处对市场需求的密切观测;严格的校外兼职管理制度,等等。[1] 这都是我们应当学习和借鉴的。

三、引智环境的创新

引智环境的创新直接关系到国际人才引进后工作持久性和稳定性的问题。国际人才引进之后,不但能坐得下来,还要能坐得下去,这与引智环境的创新密不可分。南京大学就十分注重引智环境的打造,陈仁霞(2002)曾指出,国内高校无论在硬件还是软件上都与国外大学之间存在很大的差距,所以在引智的过程中要尽可能为国际人才营造较为理想的工作和人文环境。应该充分信任他们、尊重他们,使他们有一种主人翁的感觉,进而最大限度地调动他们的积极性、主动性和创造性。[2] 南京大学在打造引智环境的工作中主要抓了以下两个方面:

1. 打造国际合作与交流平台

以国际交流促引智,建立国际合作与交流平台引进国外智力,一直是南京大学的优良传统。"十五"之前南京大学与美国霍普金斯大学联合建立的中美文化研究中心、与德国哥廷根大学联合建立的中德法学研究所等教学科研机构继续健康发展,"十五"期间,南大又与日本东京大学合建了"中日文化研究中心"和"东京大学教养教育南京中心"、与法国巴黎十二大合建了"中法城市与区域发展研究中心"、与美国得克萨斯大学、宾夕法尼亚大学等知名高校合建了"公共卫生与健康生物医学研究中心"等平台。

---

[1] 孔剑锋.从制度化层面看香港高等教育的国际化[J] 高教研究与探索,2006(1):36.
[2] 陈仁霞.南京大学积极引进海外科技人才的实践与思考[J] 研究与发展管理,2002(3):85.

这些国际合作平台，标志着南大与一批国际知名大学建立了紧密型合作关系，对于引进国外优质教学和科研资源，包括引进外国专家方面，起到了十分积极的作用，保证了每年均有成规模的、稳定的、高层次的外方教学科研队伍来校交流。例如，以"东京大学教养教育南京中心"为平台，东京大学每年均派出教授访问团在我校开设人文艺术科学的系列讲座，得到师生好评。

2. 建立"学科特区"，实施国际化管理

"985工程"一期建设期间，我校在国际科技前沿领域着力选择少数几个突破口，在全国高校率先设立"学科特区"，以形成局部优势，促进学科交叉和新兴学科成长。所谓"学科特区"，是指根据新兴学科对学科整体发展的影响力、在国际学术界的地位、持续发展的活力等作为衡量标准，从国内外引进优秀人才，突破现有的学科组织结构模式，遵循国际惯例，创立全新管理机制，采取特殊运作方式，在不太长的时间内形成突出优势。

"学科特区"的建设，始于哈佛大学分子医学实验室一次跨国界的"成建制"迁移。1999年12月，南京大学分子医学研究所正式挂牌。该所由以哈佛大学医学院副教授、心血管实验室主任刘建宁博士为首的一批活跃在生命科学研究领域前沿的留美青年科学家组成，采用所长全面负责制，在用人、分配等方面有充分的自主权。研究所目前共有全职教授6人，其中5人来自哈佛大学医学院，年龄均在50岁以下。另有兼职教授5人，其中哈佛大学4人，田纳西大学1人。该所成立后，在有一定政策倾斜的资金投入和按国际惯例运行的灵活机制下，很快建立起自己的实验室，先后承担国家自然科学基金、国家杰出青年基金、教育部重大科技项目、科技部重大科技项目、江苏省重大科技项目等多项任务，投资5 000万元的国家"十五"科技攻关重点项目"国家遗传工程小鼠资源库"也落户于此。成立6年以来，该所共获国家自然科学二等奖1项；发表SCI论文23篇，其中一篇发表在影响因子大于12的刊物《循环》上；承担国家自然科学基金等重要项目24项，经费达4 877万元，申请专利18项；承担7个一类新药和3个二类新药的研发工作；3人获聘教育部"长江学者"特聘教授，2人获国家杰出青年基金。

目前南京大学已经建立分子医学研究所、地球系统科学研究所、理论与计算化学研究所、现代数学研究所、模式动物研究所、人文社会科学高级研究院六个"学科特区"。它们与校内相关国家重点学科、国家重点实验室互为呼应,互为支撑,为南京大学在短时间内超常规地创建世界一流学科奠定了基础。

总而言之,引智工作的创新,直接影响着引智的效益,影响到科技创新事业的进展。以引智创新,促科技创新,是摆在全体引智工作者面前的一项挑战和使命。

挑战、探索、实践

刘 鹏[*]

进入21世纪,科学技术的高速发展、社会的信息化以及知识和信息传播技术的日新月异加剧了世界各国文化的交流、碰撞和合作,人类社会进入了一个全球化的时代。全球化为高等教育国际化提供了前所未有的技术和物质条件。大学,作为人类文明传播与延续的载体、知识探索和人才培育的基地,在新的时代面临着巨大的机遇与挑战。本文试在国内外学者对高等教育国际化研究成果的基础上,对北京外国语大学在推进学校国际化进程方面所做的工作进行分析,探讨在新形势下,中国的外语院校将如何面对新一轮国际化浪潮的冲击,进而对传统的人才培养模式进行改革,以求得更大的发展。

一、高等教育国际化研究概述

1. 高等教育国际化定义的发展

关于高等教育国际化的含义,学术界有着各种不同的说法。美国教育研究者 Arum 和 Van de Water 于1992年提出"国际化即为进行国际研究、国际教育交流以及技术合作而开展的多种活动、项目和服务"。另一位研究者 Van der Wende(1997)指出,国际化是"为使高等教育适应社会、经济和劳力市场全球化的要求和挑战而作的系统化的工作"。在分析了前人定义的局限性后,加拿大多伦多大学的 Jane Knight 教授(2003)提出,国际化是"一个将国际视野、跨文化或者全球化的视角与高等教育的目标、功能以及具体实施相融合的过程"。同时,在大学层面上,国际化可具体到以下内容:1. 学生交换项目;2. 外语学习;3. 国际

---

[*] 作者简介:刘鹏,北京外国语大学国际合作与交流处副处长,硕士。

化的课程设置;4. 地区性的研究;5. 留学生;6. 出国工作/学习;7. 教/学过程;8. 联合学位项目;9. 跨文化培训;10. 教师交流;11. 客座教授;12. 合作召开研讨会;13. 合作研究项目;14. 国际研究协定;15. 研究成果交流。

中国学者也提出了类似的看法,武汉大学黄进副校长在总结前人研究的基础上,认为,"高等教育国际化是一个不断发展的过程,要求高等教育要面向世界,通过广泛的国际交流与合作,在吸收、借鉴国外高等教育经验和文化成果的同时,传播本国的教育和文化精华,培养具有国际竞争力的人才,促进国际理解。"

综上所述,我们认为,加拿大学者提出的15项内容是对高等教育过程具体活动的一个较为完整的概述。高等教育国际化的目的是使各国大学接收国际先进文化成果,同时传播本国、本民族文明的精髓,达到共同提高的目的。人才培养是高等教育的主要目标,所以,如何培养国际化人才成为教育国际化的根本目标。

2. 国际化人才的内涵

什么样的人才才可以称得上是国际化人才呢?宏基集团董事长施振荣先生在2002年全球高峰论坛上曾对国际化人才有如下定义:"国际化人才须具备的基本条件,包含国际视野、语言能力、沟通能力、了解多元文化及实务/实地经验。其中,语言能力与沟通能力,并非单指外语能力强,而是能用简单的语言,适切的表达,达到沟通的效果。"《神州学人》杂志也提出,"国际化人才应该有国际化的意识、胸怀,特别是,掌握国际一流的先进知识结构,在视野和能力等方面都应该具备国际化水准,这种人才能够在将来全球化国际化大竞争背景中立于不败之地,在职业生涯中才能不断走向辉煌"。

总结企业界与教育界对国际化人才的定义,笔者认为,国际化人才应具备如下几个基本特征:1. 精通一门以上外语(特别是英语);2. 具有全球意识,学术视野宽广;3. 具有跟国际对接、交流、沟通的能力,即跨文化交际能力;4. 创造价值的能力。

对于国际化人才的培养,大学教育是第一步,能否培养出具有竞争力的国际化人才也是中国各大学面临的主要挑战之一。

二、新形势下中国外语院校面临的机遇和挑战

自新中国成立以来，我国的外语院校已经走过了60多年的历程，取得了令人瞩目的成绩，为我国的外交、经贸、金融、文化、教育、新闻、科技、军事等部门培养了一大批高水平的外语专业人才，为我国的对外交往和社会主义建设作出了积极贡献。但是，我们也必须清醒地看到，经济全球化所带来的新形势对人才培养已经提出了新的要求。比如，在20世纪90年代末的一次外语专业毕业生需求的问卷调查显示，国家部委、国有企业、外经贸公司、部队和教育部门对单一外语类毕业生的需求量已降至零，而希望外语专业学生具有宽泛知识的则占了66%。这是一个强烈的信号，更是对多年来外语院校人才培养模式敲了一次警钟。

过去，我国外语院校普遍存在着学科专业门类有限、人才培养模式单一、缺乏创新意识等问题。外语专业的人才培养模式，还是上一世纪50—60年代创立的。由于外语专业的单科特征，多年来我国的外语专业在课程设置和教学内容安排中普遍忽略其他人文学科、自然学科等相关学科的内容，教学内容和教材知识结构单一。在语言技能训练中往往强调模仿记忆却忽略了学生思辨能力、创新能力，导致外语专业的学生往往存在缺乏相关学科的知识，学术视野较窄等缺陷。

对外语院校来讲，培养国际化人才已经成为学校发展的根本目标，但是国际化人才的培养并不仅仅是传统外语教学的延续与扩大，而是一次新的机遇与挑战，这就要求大学的培养目标与学校管理都必须进行变革，这样才能真正适应经济全球化进程对外语人才的需要，才能使外语高校真正立足国情、保持特色、创出品牌，在学科建设和人才培养上具有自己的优势。

另外，与许多综合性院校相比，中国的外语院校普遍存在着学科数量较少，办学规模较小的问题，但是学校的规模小，学科少并不等于在竞争中一定处于劣势，根据《中国高等教育发展的目标定位、大学特色的形成和发展战略》课题研究报告的结论，办学特色与大学办学规模及学科数量没有直接关系。有特色的大学必须区别于其他大学的办学风格，有自己的特色鲜明的优势学科。"这种优势达到其他大学短时期内难以企

及的程度时,才构成一所大学的特色"。优势学科的创建必须靠一流的师资队伍,并且培养出与众不同的有丰富创新能力的高素质人才,服务于社会发展。只要中国外语院校在特色上做足文章,做到人无我有、人有我优、人优我特,具有明显的比较优势,形成不可替代性,与国内著名综合性大学相比,在培养国际化人才上突出自己的优势。

三、北京外国语大学的探索

于1941年成立于延安的北京外国语大学,是我国建立的第一所外国语学校。在65年的发展过程中,北外为社会输送了60 000多名高质量外语人才,他们活跃在外交、经贸、文化、媒体、教育、科研、旅游等部门。特别在外交领域,北外培养出了大批杰出人才,包括380多名大使和600多名参赞,而被誉为"中国外交官的摇篮"。

作为中国历史最悠久、语种最多的外国语高校,北京外国语大学在新世纪之初也面临着如何进一步适应中国市场经济体制发展需求,适应国际经济全球化发展需要的问题。为此,北外制定了2010年远景发展目标,即"把北外建设成为一所多语种、多学科、多层次,培养具有宽阔国际视野、深厚文化底蕴、坚实外语功底、系统专业知识的高素质涉外人才,为国家的经济建设和社会发展服务,国内一流,具有重要国际影响的教学—科研型社会主义外国语大学"。这个目标确定了北外保持传统学科优势,开拓新型学科门类的方针,并把"培养具有国际视野和跨文化交际能力的国际化人才"确定为根本目标,最终实现建设一流的社会主义外国语大学的"本土化"目标。为了达到这个目标,学校积极推进国际化战略,大力发展国际合作,引进国外先进高等教育资源,极大地促进了学科发展、师资队伍建设、中外学生培养等各方面工作。

在学科建设方面,文学和语言学是北京外国语大学具有传统优势的两大特色学科,其中英语和德语语言文学专业是国家级重点学科点,不少非通用语种学科是国内在该学科领域的唯一学科点。在保持传统学科的优势和特色学科的同时,又新建了国际经济与贸易、外交学、金融学、法律、新闻、信息管理和信息系统等8个非外语新专业。经过近几年的改革,北外已经突破了单一的语言文学学科模式,拓宽到法学、经济学领域,形成了文学、法学、经济学和管理学四大学科门类。为了扶持新建专业,学校充分利用国际资源,先后与美国康奈尔大学法学院、迪堡大学法学院、澳大利亚昆士兰大学商学院、新西兰奥克兰大学新闻学院建立了良好的合作关系,通过引进对方教材、教师赴对方进修、合办暑期班课程、共同培养研究生等项目,有力地提升了这些新建专业的学术水平。其中,美国迪堡大学法学院每年资助我校法律专业教师赴该校学习一年,对方法学院教授还带领法学院学员暑期来北外开展夏令营活动,邀请北外法律系教师和学生参与。通过与美国学生同班上课,北外学生的专业水平得到了较大的提高,而且扩展了他们的国际视野。同时,通过给美国学生讲课,北外教师授课技巧也得到了很好的锻炼。

北外开展对外交流与合作由来已久,新中国建立后,学校就与莫斯科外国语学院等院校建立了交流关系,形式主要以访学、互派教师为主。近年来,学校积极开展对外交流与合作,形成了类型多样、内容广泛的交流体系。迄今为止,北外已和48个国家的大学、基金会等签订了合作协议,内容涉及互派教师、学生交流、合作研究等多方面内容。

建设一流的高校需要一流的师资,学校非常重视师资的培养,积极为中国教师出国进修寻找机会。从2001年至2005年间,北外每年都派出40多名教师赴10多个国家教学或进修,教师队伍素质的提高带动了专业的发展。另外,外籍教师也是教师队伍中一支重要的力量,北外从1941年建校之初就开始聘请了外国专家参与教学,国际友人李敦白、马海德、柯鲁克、伊莎白等都是最早聘请的外籍教师。从1944年至今,学校从世界上61个国家或地区共聘请了外籍教师3 000多人次。"十五"期间,通过交换高级学者等项目从世界上36个国家聘请了582位长短期专家。外籍专家给学校带来了先进的教学理念和教学法,对于北外各专业的发展作出了重大贡献。正是由于外国专家的帮助,北外的新建专业才能取得成功。为了给外国教师提供一个良好的工作生活环境,全校建立一个外事工作体系,各院系有专门的领导和外事秘书负责为他们日常的生活和工作提供及时必要的协助,取得了良好的效果。由于工作业绩突出,在北外工作的土耳其专家和泰国专家先后于2004和2005年获得了中国政府颁发的"长城友谊奖",创下了文教类专家连续获奖的记录。

留学生的招生与培养是学校国际化进程的一个重要指标之一。自

1951年开始接受外国留学生,经过50多年的努力,北外共培养长短期留学生近12 000人次。"十五"期间北外培养了长短期留学生共5 305人次,形成了体制健全、层次分明、类型多样、特点突出的留学生教育体系。同时,学校非常注重提高留学生招收的层次和水平,积极竞标政府间高端培训项目,比如,受外交部委托为俄罗斯联邦外交部培养高级翻译人才、与欧盟合作开办欧盟青年经理商务汉语培训及欧盟法律汉语培训项目等等。自1998年3月北外承担了第一期欧盟青年经理语言培训的任务以来,5年来共举办了5期培训班,培训了160余名欧盟青年经理,取得了良好的效果,增进了中国与欧盟各国的联系与交流。现在每年在北外学习的长短期留学生有1 000多人次,他们与中国学生的互动不仅强化了校园的国际化学习气氛,也为加强北外学生的跨文化交际能力提供了许多良好的实习机会。

另外,北外还鼓励学生赴国外学习,每年通过对象国政府奖学金、国家留学基金委资助或校际交流项目等渠道派出的长短期学生达数百人,日本学研究中心的研究生还有一年在对象国做毕业论文的机会。学校致力于培养学生的全球意识和开放的心态,运用科学知识创新和开拓创业的能力,自信、自强、自立和与人合作共事的能力,组织、协调和管理能力,努力提高人才培养质量。

在"十一五"期间,北外将进一步加强各类非外语专业的建设,并拓宽外语学科的覆盖面,在目前34个语种的基础上,申报和筹建西亚、中东地区部分语种专业,把北外建设成为一个世界文化研究中心。学校已经开始与所在国驻华使馆联系,将采取聘请外籍专家、引进专业人才、培养青年教师等方式创办和建设这些新的语种专业,拓宽外语专业学科研究领域。同时,北外还将充分发挥外语语种多、与对象国交往广泛的特点和优势,全力推进本科教学国际化模式的教学改革:积极采取各种措施和途径,建立在校三年级学生到国外大学学习半年或一年的机制,并承认其在国外大学获取的学分,提高学生的培养质量。对于留学生的培养,学校也将根据留学生的要求,进一步开发适合国外学生的课程体系,并创造各种机会,促进中外学生之间的交流与融合。我们相信,这些措施将在巩固北外传统特色,提升学校国际形象,以及促进国际化人才培养等方面发挥重要作用。

四、结　束　语

在新一轮高等教育国际化浪潮的冲击下，中国的外语专业院校面临着巨大的挑战与发展。面向未来，我们必须抓住机遇，迎接挑战，努力发展自身特色，建设具有本土特征的社会主义外国语大学，培养出具有国际化视野、具有跨文化交际能力、适应时代需求的复合型外语类专业人才，使自己在21世纪的国际竞争中处于不败之地。

参考文献

1. Arum, S, & Van de Water, J. The Need for a Definition of International Education in U. S. Universities. In C. Klasek (Ed.), Bridge to the Futures: Strategies for Internationalizing Higher Education. Carbondale, IL: Association of International Education Administration, 1992: 191-203.
2. Knight, J. Updated Internationalization definition. International Higher Education, 2003, 33: 2-3.
3. Knight, J. Internationalization Remodeled: Definition, Approaches, and Rationales, Journal of Studies in International Education, VOL. 8 No. 1 Spring 2004: 5-31.
4. Van der Wende, M. Missing Links: the Relationship between National Policies for Internationalization and those for Higher Education in General. In T. Kalvermark & M. Van der (Eds), National Policies for the Internationalization of Higher Education in Europe. Stockholm: Hogskoleverket Studies, Naitonal Agency for Higher Education, 1991: 10-31.
5. 董云川,张建新.本土情怀下的高等教育国际化选择.中国教育和科研计算机网,2005.
6. 黄进.国际化、现代化、本土化——新世纪高等学校的办学方向.大学国际.2005.1:12.
7. 神州学人.人才国际化向我们走来.中国教育和科研计算机网.
8. （日）喜多村和之.大学的国际化[Z].见:广岛大学教育研究所编.大学论集.15,1984.
9. 关于外语专业面向21世纪本科教育改革的若干意见.高等学校英语专业教学大纲,附录三.

以国际化推动厦门大学走向世界

毛通文[*]

高等教育国际化是当今中国高等教育发展的一种趋势。邓小平同志早在1983年就提出"教育要面向现代化,面向世界,面向未来"。随着中国加入世界贸易组织,教育对外开放进入新阶段。高等教育向国际开放、进入国际大市场已成为一种必然选择。高等学校在国际化过程中,国际合作与交流对促进学校的教学、科研、学科发展与人才培养等方面的发展和推进学校走向世界发挥着越来越重要的作用,这种形势对我们的国际合作与交流工作提出了更新、更高的要求。如何适应新的形势发展需求,创造性地开展新形势下的高校国际合作与交流工作,已经十分现实地摆在我们面前。

一、机遇与挑战

高等教育国际化是把跨国界和跨文化的观点与氛围与高校的教学、科研和社会服务等主要功能相结合的过程,是现代大学重要特征和发展理念,是建设世界一流大学的必经之路。近几年来,我国各高校的国际合作与交流迅速发展,在建设世界一流大学过程中发挥了重大的推动作用,大学的国际化程度有了显著的提高。随着"985"工程的实施,各高校积极参与大学的国际化进程,在国际化办学的道路上迈出了可喜的步伐,国际合作与交流正面临着前所未有的机遇期。具体表现在:

第一,从世界大势来看,和平与发展成为时代的主流,国际间的合作与交流日趋频繁。世界各国的教育机构和研发中心都非常重视国际交流与合作,并且致力于与外国同行建立长期的合作伙伴关系。比如像世

---

[*] 作者简介:毛通文,厦门大学国际合作与交流处处长。

界顶尖的麻省理工大学和斯坦福大学的校长都提出要把创办"全球性大学"作为未来发展的目标。另一方面,伴随着经济全球化而来的必然趋势是教育的进一步国际化、全球化。大学国际化是高等教育适应世界变化的需要,是高等教育发展的一种必然趋势,也是现代大学的重要特征及发展理念。

第二,从中国的发展来看,我国加入世界贸易组织,中国社会必将进一步开放。特别是随着改革开放的深入,国外高等教育发展的有益经验不断地介绍到我国,学生与教师的交流日趋频繁,教学与科研领域的合作也逐步深入。可以说,国际化已经不仅是中国高等教育发展的口号,而且已经成为一项具体的实践。高等教育的国际化,不仅意味着学生、教师和研究人员的国际性流动,而且意味着信息资料的国际共享和国际意识的培养,包括学位制度在内的各种相互兼容的高等教育制度的建立等。

第三,"985工程"为国际合作与交流提供了宽阔的平台,创造了十分有利的条件。国际合作与交流在促进学校的改革与发展,在提升学校国际竞争能力和办学能力等方面的作用日益凸显。大学要适应变化的世界,进一步深化改革,需要学习、借鉴和吸收彼此成功的改革经验,由此推动高等教育思想、教育方针、教育手段、教育目标、课程设计等高等教育要素在全球范围的交流与合作。因此,国际合作与交流已成为学校办学的重要指标之一,加强学校的国际合作与交流工作已成为学校发展的工作重点。

第四,国际合作与交流进入实质性阶段。就厦门大学为例,我校加快与世界知名大学(如美国康奈尔大学、日本东北大学、法国巴黎高师、荷兰莱顿大学、新加坡国立大学)等交流与合作已在校际互访、科学研究、人才培养和行政管理等方面有所突破,并进入实质性阶段。加入"全球八校联盟"多边国际大学合作组织,标志着厦门大学在进行开放式办学,拓展与国外大学的合作领域,提高国际化水平的道路上又向前迈出了一大步。即由单边合作进入多边合作,由单项合作进入多项合作,由浅层交流进入深层交流。

面对机遇,近年来我国高校在国际化方面采取了强有力的措施,取得了可喜的成绩,但我们必须清醒地认识到国际合作与交流工作也面临着前所未有的挑战：

（一）中国加入世界贸易组织之后，外国的教育机构进入中国，加剧了教育领域的国际竞争。如何参与国际教育竞争、进入国际大市场成为高校面临的一个十分急迫的课题。

（二）中国大学处于世界知识系统的边缘，在发展中处于不利地位。世界科技和开发工作的大部分是在少数几个西方国家中进行的，几乎所有重要的科学杂志都是在西方出版的，多数专利也缘于西方。

（三）学校在国际化方面采取的措施，与目前高等教育全球化发展的速度还有一定的差距，主要表现在承担国际科研合作项目少，国际学术交流的领域不宽、层次不高。另一方面还表现在课程和学生的国际化方面，真正适合国际学生需要的课程还不多。尽管来华留学生数量在逐年增加，但学历生所占的比例偏低。

（四）我国高校原有的教育观念、教育体系、专业结构、课程设置、培养方式、教师素质以及管理队伍素质等方面远远不能适应教育国际化发展的需要。国际竞争意识、创新意识、争一流意识比较薄弱，国际学术氛围不够浓厚。

二、对策与途径

面对国际化带来的机遇与挑战，我校国际合作与交流的工作重心是紧紧抓住本世纪头 20 年这一极为重要的"战略机遇期"，明确国际合作与交流的根本任务是为世界知名的高水平研究型大学服务。注重观念更新和制度借鉴，把学校、学科和个人的发展放到国际参照系中进行比较和检验，学习国外先进的教育制度，为学校的师资队伍建设、学科发展、教学改革、科学研究和人才培养等方面创造良好的氛围。在国际交流与合作方面既要继承优良传统，又要突破陈规，实现新世纪跨越式发展。具体策略表现在：

（一）准确的指导思想和明确的奋斗目标是我校做好国际合作与交流工作的重要前提

1. 弘扬厦门大学优秀传统，发挥"侨、台、特、海"的区位优势，统一思想，明确目标，与时俱进，勇于创新。以"985 工程"二期工程的全面启动为契机,以厦门大学创建世界知名的高水平研究型大学为奋斗目标,坚持全方位、多层次、开放式国际化的办学理念。以国际合作与交流平台建设为重点,以学科发展为主线,按照"强强合作"的战略,切实加强与世界一流大学的实质性合作,进一步扩大国际交流规模,提高国际合作质量。坚持"统一思想,明确目标,制度创新,增强激励,加大投入,务求实效。"24字方针,加快学校国际化进程。积极推动学校的教学科研、学科发展、师资建设和人才培养,提升学校的综合实力和国际竞争力、影响力。

2. 从推行学校跨越式发展的战略高度,进一步确立国际交流与合作工作服务于学校创建世界知名高水平研究型大学的总体目标,与我校的教学科研工作紧密配合,更好地、更直接地为广大师生服务,为教学科研、学科建设和人才培养服务。牢固树立国际化办学理念,加大开放力度,创新外事工作观念,推动学校"大外事"格局的形成。坚持全方位、多层次、开放式、国际化办学,充分利用国际资源,加强与国内外著名高校的交流与合作,全面提高对外开放的能力和水平。在重视加强与国内外著名高校交流与合作的基础上,注重拓展国际学术交流与合作的领域,参与更多的国际科研合作和人才培养项目,提高学校国际化办学程度,使厦大成为开展对外学术交流的重要基地,成为与东南亚、台港澳开展学术交流的桥梁和窗口。在世界范围内广泛利用各类优质教育资源,全方位推动创建世界知名大学的各项基础工作,进一步提高厦门大学的国际化水平。

（二）得力的措施是搞好国际合作与交流的关键

1. 面对国际化的机遇和挑战,我们要始终具有国际型、开放式的思维,加强与国外名校之间的交流、合作与联合。向世界开放,向世界一流大学看齐。要在平等互惠、共同发展的基础上,积极发展与世界各国高校的友好关系。要积极吸引国外高校的知名学者和专家来学校考察和讲学,交流教学科研信息,建立各种形式的交流与合作关系。同时要提高本校的教学、科研、管理人员以及学生在国际场合、国际讲坛的出现频率,支持学术骨干、学科带头人与国际同行在学术研究上保持密切的联系,努力造就一批具有国外学习与研究经历,在国际学术界拥有发言权的国际型专家、学者。积极参与国际学术交流与研究活动,以带动和促进高校的新学科、边缘学科和重点学科向国际级别发展。

2. 面对国际化的机遇和挑战,我们要实行国际化课程体系,借鉴国际上先进的教材,采用先进的教学方法。努力拓宽国际化办学渠道,提高学校的国际化办学水平。众所周知,来华留学生和国际交换学生的数量,在教学中采用国外教材,开设双语教学课程等都是国际性大学的重要标志。我们要通过校际交流、专家聘任、合作科研、举办国际学术会议等形式,逐步扩大外国专家学者在高校教学、科研和管理队伍中的比例和数量。通过到国外进修、留学和讲学等方式,以及跨国、跨校学籍和学分互认,学位、证书的相互认定等形式,将高校的学生、教师和管理人员送出去,打通与世界各国高校交流与合作的通道,实现高校师生与国外高校和教育机构的国际间互动。积极探索国际合作办学的途径,大胆借鉴和吸收国外高校在教学管理、行政管理、师资管理和后勤服务等方面的经验,利用国外高校在师资、科技和教学仪器、设备、管理等方面的优势,结合我校的办学特点,根据国际化的要求,不断调整专业设置,改进教学方法,更新教学手段,将学生培养成为具有国际视野和创新精神的世界通用型人才。

3. 面对国际化的机遇和挑战,我们要更新观念,逐步将国际交流与合作工作的重心下移,形成学校为主导、学院为主体,教授专家为主角、"项目"为基础的国际交流与合作工作体系。国际交流与合作的实质是现代高等教育理念和高等教育管理思想的交流,是现代教学形式和教学方法的交流,是科学研究的协作和开发。学院是高校教学科研的前沿阵地,是国际合作与交流的重点,是学校国际合作与交流的根本之所在。没有学院和教授的参与,高校的国际交流与合作就不可能有实质性的突破,全方位的对外开放格局就无法实现。因此,高校的国际合作与交流应该形成多层次、多领域、多形式的国际交流与合作的立体格局。只有通过这种合作形式,高校间的合作与交流才能真正进入实质性的阶段。

4. 面对国际化的机遇与挑战,我们要不断强化高校师生员工的国际化意识,提高教学、科研和管理人员国际合作与交流的素质,加强双语教学,培养国际通用人才。就目前高校参与的总体状况而言,师生员工的外语水平和学术水平仍然是制约国际交流与合作的主要瓶颈。因此,我们必须下大气力,提高外语水平,要高度认识掌握外事知识的必要性、紧迫性和重要性,加强对广大师生的跨文化交际能力、对外交流能力以及国际通行的学术规范的教育和训练。

5. 面对国际化的机遇与挑战,我们要改变工作方法,拓宽国际合作与交流的工作范围,充分发挥国际合作与交流处的作用。国际合作与交流处不仅是一个事务性的单位,应成为学校的思想库,成为学校国际合作的战略规划单位,应该促进大学之间的国际交流,为学校的教授提供更多从事国际合作研究的机会。

(三) 正确的方法是搞好国际合作与交流的途径

1. 以科技创新平台和哲学社会科学创新基地为重要依托,采用坚持"引进来、走出去"相结合的策略,充分利用教育部、国家外国专家局"学科创新引智基地"经费和我校"高级人才学术交流基金",引进更多的国际知名的高水平专家和学者,来校工作、讲学或开展科研合作;同时定期组织校、院级领导、学术带头人和骨干教师出国交流、访问,通过对外交流与合作全面提高教学和科研水平。学校还准备设立"国际学术交流与合作基金",专项用于促进国际和区域间实质性的合作与交流的开展。加强与联合国各类组织和国际学术基金项目的联系,吸引各类资源的投入。通过互派访问学者、共建实验室、联合开展科学研究与技术攻关等形式,与国内外著名研究机构和高等学校开展高水平的教学、科研合作与交流,扩大国际科技合作领域和程度,将我校科技发展融入到全球科技进步的潮流中;建立教授学术假制度,鼓励教授利用学术假到国外大学继续本领域的学术研究,开辟世界前沿新课题。有计划地选派教师到国外大学特别是到国外的知名大学攻读学位、进修、访问和讲学。

2. 采取国际学术交流与合作工作重心从学校移到学院的措施,加快学校基层的国际化进程。学校国际合作与交流将主要依托各学院以及国家重点实验室等学术单位开展师生交流、培养高层次留学生、聘请外国文教专家、开设国际课程、主办国际会议、进行学科前沿领域的科技合作和互访。同时学校每年重点支持和资助十个国际合作与交流开展得好的学院和科研单位开展国际交流,以促进整个学校的国际化进程。一切从教学和科研的需要出发,找准着力点。通过国际交流与合作,让我校的教授有机会掌握本领域的最新研究动态及时获取教学科研信息,了解国外边缘学科、新兴学科的发展状况。

3. 发挥优势，加强国际合作办学，充分利用新校区建设的有利条件，为国际学院的建立拓宽渠道，寻求优质的办学资源。争取在 2010 年，学校的国际学院拥有 20 个专业的国际合作办学项目。积极协助国家办好"孔子学院"，我们除了已经在泰国皇太后大学开设"孔子学院"以外，争取在美国、德国、日本、韩国及印尼等地开设十个"孔子学院"。通过国际合作办学拓宽海外教育办学渠道，拓展海外教育市场，扩大留学生规模，提高留学生中高层次学历教育所占的比例。留学生是大学国际化中最明显的标志，是我校实施"国际化"战略的重要环节。学校要加强宣传，扩大学校的影响，积极与境外教育机构合作，寻求更广的优秀留学生来源。同时要构建教育国际化的课程体系，实现教育国际化的培养目标。学校已着手在六个国家重点学科的学院建立"厦门大学国际硕士项目"，通过建立教育国际化的市场和与国际接轨的课程体系和教学内容，扩大高层次学历留学生的比例。要改变传统的教学方法和手段，使留学生教育朝着专业化、高层次方向发展。我们还设立了"厦门大学来华留学生奖学金"，以吸引优秀的外国留学生来校攻读学位。

4. 积极创造条件，支持国际间的学生交流，培养具有国际视野的高素质人才。我们要借鉴国外高校的经验，制订教育国际化的培养目标。首先培养学生具有国际观念、国际意识，克服狭隘的民族主义，树立为全球服务，向全球开放的观点；其次要培养学生具有国际交往能力，能与外国人和谐相处，尊重外国的风俗和宗教信仰，维护中国的民族尊严和法律权威。国际处与研究生院、教务处、学生处和各学院合作，通过各种渠道，逐年增加我校去国外学习的人数。同时从政策上和经费上鼓励和支持更多的在读博士生到境外出席国际学术会议或者参加国际合作科研项目。

5. 通过"强强合作"的方法，有目的、有选择地建立战略性国际合作伙伴。积极推进"全球八校联盟"各项工作，加强八校之间的交流与互动。通过"强强合作"的国际合作与交流，我校与美国伊利诺伊大学、日本东北大学、荷兰阿姆斯特丹大学、莱顿大学、新加坡国立大学、菲律宾雅典耀大学、韩国梨花女子大学、德国富特旺根大学等许多大学开展教师的互派和学生的互换项目。我校与美国康奈尔大学合作成立了厦门大学康奈尔研究中心，与日本东北大学合作成立了厦门大学—日本东北大学材料设计研究室,与马来西亚马来亚大学合作成立了目前国内唯一研究马来西亚的专门学术机构——马来西亚研究所,与国际组织合作成立了厦门国际法高等研究院,与哈佛国际医疗中心合作成立了厦门大学富邦医院,与澳大利亚昆士兰大学合作成立了中澳联合功能纳米材料实验室,与法国国家科学研究中心及巴黎高等师范学院共建纳米化学与生物国际联合实验室。通过同世界著名大学的合作,让世界了解厦门大学,同时推动厦门大学走向世界。

参考文献

1. 中国高校引进国外智力工作研究会2004年会论文集[J].
2. 薛天祥等. WTO与中国教育[M]. 北京:中国青年出版社,2001版.
3. 李五一等. 入世背景下中国教育前沿问题研究[M]. 太原:山西教育出版社,2004.
4. 王啸. 全球化与中国教育[M]. 成都:四川人民出版社,2002.
5. 黄建华. 关于大学全球化的思考[J]. 教育与现代化,1998(4).

交大百年　引智百年
——北京交通大学引智历史简述

吴绵先　李世珍　魏　炜　邓新华*

引智，即引进国外智力，主要是引进和利用国外的人才、先进的科学技术、优秀的管理经验和方法以及其他人类创造的文明成果为我服务。引进国外智力的基本方式是"引进来、走出去"。所谓引进来，就是广泛聘请国外各种类型、各种层次的专业人才，直接参与我国的人才培养、科技开发、经济建设、经营管理等工作；所谓走出去，就是派人出国留学和进修培训。

谈及北京交通大学的引智史，实可谓源远流长。从学校之诞生，到其后各个发展阶段，或因局势之迫切需求，或因主事之深谋远虑，都不乏借鉴和引进外国人才、经验与技术之举措。学校从中获得永不衰竭的外在动力，并由此而得以塑造百年辉煌。从某种意义上讲，百年交大的发展史，即是一部贯穿始终的引智史。

一、初创时期：西方教育之影响促使管理传习所诞生

北京交大之诞生，与一个叫曾鲲化的人以及他的上书关系极为密切。曾鲲化，字抟九，湖南新化人，1901年以优异成绩获取官费生资格，东渡日本深造。曾鲲化考入日本当时著名的私立岩仓铁道学校，历时3年卒成学业，返回祖国投身中国铁路事业。他回国不久，于1906年对中国铁路进行全面考察，足迹遍及全国15省，历时3个月并写出考察报

---

* 作者简介：吴绵先，北京交通大学离休干部，校史研究专家；李世珍，北京交通大学人文社会科学学院硕士研究生，校史研究组成员；魏炜，北京交通大学人文社会科学学院硕士研究生，校史研究组成员；邓新华，北京交通大学国际合作交流处副处长。

告。① 正是多年留学国外的经历,加上国内调查所得,促使他上书力主重视铁路建设,创办铁路管理学堂。

在上书中,曾鲲化说,"铁路为专门学问,而管理又为铁路专科",对管理是一门学科作出明确的论断。他说,管理的"业务内容,绝非寻常办事人员所能识其崖略"。上书中列举了三个外国人,一是勋独烈,为英国铁路专家,著有《英国铁路管理理论》;二是顾裕德,为美国铁路大王,著有《铁路管理改良论》;三是岩仓,为日本岩仓铁路学校的创办者。三人均以办铁路管理学堂而出名,英、美、日三国铁路之所以发达是和他们重视管理教育分不开的。曾鲲化结合中国情况,尖锐、深刻地批评了社会上重工程轻管理的偏见,对创办铁路管理学堂的紧迫性作出分析并提出了建议,主张尽快培养自己的管理人才,"今应力祛谬见,使管理与机械、建设并行。"上书对管理学堂的培养目标、课程设置、授课时间、班次、学制的规定等,都有具体建议,其中还特别提到"一切教员均以本国及外国铁路管理或商科毕业生充当"②,明确提出要引进外国人才,借鉴外国经验。

曾鲲化的上书,是一篇真知灼见的论文,对管理理论和倡导创办铁路管理学校进行了精辟、深刻的阐述,对铁路管理传习所的诞生起了至关重要的作用。曾鲲化堪称中国第一所管理学校的首倡者,而这无疑与其留学日本、学习西方的背景有着密切的联系,正是西方成功经验之影响与触动,才有建立管理学堂之倡议。可以说,北京交大之诞生,直接得益于其倡导者思维之"引智"。

二、铁路管理传习所时期:引进洋教习,采用洋教材

1909年,北京交通大学前身——铁路管理传习所创立。学校参照西方近代教育制度而建立,教学内容选用新兴的科学技术基础知识,采用分班上课新式教育方式。每年分上下两个学期,按年升级的新式教育制度。

由于当时的中国铁路管理大部分由外国人把持,要培养中国自己的

---

① 李士群.拼搏与奋进[M].北京:北京交通大学出版社,2006:10.
② 同上书,第11页。

铁路管理人才,并使他们成为中国铁路的管理者,必须掌握相关外语。学校当时开设了高等班和简易班,其中高等班分为英文高等班和法文高等班,简易班分为德文简易班和英文简易班。学校对外语课极为重视,课时很多,高等班每周6—7学时,在校3年贯穿始终,规定英语班要兼学法语,法语班要兼学英语。学校所开大部分课程用外国原版教材,用外语授课。同时还聘用了很多外籍教习(称洋教习),其中英语、法语、德语课教学,全部由外籍教习担任,一些技术基础课、专业课也由外籍教师担任。据记载,曾在传习所任教的洋教习先后有教授英文和法文的体蔚拉,教授德文的齐芬塞和海乐韦,教授体操的拉立和丹恩,教授理财契约律、物理和化学的博德斯,教授理财契约、物理和化学的华兰庭,教授英文的柯候朴,教授法文的潘敬,教授工程概要的毕雷士,教授邮政的克悉,教授邮政公会的波立地,教授电律的伊立森,教授日文的原冈武,教授有线电工程的中山龙次郎等。

此后,采用外国原版教材和聘请外教授课成为学校办学一大特色,有力地保证了教育教学的质量。

三、北京铁路管理学校时期:确立公派出国留学制度

1917年1月,交通部决定将铁路管理传习所分建为"北京铁路管理学校"和"北京邮电学校"。同年3月,有线电工程班学生毕业,4月交通部选派该班邓康等7名成绩优异者及梁彭龄等3名前传习所毕业成绩最优者共10人前往日本实习,其中5人实习测量及电报机械,2人实习线路建设,1人实习电话,1人实习海底电线,1人实习统计。从此,公派学习成绩优良者出国深造的留学制度开始在两校实行。据统计,仅1919年,就分别于2月派遣邮电学校邓康等5人前往美国实习,赵丽生等9人赴日本留学实习;于3月派遣邮电学校庄正权等4名同学留学英国;于7月派遣邮电学校周公朴等4人赴美留学,马铁群等3人先赴日本、继赴美国留学实习,王鸿等10人赴日本留学;于10月部令铁道学校选派10人赴日本铁道院实习。[①]

---

① 北方交通大学史志编辑室.北方交通大学大事记(1909—1995年)[M]:23、25、26、27.

从 1917 到 1921 年,路电两校共派出国 51 人,留学方向为当时铁路和经济学科发达的美国、日本、英国和法国。留学制度在北洋政府时期因财政支绌一度中止。1929 年,铁道部根据部长孙科的指示决定,各届毕业成绩第一名学生公派出国,并决定凡 1928 年以前各届第一名毕业生尚未出国者,依章补派。交大平院许靖、赵廷杰、刘建钰等 11 人据此赴美留学。同年 12 月,孙科下令凡大学毕业生必须在国内学习一年后方准出国。①

选派优秀毕业生出国实习、留学,是学习西方先进经验、技术的重要渠道,为学校乃至整个国家和社会培养了一大批栋梁之才。如学校早期毕业并公派出国深造的金士宣、赵传云、许靖、杨汝梅等对运输经济理论造诣精湛,堪称运输界、经济界的大师,是中国最早培养出来的管理学科的顶尖人才。

金士宣,中国著名的铁路运输专家、教育家,铁路运输组织学科首创者和奠基人,一级教授。1923 年毕业于北京交通大学,后被选送赴美国宾夕法尼亚大学留学,获得经济学博士学位。1950 年任中国交通大学副校长,第三、第五届全国人大代表,兼任国家科学技术委员会综合运输组组长。著有《铁路运输学》,为中国第一部铁路运输著作。②

赵传云,我国著名铁路运输经济专家,二级教授。1923 年以第一名的成绩毕业于北京交通大学铁路管理科,次年留学美国伊利诺伊大学,获得经济学硕士大学。1949 年回母校工作,历任教授、教务长、系主任、学术委员会委员等职。讲授过"铁路统计"、"铁路运价"、"铁路运输成本计算与分析"等多门课程。

许靖,著名铁路运输专家,以"南沈北许"之称享誉我国运输界。1927 年以全班第一名的成绩毕业于北京交通大学。1929 年公费选派赴美国伊利诺伊大学研究院学习铁道运输。他的专著有《铁路统计学》、《铁路运转管理》、《铁路货运管理》、《铁路客运管理》和《铁路行车学》,对改变我国近代铁路落后面貌作出了贡献。于 1951 年院系调整时来到北

---

① 李士群.拼搏与奋进[M].北京:北京交通大学出版社,2006:93.
② 《北方交通大学志》编纂委员会.北方交通大学志[M].北京:中国铁道出版社,2001:864.

方交通大学任教,二级教授。

　　杨汝梅,我国近代四位著名会计专家之一,1920年毕业于铁路管理学校高等科,1921年被派往美国留学,是学校派往美国的第一批留学生,1926年回国后在我校任教,讲授《会计学》。他会计理论造诣精湛,为我国会计事业作出重大贡献,影响深远,著有《商誉及其它无形资产》。该书直至1978年还在作为《现代会计发展》丛书中的一本重印发行。①

四、交通大学时期:叶恭绰之师法欧美

　　叶恭绰,字裕甫,广东番禺人。他热心中国铁路事业,重视人才的培养,尊崇孙中山的实业救国思想:"交通为实业之母,铁路为交通之母。"他先后到美、英、法、日等国考察铁路建设经验。1920年叶恭绰任交通总长,提出改组部属四所高等学校的主张。他说:"近年来我国交通事业迄无发展,深求其故,实由专门人手缺乏不敷应用。"又说,部属京、沪、唐四校地址分散,缺乏统一组织,学科设置不合理。他认为,根据外国大学设置的经验,应在四校之上设立大学,然后分科设校,实施教学。他建议将四校合并,组成交通大学,统一教育方针,统一学制,厘定学科,分别改良,以收统一之效,以图将来之发展。他提出的关于组建交通大学议案,于1920年12月14日在国务会议议决通过。②

　　1921年7月1日,京、沪、唐三校宣告正式成立。9月10日三校同时开学。叶恭绰亲莅北京的学校并发表讲话,阐述交通大学办学宗旨和办学思想。他说:"鄙人前自欧美归来,目击其新潮,颇有思感。尝以为诸君修学,当以三事为准衡:第一,研求学术,当以学术本身为前提,不受外力支配,以达独立境界;第二,人类生存世界贵在贡献,必能尽力致用,方不负一生岁月;第三,学术独立,斯不难应用,学术愈北方交通大续精,应用愈广。"又说:"试以交通大学言之,……其管理师法欧美;其设备酌合中西……"

---

　① 《北京交通大学校园文化系列丛书》编委会.京色交大[M].北京:北京交通大学出版社,2006:16、18.

　② 《北方交通大学志》编纂委员会.北方交通大学志[M].北京:中国铁道出版社,2001:5.

叶恭绰就任交通大学校长后,主张学习西方教育制度,管理上"师法欧美",主要采取了以下举措:

1. 扩大学校办学自主权

学习欧美高等教育的管理体制,设立董事会。1921年2月,学校制定了《交通大学大纲》,其中第六章为董事会内容。另制定了交通大学董事会校董事长徐世章章程共计九条,其中有关规定是参照各国大学有关制度而制定的。其用意是为摆脱政潮对办学的干扰。董事会为学校最高权力机关和立法机关,可决定教育方针、筹划教育经费、决定校长人选。如叶恭绰担任交通大学校长就是由董事会选举决定的。

2. 采用西方大学学制

交通大学成立后,设立经济部和理工部,均为大学本科,学制为四年。另设有三年制的专门部。考入经济部或理工部的学生,要先入预科两年。这样在校学程共为六年,和铁路管理学校三年制的高等班相比,学制延长了一倍,学习程度大大提高。同时,实行学位制,经济部和理工部毕业合格授予"学士"学位,专门部毕业合格授予"业士"学位。这是本校历史上实行学位制的开端。

3. 按照"通才"的教育方向办学

"通才教育"是欧美大学的教育方针,通才教育的特点首先是把大学生培养成具有通识的人,其次才是某一方面的专家。大学教育与一般职业教育不同,不应着眼于某一专业的"专识",而应着眼于"通识"的训练,以便毕业后能够从事更高深、更专门的学问的研究。学校虽然是铁路管理性质的学校,但在所学课程上要求学生在自然、社会与人文各方面都具有广泛综合的知识。即使是学工程的,对政治、经济、历史、地理、社会等也应有一定的知识,交通大学的课程就是仿效欧美"通才教育"的精神而设置。

4. 采用欧美原版教材用英语授课

交通大学成立后,教学上采用了大批英美两国原版教材,而且用英语授课,为此延聘了一大批英美留学回国专门人才任教。据1921年教职员表统计,全校教员90人中曾赴英美等国的留学生有60余人,占教师总数的70%以上。其中哈佛大学、耶鲁大学、麻省理工学院、伊利诺伊大学、宾夕法尼亚大学等著名大学的毕业者10余名。学校负责人及职员大部分也是留学生。①

全国统一的交通大学解体后,原下属的京、沪、唐三校分别组成直属交通部的三所独立大学,继续沿着叶恭绰的办学思想不断前进。设于北京的北京交通大学,学制仍为本科四年,毕业生仍授予学位,课程设置仍体现通才教育的思想,对教师质量仍然注重,并坚持严谨治学的方针。叶恭绰师法欧美之成果得以保存。

五、新中国成立后:全面学习苏联经验进行教学改革

20世纪50年代由于以美国为首的西方国家对我国采取孤立、禁运和封锁,我国在国际关系上实行向苏联"一边倒"的方针,学习苏联建设经验也成为当时的国策,这种国策也全面地反映到了教育上。

一是教材方面,在解放初期多使用英美教材,其后逐渐改变为根据苏联学校的教科书和我国现场资料编写的讲义。据统计,至1955年9月,学校使用的有苏联教材中译本和中国教材27种,有编译的讲义61种。

二是系科、专业设置,也是学习苏联办学经验的结果。学校专门聘请苏联专家来校指导教学工作,帮助学校进行教学改革。学校的专业基本上是根据苏联铁道高校的专业情况设置的。苏联专家还带来了各个专业的教学计划,主要专业课的教学大纲和有关教学资料。他们各讲一门专业课,培养了师资,提供了讲义。学习苏联办学经验,取得了一定成绩。

三是派教师出国进修。20世纪50年代,学校采取多种形式加强师资队伍建设,特别是对中、青年教师的培养。1951年学校首批派许庆斌、马许、朱长富三位教师赴苏联攻读副博士学位。到1966年先后共派出留苏生52人。这些教师所学专业主要是铁路运输、经济和通信。在苏联学习四年,获副博士学位。他们回国后继续从事本专业的教学、科研工作。从20世纪60年代开始逐步成为本专业的教学骨干和学术带头人。80年代晋升为副教授、教授后,都担负起指导研究生和科学研究的重任。马许、简水生等为其中的优秀代表。

马许教授,20世纪50年代他在苏联留学期间所发表的学术论文《直达

---

① 李士群.拼搏与奋进[M].北京:北京交通大学出版社,2006:44—46.

列车多点装卸时最有利取送车顺序的确定》,补充和发展了原有的理论,得到苏联学者的赞许。至今仍被俄罗斯铁路高等教科书《铁路运输行车组织》所采用。60年代初他所提出的《合理组织车站与专用线统一技术作业》的论文,较好地解决了专用线群的车辆取送计划与组织问题,曾在我国东北地区铁路推广应用,并获得了1963年全路科技大会的奖励。

简水生教授,自20世纪60年代起在电磁兼容的工程技术领域作出了重大贡献。1960—1961年解决了我国第一条电气化铁道对有线通信干扰的问题,保证了铁道电气化区段通信的畅通。1964年他建立了"消除螺旋效应的屏蔽理论"。根据这一理论研制成小同轴电缆的屏蔽结构,使其串音防卫度达到当时国内先进水平。而且还研制成"内屏蔽对称电缆",加速了我国铁路通信的发展。

四是聘请苏联专家来校加强学科建设和帮助培养教师。根据我国和苏联的有关协定,从1954年10月至1959年7月期间,国家先后聘请了七位苏联专家来校任教,他们是铁路运输专家奥列什科、铁路信号专家艾列尔、商务专家马塔拉索夫、经济专家季米特列夫、材料供应专家拉普希金、车站枢纽专家兹那特科夫斯基、通信专家丘林。专家的工作主要包括讲授专业课程、指导研究生和进修教师、指导教学法及教学组织工作、指导科学研究,并对现场工作进行帮助。在五年的时间里,专家共开设了10门课并写出了相应的讲义;培养校内外脱产、不脱产教师约100人,培养研究生41人。

此外,学校还经常邀请苏联专家来校讲学,介绍先进经验。据统计,仅1955年,就分别于3月邀请唐山铁道学院苏联专家诺维柯夫来京院为教师讲授《牵引计算学》,邀请北大苏联专家诺沃丹洛夫、别洛娃、科罗瓦洛夫等三位同志来学校对化学、数学、物理等教研室工作进行指导;于10月邀请中央民族学院苏联专家列文科来学校座谈马列主义教研室工作。[①]

苏联专家来校任教对学校铁道运输、经济、材料、电信和信号专业的课程体系及学科建设起到了积极的作用。

五是开创了学校进行研究生教育的新纪元。1953年,教育部颁发了

---

① 北方交通大学史志编辑室.北方交通大学大事记(1909—1995年)[M]:215、216、220.

《高等学校培养研究生暂行办法》(以下简称《办法》)。《办法》提出"凡有苏联专家或师资条件较好的高等学校均应担负培养研究生的任务"。在苏联专家的帮助下,学校于 1954 年 11 月在电信系自动控制远程控制专业与运输系行车组织专业招收了第一批二年制研究生 19 人。苏联专家为总指导教师,各有关教研室配备相应的指导教师协助指导。这批研究生于 1956 年毕业,成为学校历史上首批毕业的研究生。研究生毕业后继续从事教育工作。随着业务水平的提高,他们在教学、科研工作中都发挥了重要作用。

六、改革开放后:全面开展引智工作

在"文化大革命"期间,引进国外智力的工作一度中断。党的十一届三中全会后,我国实行改革开放的方针,高等教育引进国外智力的工作进入了一个新的阶段。

一是恢复公派留学工作。1978 年邓小平同志明确提出赞成和鼓励留学工作,1983 年第一次提出"引进国外智力"的概念。他说:"我赞成增大派遣留学生的数量,要成千上万地派,不是只派十个八个。"

在这种思想的指导下,1978 年国家实行改革开放政策至今是学校公派留学人员出国数量最大、层次最多的时期,而且拓宽了公派出国的渠道,分为国家公派和单位公派两大类。出国人员当中除了攻读硕士学位、博士学位者以外,还有相当数量的教师出国合作研究、业务进修、访问讲学,从而开拓了眼界和知识领域,提高了教学和科研水平。这些人员回国后在教学、科研以及科研管理工作等方面,发挥了骨干和学术带头人的作用,其中有不少人掌握了新学科、新知识,开设了新课程。这一时期学校共派出留学人员 480 人。[①]

二是拓宽聘请渠道,积极聘请国外专家、学者。1981 年,学校继续执行聘请外籍教师来校任教的办法,至 2006 年底共聘请外籍长期专家 153 人,他们分别来自美国、英国、加拿大、德国、俄罗斯、日本等国,教授外语

---

① 《北方交通大学志》编纂委员会.北方交通大学志[M].北京:中国铁道出版社,2001:471.

和部分专业课。"文化大革命"前俄语为学校的主要外语语种,英语教学基础差,师资力量薄弱,聘请外籍英语教师后,对提高本科生、研究生的英语水平,促进英语教师队伍的成长起到了积极作用。①

为了加强学校和国外专家、学者的联系与学术交流,学校自80年代起陆续聘请一些国外专家、学者为北方交大顾问教授或名誉教授。至今共聘请91人。这些专家和学者介绍了国外大学的学科建设、科学研究及研究生培养等情况,对北方交大新的教学、科研体系的建立及学科的建设与发展均起到了积极的促进作用。例如我校信息所的建立和发展得益于其建立之初就重视智力引进,每年邀请信息科学领域的专家学者来校讲学、交流。从1979年7月起,美国匹茨堡大学图像处理实验室主任施增玮教授、辛辛那提大学计算机系黄成联教授、加州大学圣巴巴拉分校的图像处理专家米特拉博士、克利夫兰大学计算机与信息科学系姆纳卡塔教授、密歇根大学信息科学系主任斯达克门教授、日本京都大学堂下修司教授、德国弗朗荷费研究所所长格森德教授、加拿大卡尔加里大学兰茜教授、法国国家信息与自动化研究所图像处理和计算机视觉著名专家莫尔教授等知名专家和学者应邀来校讲学和交流。②

三是吸引海外华人学者回校工作。邓小平同志特别重视引进海外华裔华人的智力资源,认为这是中国引进国外智力的独特优势。他提出欢迎和鼓励华裔学者回国工作,"接受华裔学者回国是我们发挥科学技术的一项具体措施。"③在这种思想的指导下,一方面我校积极申请教育部的引进人才项目,1999年加拿大麦克玛斯特大学电子工程系黄卫平教授入选第二批"长江学者奖励计划",成为我校光电子领域的特聘教授;2000年,英国南安普敦大学土木系吴建平教授、美国得克萨斯南方大学交通系主任于雷教授入选第三批"长江学者奖励计划",成为我校交通运输管理与规划特聘教授。受聘后,他们经常回到学校讲学、指导研究生、进行科研工作,为我校的学科建设发挥了积极的作用。

---

① 《北方交通大学志》编纂委员会. 北方交通大学志[M]. 北京:中国铁道出版社,2001:476.
② 同上书,第477页.
③ 邓小平. 邓小平文选. 北京:人民出版社,1993,2:57.

另一方面，为了加大引进人才的力度，2001年学校党委研究决定启动"人才工程"，"十五"期间学校每年投入600万元引进和培养优秀人才。在这个政策的支持下，学校每年都有从海外学成归来的优秀学者充实教师队伍，同时启动了学校公派出国进修计划。

四是积极开展中外合作办学。我校是国内开展中外合作办学比较早的高校。1999年，我校与澳大利亚维多利亚大学签署合作办学协议，联合培养"工商管理硕士(MBA)"；2003年，两校签署合作协议，合作举办"企业资源规划硕士(ERP)项目"；2004年，我校与英国南安普敦大学签署合作协议，共同开办"交通规划与工程硕士"项目。这三个项目都是中外合作办学项目，学生在我校注册，修完全部课程并达到外方学校要求后由外方合作院校颁发硕士学位证书。

实践证明，中外合作办学是一种积极有效的引智方式。中外合作办学项目在师资方面与其他项目最大的一个区别就是合作双方共同选派教师，通过项目的开展，聘请外籍教师的相对数量和绝对数量都比较大。通过合作办学，我校教师获得了出国考察、学习、培训的机会，提高了自己的专业水平，开拓了视野，掌握了双语教学技能，了解了国外的教学模式，提高了自身的竞争力，加强了我校的学科建设。

2005年北京交通大学第九次党代会确定学校建设一流研究型大学的总体目标是：到2020年，把北京交通大学建成以信息、管理等学科为优势，以交通科学与技术为特色，工、管、经、理、文、法、哲协调发展的多科性、开放式、国内一流、国际知名的研究型大学。"道虽迩，不行不至；事虽小，不为不成。"为了实现这一宏伟目标，引智工作将发挥更大的积极作用。

参考文献

1. 李士群.拼搏与奋进[M],北京：北京交通大学出版社,2006.
2. 李士群.京色交大[M],北京：北京交通大学出版社,2006.
3. 北方交通大学史志编辑室,北方交通大学大事记(1909—1995)[M],1996.
4. 《北方交通大学志》编纂委员会,北方交通大学志[M],中国铁道出版社,2001.
5. 《北方交通大学年鉴》编委员会,北方交通大学年鉴[2000—2001],[2002].
6. 《北京交通大学年鉴》编委员会,北京交通大学年鉴[2003],[2004].
7. 邓小平.邓小平文选.北京：人民出版社,1993,2.

北京大学聘请外籍教师的实践

白 燕 潘庆德[*]

高等教育国际化是21世纪高等教育发展的大趋势,是现代高等教育的主要特征之一。任何一个国家的高等教育都不能独立于国际知识体系之外,也不可能只依靠自身力量谋求本国高等教育的高质量发展。引进国外智力是提升高校学术声誉和水平、推动高等教育面向国际化发展的重要途径之一。北京大学在百余年的历史中,聘请了数千名外籍专家、教师来校任教、讲学,这体现了北大教育得风气之先、对外开放、寻求国际化的特点,也反映了大学在发展建设中吸收外来文化、借鉴国际办学经验、始终与国际教育界、学术界密切联系的办学历程。北京大学这种与生俱来的传统及其经验,对于在经济全球化、教育国际化大背景下参与国际人才竞争、创建世界一流大学,具有重要的意义。

一、引智历史与现状

在北京大学发展的各个历史时期,聘用外籍教师的背景、形式、内容及具体功效都不尽相同,透过这扇窗口,我们可以管窥中国高等教育面向现代化和国际化发展的历程。

1. 京师大学堂时期

在中国教育发展史上,聘请"洋人"任教兴起于"洋务运动"时期,是创办新式学堂的产物。1840年的鸦片战争,打开了中国数千年封闭的国门,洋务派以"师夷之长技以制夷"为指导思想,主张学习西方,创办新式学堂,同时聘用洋人任教。最初以培养英、法、俄、德、日等五国语言之

---

[*] 作者简介:白燕,北京大学国际合作部副研究员;潘庆德,北京大学国际合作部副部长、研究员。

"译员"为主,以解决在与外国交往中"语言不通,文字难辨,一切隔膜"之境况。"京师同文馆"、"京师大学堂"的设立并聘用"洋教习",开创了中国官办学校聘请外国人任教之先河。1898年至1900年,美国人丁韪良(1827—1916)被清政府任命为京师大学堂西学总教习,可以说他是北京大学历史上聘请的第一位职级最高的外籍教师。

1902年颁布的《钦定京师大学堂章程》,对于聘用外国教习人数已有明确规定,当时外教所占比例、尤其是"西学功课"部分的比例比较大。《章程》中也显示出,京师大学堂对外国教习的管理也是很严格的,"各教习如有教课不勤,及任意紊乱课程上之规约等事,无论中外教习、年满与否,管学大臣均有辞退之权。延聘外国教习时,应将此条注明合同之上";同时要求"学问之与宗教本不相蒙,西教习不得在学堂中传习教规"。① 在当年京师大学堂教习中"洋教习"所占比例也是很大的。从1901年底西总教习处开具的名单显示,当年京师大学堂各西学教习共20人,其中"洋教习"为8人,中国教习为12人,且"洋教习"均为正教习,中国人均为"副教习";1903—1906年,京师大学堂中国教习(连同体操、兵学在内)为37人,而"洋教习"达到19人。一些"洋教习"因其教学成就突出而获得清政府的表彰。

除聘请"洋教习"从事纯语言学科的教学外,在华人教员不足的情况下,京师大学堂还将聘请"洋教习"的领域扩展到了格致、天文、算学、物理、化学、生物等自然学科和法学、历史、商科等社会学科,"洋教习"的身份也由以"传教士"为主,转变为以各学科的专家、教授为主。通过"洋教习"的聘用,西方现代的科学、文化被传播到了中国,客观上为中国传统知识体制向现代教育的转轨,发挥了启蒙与准备的作用,有其鲜明的时代特征和进步意义。

2. 民国时期

辛亥革命后的1912年,京师大学堂更名为北京大学,中国留美第一人严复先生出任校长。伴随着民族的觉醒和民主精神的提升,社会上主张教育独立的呼声很高。在聘用教员问题上,严复主张"如非万不得已,总以本国人才为主",认为"以重价聘请一知半解之外国教员,得失之数,

---

① 北京大学校史研究室编.北京大学史料.北京大学出版社,1993:96.

不可同年而语矣"。①

蔡元培出任北大校长期间,在教师任用上也是以聘请具有革新思想的国内著名学者为主,而以聘请外籍教师为辅。录用了一大批清末学有所成的留学归国人员,与此同时,大刀阔斧地陆续裁减了一批不称职的教员,对那些或托中国驻外使馆、或由外国驻华使馆介绍的确属滥竽充数的外国教员,不顾各方面的压力而予以撤聘。有一个被裁撤的法国教员甚至请出驻华公使进行无理干预,北大方面以聘约为据,使对方败诉。

从北京大学历届校友录有名可查的数字统计,到1949年前,在北京大学教师队伍中,先后聘请外籍教师近百名,他们中的杰出代表当首推美国地质学家葛利普(A. W. Glaban,1870—1946)。自1920年受聘任北京大学地质系教授起,葛利普先生在北大从事地质学教学和科研二十多年,对北京大学地质系的建设和中国地质事业作出了积极的贡献。此外,还聘请到一些世界级的学术大师为北京大学名誉教授,其中影响最大的当属杜威,他于1919年5月来华,前后停留长达两年,宣讲其哲学和教育思想。

3. 新中国建立初期

1949年新中国成立后,北京大学聘请外籍教师的历史进入一个新时期。从1950年至1954年,我校先后聘请了近百名外籍教师,他们分别来自苏联、朝鲜、越南、印度、日本、美国、奥地利、民主德国、波兰、捷克等十多个国家,从事泰语、阿拉伯语、朝鲜语、印尼语、俄语、日本语、英语等语言教学。在他们的帮助下,北京大学建立了十余个语言专业教学基地,促进了新兴语言学科的发展,为国家培养了一大批急需的高级翻译、外交家和高校师资。

建国初期,我国与苏联、东欧等社会主义国家在各个领域有着特殊的交流合作关系,我们不但在高等教育体制上模仿苏联模式,而且还聘请了大量专家,他们中有很多人是各个学科领域、包括一些尖端科学方面的著名学者,具有高深的专业知识和丰富的教学科研经验。从1952年第一批算起,到60年代中期,北大聘请的苏联专家有40余人,聘期从1年到3年不等,分布在数、理、化、文、史、哲、经济等多个系所。比如在1953年,生物系聘请的苏沃洛夫教授在校任教2年,为研究生、青年教师

---

① 严复.分科大学改良办法说帖(抄件).北京大学档案馆藏.

和进修教师上课,指导科研活动和科研项目,为生物系高级神经活动实验室的建设做了许多基础性的工作。五六十年代,北京大学聘请的苏联专家在文科是以培养研究生、提高青年教师业务水平为主,在理科则以指导教师从事科研、帮助建设新实验室为主,为学校相关学科的快速恢复发展和人才培养,发挥了重要作用。

4. 改革开放以后

改革开放后,在邓小平同志的教育要"三个面向"思想的指引下,引进外国智力成为加速我国现代化建设的重要战略方针之一,成为推动高等教育改革与发展的重要举措之一。从此,以多种方式聘请外籍人才来华执教及从事多种形式的国际学术交流活动,成为20多年来教育改革与发展过程中一项长期、系统的引智工程。

改革开放初期,百废待兴,百业待举,在国家财力有限的情况下,聘请外籍教师只能采取"少而精"的做法,帮助恢复和改造老专业,同时根据需要设立一些新的专业,以便尽快培养各类人才,加快学校的师资队伍建设,争取做到"专家走,学到手"。进入20世纪80年代之后,随着经济体制改革的深入,教育体制的改革也日益加强。国家适时调整引智政策,加大经费投入,有计划、有步骤地开展引智工作,并强调聘请外籍教师应以指导中青年教师、培养研究生和高年级学生,以及从事科研合作等为重点,这样,就将引智工作从聘请一般外教从事基础教学的初级阶段,转向聘请著名专家和学者从事高层次人才培养、参与学科建设、进行科研合作等高级阶段。

北京大学从1979年恢复聘请外籍教师起,经历了几个重要的发展阶段。学校根据国家有关政策,从实际出发制定引智计划,不断开拓进取、与时俱进地做好引智工作,形成了前所未有的新局面。80年代北大平均每年聘请外专100余人,到90年代为200多人,而进入本世纪后,每年来校的外国专家、学者达300—400人,遍及全校各个院、系、所和中心。外籍教师已成为北京大学教师队伍的重要组成部分,在学校教学、科研和人才培养等方面都发挥了积极的作用。除了金发碧眼的"洋先生"外,与我们有着相同血缘的海外留学华人也纷纷回国工作;世界各学科领域著名的学术大师如诺贝尔奖得主等也频繁莅临北大,其中一些人被授予北京大学名誉博士学位或名誉教授称号。

近十年来，随着中国经济腾飞、社会进步、综合国力的增强和教育事业的发展，高校对于海外人才的吸引力越来越强，引进国外智力的成分更趋多元化，海外华人学者纷纷来华应聘任教，成为高校师资的重要力量。与此同时，改革开放后的出国留学人员也纷纷学成回国，汇入到高校教师的行列中。他们中的许多人在北京大学的教学科研岗位和行政管理岗位上都扮演着重要的角色。如在光华管理学院，有近50%的教师是在海外获得博士学位的人；在软件学院，系主任大多是由外籍华人学者来担任；在新成立的工学院，主要的院领导也是由外籍华人专家来担任，许多专职的科研教学人员都是从海外引进的。他们不仅在教学上将国际先进的教学理念、教学方法和课程体系引入课堂，而且还在管理上积极借鉴国际一流大学的成功经验和办学体制，从教师队伍、学院结构、管理体制等方面来打造新型的学院。

二、引智作用和意义

聘请外籍教师是北京大学一以贯之的历史传统，外籍教师将他们的国际视野和学识融入到北大"常为新"的发展中，使得北京大学始终保持着一种教育的开放性与多元性特征。进入第二个百年以后，根据国家"科教兴国"战略，北京大学把引智工作与争创世界一流大学的总体目标紧密结合起来，对引智工作进行了新的定位，使引智以"为学校的教学、科研、人才培养服务"为宗旨，赋予引智工作以新的理念和策略，推动学校向国际化的方向发展。

1. 引智为教学服务

传道授业是大学的核心任务，学校的教学质量、教育水平决定着人才产品的质量。而教学质量既与教师自身的专业素质、知识结构、教育理念等有关，也与教师的教学方式、教学方法等有关。"教师作为教学科研活动的主体，他们在全球范围内学术交流活动的层次和水平，是衡量一国高等教育国际化水平的重要标准"，是"使大学成为某一学科领域的国际学术活动中心和有影响的学术论坛之所在"的决定因素。[①] 曾几何

---

① 陈学飞.高等教育国际化：跨世纪的发趋势.福建：福建教育出版社，2002：160.

时,金发碧眼的洋先生们成为北京大学教师队伍的组成部分,形成燕园中靓丽的一景。通过引智工程,许多外籍专家、教师走上了七尺讲台,促进了学校教学质量的提高,具体体现在课程设置体系的更新、教学方式方法的更新、课程内容的更新以及教材的更新等。

课程的国际化是高等教育国际化的诸要素之一,旨在培养学生能在国际化和多元文化的社会工作环境下生存的能力,教育内容和课程体系是实现培养目标、提高人才培养质量的核心。"课程"不仅仅是一些科目的罗列,它代表了人们对"知识"、"技能"、"教育"、"教学"和"学习"等十分重要的概念和实践方式的理解。① 在过去的计划经济体制下,我国的高等教育曾经出现过"课程设置僵化,课程内容陈旧,教学方法死板,实践环节不被重视,专业设置过于狭窄"等局面,②以课堂讲授为主的教学法将教师置于中心地位,注重学生的记忆而忽视他们的反应。如此种种,"学生所受的训练不足以使他们将来很好地适应社会迅速发展变化的需要,也限制了他们个人的发展"。③ 大学生"能力畸形发展,创造能力甚差",不利于创造精神的培养和学术的发展。

近年来,北大积极推进课程的国际化,聘请外籍教师以开设国内尚属空白的新兴学科、交叉学科的课程为主,注重拓宽课程设置,促进通识教育的恢复和发展。在教学上,打破单一的教学方法,而采用发达国家流行的教学方法,如"个别化教学、在校经验学习、同学互教和小组教学",以及写小论文、鼓励学生课堂讨论等,激发学生的参与意识和学习积极性。增加实践环节、增加学生的自学时间和课外学习活动。④ 在教材上,注意选用原版教材或在自编教材中大量吸收国外同类教材中的内容,或指定相当数量的国外教材和论著作为教学参考书目,教材的及时更新升级保证了教学内容的新颖性与前沿性,体现了国际观点。

---

① 转引自 Martin McLean. The European Union and the Curriculum. in David Phillips (Ed.) Aspects of Education and the European Union. Oxford Studies in Cpmparative Education, Vol. 5(2),1995. Wealingford (UK), Triangle Books.
② 陈学飞.高等教育国际化:跨世纪的发趋势.福建:福建教育出版社,2002:221.
③ 转引自汪永铨.中国高等教育中的通识教育问题.载海荫.东西方大学与文化.武汉:湖北教育出版社,1996.
④ 陈学飞.高等教育国际化:跨世纪的大趋势.福建:福建教育出版社,2001:224.

引进国外一流学者,开设精品课程。北大国际 MBA 班与美国 26 所商学院联盟合作项目就是中西贯通、中外互补、将西方先进的管理理念与中国经济与企业改革实际相结合的典范。国际 MBA 班有充足的海外师资资源,70％的教师为外籍,中方教师也都具有海外留学背景。双方的合作建立在平等的基础上,共同制订教学计划、教授评估体系等等,这种合作促进了中国 MBA 教育的发展。

外籍学者将新的教学方法引进课堂,其中影响最大的要属"案例教学法"。为适应我国 MBA 教学发展的需要,北大光华管理学院"中国企业管理案例库"项目组举办了案例教学研修班,聘请了国际著名的案例专家讲授符合国际标准的 MBA 案例编写、使用原则等方法,使"中国企业管理案例库"项目处于国内领先地位。正是在案例库项目的带动下,我校 MBA 的教学得到进一步发展,迅速与国际先进的教学手段和教学方式接轨。以教学促科研,及时将最新科研成果充实到新编教材中去。作为该项目成果的《中国企业管理教学案例》一套两册案例教材,成为文科教材建设的杰出代表。目前新加坡、香港等地高校也使用这一教材,一投入市场即供不应求。

外语是学习别国文化、扩大国际交流、了解世界文明的重要工具。在语言教学上,外籍教师的优势和作用非中国教师可以取代,特别是在写作以及听说等薄弱环节上,聘请外籍教师授课明显地强化和提高了学生的外语能力。学生们在语言外教的直接教授下不但提高了学生专业语言的应用能力,同时也促进了专业知识的学习,掌握到专业领域的最新知识动态,有助于学生阅读专业文献,撰写学术论文以及参加国际学术交流活动。北大法学院多年来聘请外教开设法律英语课程,极大地提高了学生的法律英语水平。该院先后两次应邀组队参加国际大学生模拟法庭竞赛,在同以英语为母语的众多竞争对手的较量中,成绩名列前茅,获得母语为非英语参赛队的最好成绩。

2. 引智为科研服务

引进国外智力,加强科研合作研究,是高等教育国际化的重要内容之一。联合国教科文组织认为:"国际合作是世界学术界的共同目标,而且还是确保该国家与机构的工作性质和效果所不可缺少的条件。高等教育已在知识的发展、转让和分享方面发挥了主要作用,因而学术上的国际合作应为全面开发人类的潜力作出贡献"。①

改革开放以后,我校承担着许多国家级重点科研项目。以这些项目为依托,引进高水平的国际知名学者来校从事科研项目合作,做到学者与学者、学科与学科、学校与学校之间的"强强合作",是引智工作的重要目标之一。"强强合作"一方面表明国内学者的学术科研水平已为国际学术界所承认;另一方面反映了我校学者寻求国际合作的积极态度,希望借助于国外智力使科研活动早见成效。近些年来,我校每年有 50—60 个科研项目从引进国外智力中获益,外籍专家的参与使得我校的科研活动成效显著。

北大重离子所自 1996 年起开始进入铜铌溅射腔的研究。在几年的研究过程中,将溅射技术、真空机械技术、成膜性能研究等拓展至应用领域,中高温太阳能集热管的研制就是中外合作科研成果转化的结果,其产品在国内外供不应求。在研制过程中,俄罗斯、澳大利亚的学者每年应邀来校工作 2—3 个月,直接参加实验,对科研项目进行评估和检查,攻克了一系列科研难题。科研合作的同时,也为学校培养了大批博士和硕士研究生。

北大地质学系和中科院地质所共同承担的"华北克拉通早期的地壳性质及演化"项目,邀请国际知名的地质科学家来校讲学和研究,对元古代构造演化、重大构造事件及超大陆恢复提出了许多新见解,打开了国内学者的研究思路,使得研究取得了多项突破性进展。经进一步的实验研究证实,华北冀东发现的大洋地壳残片的年代约为 27 亿年。美国《科学》杂志曾对这一研究成果给予了高度评价,称"中国人的发现推动了板块构造";国际学术界认为,该发现对地球早期构造演化历史、板块构造最早出现的时间等问题的认识都有着重要的科学意义。

德籍专家施密特(Gerhard Schmitt)教授从 1999 至 2003 年参与"京津地区水资源可持续管理"中加 3×3 合作项目,作为项目组核心成员,成功地应用地理信息系统技术和遥感技术,建立了北京至天津地区水资源研究的基础数据库,为其他子项目的研究提供了非常重要的数据保障,展示了其在遥感和地理信息系统前沿领域较高的学术水平和创新能

---

① 陈学飞.高等教育国际化:跨世纪的大趋势.福建:福建教育出版社,2001:13—14.

力,取得了一系列重要科研成果,由此获得北京市政府"长城友谊奖"。

在传统的引智渠道之外,北京大学在有关部门的指导和帮助下,积极寻求开辟引进外籍人才、优化资源配置的新渠道。在引进外籍专家以加强重点学科建设方面的一个典型事例,便是北京大学生命科学创新引智基地的建立,其目标旨在瞄准国际学科发展前沿,围绕国家重点科研领域和重点学科发展方向,引进海外人才,建设世界一流的学科创新引智基地。这一新型战略显示出了一种前所未有的引智方式,即不仅仅引进海外人才讲学,而是更注重通过海外杰出人才来带动相关的学术资源,培养一支具有自主研究和创新能力的学术团队,促进海外人才与国内科研骨干的融合。在过去的一年当中,该基地聘请本学科领域内世界知名的学者与国内青年骨干教师组成了教学、科研创新团队,积极开展教学与科研活动,成功地申请到其他一些重要的研究基金及国际合作基金,并组织了大型国际学术会议和暑期班,推动学生参与国际交流和科研活动。由该基地的北大成员发表的 SCI 论文(北京大学为第一作者单位)多达 25 篇。

实践证明,引进国外智力,开展强强合作,有助于提高学校的学术质量和研究规模,扩展我国学者的学术领域,了解不同文化背景下人们看问题的角度,提高师资的学术水平。

3. 引智为人才培养服务

培养人才是高等教育的核心任务之一。高等学校不但要注重知识的传授,更要注重学生能力和个性的培养。造就一个全面发展的新型人才是高等教育国际化发展的必然要求和挑战。当今世界所需要的人才,是能够适应时代变化、掌握相关知识技能、参与世界经济市场竞争的合格人才;是具有国际化意识和视野、理解多元文化的全面发展的人才。

为了实现这一目标,北大积极搭建国际化的学术舞台,邀请世界各国政界、商界、学术界等著名人士来校演讲、讲学,目的就在于培养学生具有国际意识,增进对不同民族、文化的理解,使他们能够在国际文化交流中充分沟通思想,能够从国际社会和全人类的广阔视野出发判断事物。

在北京大学的校园里常能见到一些特殊的人群,他们所到之处总是受到明星般的待遇,引来青年学子崇敬的目光,他们就是应邀来校演讲的诺贝尔奖获得者。作为世界学术界的翘楚,他们身上笼罩着传奇的光环。自1998年北京大学百年校庆以来,随着北京大学国际学术声望的提升,诺贝尔奖获得者的来访接踵而至,迄今为止大约有二三十位。《科技日报》曾报道说:能够亲临现场,聆听诺贝尔奖获得者的演讲,是一件令人兴奋的事,即使你不是与他同专业,也会有很多的收获。诺贝尔医学和生物学奖得主路易斯·伊格纳罗教授告诫中国的大学生,不要抱怨自己的学校不好、老师不用心,作为学生要尽可能学习一切可学的知识。他说,"我从来没有想过自己能获得诺贝尔奖,我不是个天才,只是热爱泡在实验室做研究而已","对于你们的学习和今后的研究,你们需要的是热情和坚持"。[①] 大师们的言传身教,对于激发学生的科学献身热情,无疑具有重要的作用。

北京大学始终致力于实现对外交流、智力引进的多元化,利用自身的传统与影响突破教育学术的界限,努力搭建民间外交的平台。"驻华大使系列讲座"的开设,便是北大这方面优势的彰显。北大国关学院、经济学院等院系先后邀请数十位驻华大使来校演讲。平日里总是出席在国际场合、与国家元首一同亮相的各国大使,如今也来到北大的学生中间,畅谈国际关系、经济合作与文化交流,他们以其跨国的经历和全球视野,为学生们带来一种前所未有的新鲜和振奋。面对面的交流,心与心的沟通,遥远的异国渐渐变得亲近起来,文化的隔阂也冰释在敞开心扉的自由交谈中。聆听大使演讲的美妙感受仿佛一次次环游世界的旅行,学生们不仅了解了外国,也了解了外国人对中国的看法与感受。

高等教育国际化为高校的发展和人才的培养带来了新的机遇。国际化可以使高等学校突破现有结构的限制,比较灵活地对国际大环境做出反应;可以改变高等学校的"规章制度",学生在不同国家学习所获学分的认可;可以促使学位制度、收费政策的改变;可以开设出更多的国际化课程,更新课程设置和内容;可以建立科研合作,促进学术繁荣;[②] 可以改变学生的观念,培养学生树立一种新的理念:即不仅仅是一个国家的公民,而且要成为一个世界的公民,不仅要关心国家和民族的命运,而且

[①] 华凌.把深奥理论演绎得妙趣横生的伊格纳罗教授.科技日报.2006-09-07.
[②] 陈学飞.高等教育国际化:跨世纪的大趋势.福建:福建教育出版社,2001:115.

更加关注全球的命运。

　　当今世界是以知识经济为基础的时代,拥有一大批具有国际视野和知识的人才,是保障国家拥有竞争力的重要因素。在北京大学面向国际化的发展中,外籍教师已成为不可或缺的力量。如何引进更多的外籍优秀人才、加强教师队伍建设并使之更好地发挥作用,是我们所面临的重要课题,北京大学的引智工作任重而道远。

参考文献

1. 陈学飞.高等教育国际化:跨世纪的大趋势.福建:福建教育出版社,2001.
2. 北京大学校史研究室编.北京大学史料.北京大学出版社,1993(1).

加强智力引进平台的建设，为创新型大学服务
——"十五"期间浙江大学引进国外智力工作的回顾和思考

沈　杰　袁纪纲　姚　诚　冯　弘[*]

浙江大学由于领导重视，政策支持，经费落实，学校的引进国外智力工作在"十五"期间取得了可喜的成绩。"十五"期间共执行教育部重点项目47个，引智专项35个，学校项目1 168个，总共聘请专家1 571人次；举办国际及双边会议161个，参会外国代表4 513人次。聘名誉、客座教授228人，其中诺贝尔奖获得者5人。学校制订了灵活、操作性强的人才引进和智力引进政策，积极争取教育部的"聘请世界著名学者"、"春晖计划"等各项引智项目，并给予经费配套支持，同时，学校还通过各种渠道争取校友和企业家对引才、引智工作的大力支持。校领导还亲自率队数次赴国外重点招聘高层次人才。学校以签约的方式聘请了60多名国际知名学者和50多名海外优秀学者，对促进我校学科发展和人才培养，提高教学质量和科研水平，提高我校在国内外的学术地位和国际竞争力，推动我校建立创新型大学和创建世界一流大学发挥了极其重要的作用。

随着浙江大学办学实力的不断提高和引进人才、引进智力规模的逐年上升，学校逐步调整引进方向，以适应学校新时期的发展目标和建设重点。强调引才、引智工作要为加速学科建设服务，为学校发展战略服务。实现由单一的"讲学型"向讲学、科研、开发"综合型"转变，由"单体引进型"向汇聚核心人物与优秀人才群体的"团队引进型"转变。积极探索在国际化的创新平台上吸引国际知名专家、学者以及留学海外的华人

---

[*] 作者简历：沈杰，浙江大学外事处副处长，副教授；袁纪纲，浙江大学外事处处长助理，讲师；姚诚，浙江大学外事处讲师；冯弘，浙江大学外事处副教授。

学者精英,围绕重大项目凝聚学术队伍,形成一批优秀创新团队,促进学科交叉融合和集成发展,提高学校的创新能力和核心竞争力。在近5年时间里,浙江大学创建或联合共建了数学研究中心、国际电磁科学院浙江大学分院、光及电磁波研究中心和光通信交叉研究中心、沃森基因组科学研究院、免疫学研究所、浙江加州国际纳米技术研究院等一批创新平台,汇聚了一批海内外知名学者和优秀人才,为浙江大学开辟了新的学科研究领域,使科学研究和人才培养迈上新的台阶,引领学科朝着国际化的方向发展,如下所示。

"十五"期间各类项目和聘请外国专家统计表

类别 年份	教育部 重点项目		引智专项 项目		学校重点 项目*		国际、双边 会议		聘名誉、 客座教授
	项目	专家	项目	专家	项目	专家	个数	外宾	境外
2001	取消申报		10	10	149	190	30	634	47
2002	8	9	4	4	186	246	21	501	42
2003	11	13	4	4	182	231	16	263	36
2004	12	15	7	11	291	368	36	1121	53
2005	16	22	10	12	360	436	58	1994	50
总计	47	59	35	41	1 168	1 471	161	4 513	228

一、平台建设与团队引进的体会与经验

(一)平台建设与团队引进的好处

1. 有利于克服单体引进后工作局面难以拓展的问题

在以往的人才引进或智力引进工作中,一个比较突出的问题是引进对象来校工作后的环境融合问题,由于人生地不熟,科研力量的组织调配和各种学科资源的整合会出现许多的困难,孤军奋战,能力和作用的发挥受到很大的影响。实践表明,高端人才发挥作用必须要有团队的支撑,依靠团队的智慧和力量。

2. 有利于快速形成科研氛围,快出成果

汇聚各个方面的精英,新型的团队合作形式,是科学研究的一种发展趋势。长期以来,高校普遍存在着力量分散的问题,缺乏有效的组织

科技创新"大兵团"作战的人才组织机制，无法承担大项目，难以取得大成果，自然也难以提高学科水平。这既与学校纵向的、封闭的人员管理制度难以适应科技创新的需求有关，也与学校对教师的考评指标体系有关。通过组织灵活的、开放的、跨学校的和跨国界的高水平科技创新平台，打破人员界限，外引内育，快速形成学术队伍，学校的多学科优势和优秀人才的团队效应就会得到充分发挥，就有能力承担重大项目，且早出大成果。

3. 有利于学科国际化人才的培养

团队引进的意义绝不仅仅是几个学者的问题，而是意味着一个优秀的、国际化的学术中心或学术团队的诞生。它既是吸引人才的磁场，也是人才施展才干的舞台，更是培养学科帅才的摇篮。通过创新平台，我们中青年学术带头人和学术骨干有了更多的机会出国进修、考察访问、参加国际会议及合作科研，可尽快掌握国际上最新的学术动态和学术信息，了解处于国际前沿同行的研究方向和最新进展，我们就可以更好地以中、外联合培养的方式，训练学科国际化人才。

4. 有利于学校科研管理和人事管理的制度创新

学校内部管理体制与运行机制的创新是学校发展的内在动因。创建平台、引进团队，给学校科研管理、人事管理带来了新的观点、思路和方法，促进了观念的转变和工作水平的提高。学校所采取的"学术特区"政策，既是对创新平台的必要支持，同时，也是进行高校内部管理机制创新的试验。通过这种试验，我们可以不断积累经验、摸索规律，突破学校内部管理上的体制性障碍，使我们的人力资源和学科资源及其他各种资源得到最大限度的利用和优化。

（二）探索多样化的平台建设与团队引进的模式

1. 整合校内外各种资源

创新平台的建立，不单单局限于以整合校内多学科资源的创建模式，各种新型的平台建设模式都应积极去探索尝试，如：浙江加州国际纳米技术研究院就是整合校内外各种资源的平台建立模式。它不仅可以通过引进国外高级科研人才、领先技术和先进仪器设备来提升浙江大学的科研水平和人才培养水平；同时，可以通过引入美国加州纳米技术研究院的先进运营模式，在我国创建一个科研、成果转化和投资产业化联动三者有机结合的科研新模式。

2. 直接的团队引进与逐步的团队引进

团队引进可以有两种模式,一是直接的团队引进,即"一锅端"的引才方式;另一种是核心人物到位后,逐步引进人才以形成结构合理的学术团队。如果把"一锅端"的引进方式理解为完整意义上的团队引进的话,那么策划并实施团队引进就会比较困难。从我校这几年创建平台引进团队的工作实践看,基本上采用的是后一种模式即依靠核心人物的影响力,在短时期内在海内外招聘到所需的高层次人才,快速组建成一个结构合理的学术队伍。

(三)着重做好创新团队核心人物的物色与引进

1. 重视创新团队中的核心人物的作用

团队领军人物是创新平台的灵魂,不但应具有高深的学术造诣和创新性学术思想,而且要有高尚的品德,很强的组织协调能力,会识人、用人、育人、团结人。这样才可能在研究群体中有较强的凝聚作用。在我校创新平台建设与团队引进过程中,团队的核心人物发挥了独特的优势和巨大的作用,如著名美籍华裔数学家、哈佛大学教授、菲尔兹奖(Fields Medal)获得者丘成桐先生,麻省理工学院教授、国际电磁科学学院院长孔金瓯先生,以及加州大学洛杉矶分校(UCLA)刘克峰教授、长江特聘教授何赛灵、曹雪涛教授等一批在国内外有影响的知名学者。

2. 瞄准沟通中西方学术文化的桥梁性人物

建设高水平的创新平台,必须跳出自己的小圈子,把学校的学科专业发展放到世界的坐标系中,参与国际竞争。我们不仅要了解世界,而且要让世界了解我们。一些在国际上有着崇高学术地位,且长期关心和支持国内建设和发展的海外华人科学家,他们了解中、西方文化,洞悉科学技术发展变化的大势和高等教育发展的大势,身在异乡,却情系中华。他们是创建高水平、国际化创新平台最为理想的领军人物,由他们引领的创新平台,将会在与国际国内合作交流的过程中得到长远的支持和发展。

3. 要以超常规的热情努力争取核心人物

对于大师级学者或战略性科学家的引进,必须要有战略眼光、宽阔胸襟和果敢的魄力,要以超常规的热情,超常规的努力,采取超常规的举措去争取。例如,浙江大学诚聘丘成桐教授就不是一两年的事情。丘成桐是华人中唯一获得世界数学领域最高奖菲尔兹奖的科学家,一直热心于祖国数学科学事业的发展。早在1986年初夏,时任浙大副校长的路甬祥就曾与丘成桐商谈在浙大成立高等数学研究所事宜。1999年,浙大校长潘云鹤与丘成桐就在浙大建立一个开放性的国际数学科学研究机构进行了多次的洽谈,终于使当初的构想付诸实施。在校友汤永谦先生的资助下,浙江大学专门为数学中心建造了一幢6 000平方米的大楼。

(四) 大力做好创新团队引进的支持与保障工作

建设高水平创新团队要有良好的政策环境和基础环境。团队引进、创建平台的过程中,也会涉及方方面面的利益关系,会遇到矛盾纠葛,产生一些来自不同方面的阻力。为此,学校突出强调要树立大局观和科学发展观,更新观念,抓住机遇,善于打破平衡,进行资源整合,在具体的组织实施方面,积极稳妥,精心组织,做好各方面的思想工作。为使高层次人才到浙大后能顺利开展工作,学校在不断完善诸如提供工作条件、资助学科建设配套经费、优先考虑其研究生招生名额、后勤配套服务等方面的政策措施外,更把重点放到拓展事业与发展空间以增强对高层次人才的吸引力。在管理模式与运行机制上,更多地尊重平台负责人的构想与意见,给予校内特区政策,使他们在聘用人员及形式等方面有更大的自主权与灵活性:可自行招聘各类人员并实施严格的聘任制度;可以根据实际工作需要确定人员的规模;奖励工资由负责人在一定额度内自主决定发放标准;研究人员采用全时和非全时两种聘任方式;经过负责人批准研究人员可以自由往返于国内外。

(五) 平台建设与团队引进中应注意的问题

平台建设与团队引进,相辅相成,对于高起点、高水准、高目标地开展科研工作,形成学科新的生长点,优化师资队伍结构,改善人才培养环境,实现学校的跨越式发展,具有十分重要的作用。在实际工作中,我们还要注意以下两点:

1. 风险与成本

团队引进的效应与单体引进相比要显著,然而,与之相应,团队引进的风险与成本要比单体引进大得多。特别是载体建设往往耗资巨大。因此,要切实做好论证工作,要体现前沿性、战略性和创新性。既要全面提升学校的创新能力和国际竞争力,也要立足于学校教育和科研力量的实际,实现重点突破和可持续发展。

2. 实质性工作

平台建设、团队引进,不能搞花拳绣腿,不能做表面文章。引进的人才必须尽快进入角色,精力充沛地投入实质性工作。团队成员的引进可以有全职、兼职等几种方式,但至少有一批稳定的骨干全身心地投入,才可能迅速拓展工作局面。如果团队成员以兼职为主,平台建设就比较虚。

二、下一步团队建设的工作思路与计划

浙江大学学科门类齐全,为学科的交叉与综合提供了坚实的基础。特别是几年来,通过"211工程"、"985工程"等国家的重点项目的实施,使浙江大学进一步夯实了学科发展基础,学校的综合实力明显提高,对浙江省以及长江三角洲地区的经济、科技、文化与社会发展的辐射和带动作用正在日益增强。

2006—2010年是浙江大学至关重要的机遇期、竞争期和发展期。为开创新局面,实现新跨越,浙江大学将全面规划5年(2006年—2010年)的建设与发展,既要体现前瞻性、科学性,又要具有可操作性,并要与国家和区域发展规划有机衔接,积极争取国家创新体系(大学)规划与建设项目,进入国家创新体系。

学校将全面启动以18个科技创新平台和哲学社会科学创新基地建设为核心的"985工程"二期建设。成立各个平台和基地的筹建领导班子,组织相关教师开展深入广泛的讨论,深化对平台和基地建设目标的认识,针对交叉学科的新方向,把各种对学校发展有引领作用的、有战略前途的、形成新突破点的项目与方向凝练出来。由学校领导牵头,组织相关部门和教师开展调研活动,在新的学术组织架构、人事制度、人才培养、经费使用、设备共享、空间布局等方面提出改革方案,并按照不同学科和单位的特点,进行试点或全面实施。在扎实推进高水平平台和基地建设的同时,以点带面,逐步在全校构筑矩阵式、开放式的新型学术组织结构。

各个平台将面向海内外聘任首席科学家和学术带头人,有重点、有针对性地做好团队引进工作,及时汇聚队伍展开高起点、高水准、高目标的建设。

参考文献

1. 傅志田.关于我国高等教育国际化的思考.上海教育,2001(9).
2. 赵中建.全球教育发展的研究热点——90年代来自联合国教科文组织的报告[M].北京:教育科学出版社,1999.
3. 王英杰,高益民.高等教育的国际化[J].清华大学教育研究,2000(2).
4. 陈学飞.高等教育国际化:跨世纪的大趋势[M].福州:福建教育出版社,2002.
5. 吴琼华.把握入世契机,加快高校引智步伐.福建农林大学学报(哲学社会科学版),2002.5(4):88—90.
6. 金敏,季亚明.高校引智实践与思考.皖西学院学报,2004.6,20(3):131—133.
7. 李凌.高校引智工作新思考.武汉理工大学学报(信息与管理工程版),2006:3,28(3):156—158.

明确定位，充分发挥国际合作与交流处在高校引智工作中的主导作用
——吉林大学引智工作的经验和体会

刘德斌[*]

积极开展对外合作与交流，引进高层次海外人才，是推动高校知识创新及培养创新型人才的一条有效途径。作为"985工程"和"211工程"建设学校，吉林大学在引智工作上始终本着"突出重点，效益优先，注重特色，稳步发展"的原则，围绕学校重点实验室、重点学科以及重大科研项目，在全面开展引智工作的基础上，有计划、有重点、分层次地逐步深化工作内容。

作为学校外事归口管理部门的国际合作与交流处，如何发挥主导作用，充分调动广大教师开展引智工作的积极主动性，营造良好的国际化校园文化氛围是我们一直摸索和实践的课题。

一、明确定位，认清职责，建立充满生机与活力的基层引智工作队伍

众所周知，一个引智项目从项目策划、组织实施直到项目完成后的总结评估，是一个时间跨度长，涉及部门和人员多的系统工程。作为学校外事归口管理部门，我们始终坚持"以项目为核心，以项目负责人为主体，以成果效益为目标"的工作方针，明确了我校引智工作的主力军是工作在学校教学、科研第一线、利用外事资源不断推陈出新的教师及科研人员，从而理顺了引智工作中各相关部门之间以及相关部门与项目负责人之间的关系，保障了引智工作的有序进行。

---

[*] 作者简介：刘德斌，吉林大学国际合作与交流处处长。

作为引智工作主力军的项目负责人,如何能在国际学术舞台上展示才华,除了其自身的学术水平和学术交往能力之外,还需要获得充足的对外交流机会,以及可供遵循的规范的国际交往模式。为了更好地为引智主力军服务,我们在工作中重点做了以下几个方面的事情:一是积极开辟高层次的交流渠道,为学者走向世界搭建平台,创造机会;二是多渠道筹措资金,为"引进来、走出去"提供经费保障;三是策划新项目,整合优势资源,提高引智工作的效率;四是加强项目管理,及时总结经验,确保引智工作的可持续发展。

我校超分子结构与材料教育部重点实验室多年来引智工作十分活跃,但其对外合作伙伴主要集中在美国、德国等欧美国家或地区,因为缺少契机,一直没有与周边国家如韩国等国的高端研究机构建立密切联系。2004年,在韩国高丽大学电光响应分子研究中心主任陈政一教授应邀来我校作短期学术访问之际,我们请超分子结构与材料教育部重点实验室负责具体接待任务。在对实验室的科研工作有了初步了解之后,陈政一教授提出了进一步加深交流的意愿。为促进双方的了解,学校派遣实验室主任随同教育部访问团组专程赴韩国调研。由于研究领域相近,双方很快达成了开展合作研究的共识,签署了交流协议。在强强合作的基础上,迅速产生了一批创新思路和创新理念。经我处推荐,2005年,以实验室为依托申报的"超分子体系的组装与功能学科创新引智基地"获得了"高等学校创新学科引智计划"(以下简称"111计划")项目的立项批准。在"111计划"项目优厚的政策与经费支持下,借助于中韩两国地理位置上的便利,双方采用了每年召开多次小型研讨会的合作方式,不断加强交流的广度与深度,形成了一支精干的中韩骨干创新科研团队,成效十分显著。2006年,引智基地获得一项国家自然科学基金委员会与韩国科学与工程基金会联合资助的合作研究项目。

从这个比较典型的例子中我们可以得出这样的一个结论:在引智工作中,国际合作与交流处不仅仅是外事资源的发掘者、机会的创造者和活动的组织者,而且还扮演着外事项目管理员和服务员的角色。我们的辛勤工作自然也调动了引智工作最直接的受益者即项目负责人的工作热情,通过吉林大学合校6年来的不懈努力,我们在全校范围内逐步培养和建立起一支稳定的、充满生机和活力的基层引智工作队伍,使我校的引智工作能够有序开展,逐步形成了一个良性循环的有机整体。

二、优化项目,整合资源,打造精品"111计划"引智基地

作为教育部直属重点综合性大学,我校拥有一批国内领先、国际前沿的优势学科和重点实验室。这些优势学科既代表了学校的学术水平也存在着巨大的学术发展空间。因此,整合优势资源,借助引智工作的推动力,打造一批精品引智项目,促进学科创新是我校引智管理工作的一项重要内容。

2005年,教育部和国家外国专家局联合设立了"111计划"项目,该项目旨在通过成建制引进高层次海外人才与国内学术骨干合作组成创新团队,推进高等学校的自主创新能力,建设一批国际领先学科。该项目具有资助力度大,建设时间长,涉及部门多以及建设目标高等特点,既是对依托学科综合实力的一次检验,也是对建设基地所依托的高校引智工作管理部门业务水平的一次考验。

在对国家政策要求充分理解的前提下,以及对我校学科总体建设情况进行详细分析论证的基础上,我们确立了我校第一批和第二批基地的申报名单。在组织项目申报的过程中,我们积极协同项目负责人挖掘自身的学科优势,规划建设目标,撰写申报材料,组织校内相关专家进行立项论证。由于申报建设引智基地的学科创新立意高,项目规划翔实可靠,我校共有三个基地获得批准立项,分别是2005年度批准的"古生物演化与环境变迁学科创新引智基地"、"超分子体系的组装与功能学科创新引智基地"及2006年度批准的"无机纳米孔材料科学与技术创新引智基地",引智基地总数在全国高校中位居前列。

在第一批基地建设项目获得批准后,我们立刻着手制定了《吉林大学高等学校学科创新引智基地项目实施办法》,组织成立以主管校长为主任、校内各相关职能部门负责人参加的校级引智基地管理办公室,对基地运行模式、人才引进及经费管理等事宜做出了明确规定;要求两个引智基地依照学校的管理办法,制订出本基地的项目实施细则及年度工作计划。这种管理方法为我校引智基地自主开展项目合作提供了制

度上的保证,使我校引智基地迅速投入运行,为年度工作计划的完成争取了时间。该管理经验也获得了教育部和国家外国专家局的高度肯定并在相关高校内给予推广。

引智基地顺利运行之后,作为主角的基地学术骨干在基地建设中发挥着越来越大的作用。作为配角的项目管理者,我们经常深入基地,随时掌握项目的最新进展情况,协调相关部门解决工作中出现的各种问题,宣传、介绍各引智基地的成功经验,确保引智基地始终处于良好的运行状态。为了总结经验,加强宏观管理,2006年12月,我们组织召开了"111计划"项目评估会议,听取了第一批两个引智基地的年度工作总结及2007年工作计划,围绕基地建设中出现的各种问题进行了深入讨论并提出了解决方案。在"111计划"项目的大力支持下,第一批两个引智基地都建立了高水平国际合作团队,取得了一批创新性的研究成果,培养了后备力量,在短时间提高了学科的整体实力,依托基地建设,实验室的整体水平有了显著提高。我们有信心在未来的建设中,把三个引智基地建设成为"111计划"项目中的精品。

三、以人为本,重点引进,发挥名人效应的建设作用

引智工作的工作对象是人。因此,以人为本,通过策划各类重要专家项目推动引智工作的开展,是取得引智效益的一条有效途径。每年我们都从专家经费中划拨一定比例的专款,或者申请专项资助经费,有针对性地引进学术地位高、学术思维活跃并且与我校有着良好合作关系的国际知名专家、学者来校工作。通过与这些高层次专家的合作,不但使我校迅速掌握一些学科领域的前沿信息和技术,保持领先优势,而且,学术大师们孜孜不倦地追求科学真谛的创新精神,也不断鼓励、教育我校青年学子树立正确的治学态度以及为全人类的和平进步而奋斗的人生观。

2006年,我们向国家外国专家局申请承办了"与大师对话——诺贝尔奖获得者中国校园行"的主题项目,力邀1993年诺贝尔生理与医学奖获得者爱德蒙德·费舍尔教授来校,为我校及部分在长春高校的师生做

了题为"我的科学生涯"的演讲。演讲结束后,费舍尔教授还现场回答了同学们提出的关于生命科学研究领域以及关于他人生奋斗经历等方面的诸多问题。在大学期间就能够有机会与国际顶尖级科学家对话,相信对学生的一生都会产生非同一般的积极影响。

对于一些与我校联系紧密、贡献斐然的合作伙伴,我们会从多个角度给予关注,连续多年支持,保证合作项目持续发展,直到取得突出的成果效益。如,国际著名高压物理学家和地球物理学家、美国科学院院士、美国高压研究中心、华盛顿－卡内基研究院高级研究员毛河光博士作为中国改革开放以来最早一批来访的国外学者,从上个世纪 70 年代开始,就对我校高压研究给予了巨大的无私帮助与支持。特别是 1989 年吉林大学超硬材料国家重点实验室获批建立之后,毛河光院士对实验室的研究方向、研究课题的建立以及设备的采购都提出了许多宝贵的建议和意见,使实验室的研究能够在高起点上开始,直接与国际前沿接轨并迅速取得了多项重要研究成果。毛河光院士为我国高等教育事业所作的杰出贡献得到了充分肯定,荣获中国政府颁发的"国家友谊奖"。

聘请高层次外国专家出任学校各类荣誉学衔也是与专家建立长期联系的一条有效途径。2004 年至今,我们聘请了 31 名包括诺贝尔奖获得者、各国科学院和工程院院士等在内的国际知名学术权威担任我校名誉教授;聘请了 80 名年富力强、学术经验丰富的专家、学者担任学校的客座教授或客座副教授;聘请了 12 名有较高声望的政治家、社会活动家和成功的企业家担任顾问教授。聘请这些在各自领域里取得了杰出贡献的专家、学者加入到我校师资队伍中来,积极发挥名人效应,不但是对我校师资队伍的有力补充,而且对提高我校在国际学术界的影响,推动学校的学科建设及人才培养都起到了积极作用。

四、加强协作,发挥合力,营造国际化的校园文化氛围

我校引智工作的最终目的是"以成果效益为目标",只要外国专家的活动有利于提高学校的学科建设水平,有利于培养人才、有利于丰富校园文化,我们都会大力支持。为了吸引更多力量和资金投入到引智建设

工作中,我们十分注重与校内各职能部门之间的合作,建设校级引智品牌项目;或者实施、策划一个需要各个部门配合完成的新的引智项目,营造国际化的校园文化氛围。

我校作为首批试点院校承建的"高校师资外语培训项目"因组织管理有序,教学效果良好而被评为全国优秀师资培训项目。目前,该项目已经建设成为我校的一个品牌引智项目。自2001年至今,已经完成了9期培训任务,共培训青年骨干教师近400人,培训合格率达到80%;经过培训的部分教师已经可以用双语开设课程,极大地解决了学校双语师资力量不足的问题;还有一部分教师申请了赴国外进修学习的机会,其中的一些人已经成长为我校引智工作的骨干力量。

在与横向部门联合策划的新项目中,近几年来成效比较突出的是"名家讲座"项目。开展名家讲座活动,是传播先进科学理念,激发学术思想的重要途径,也是发展多元化校园文化的有益补充。目前,我校年平均来访外国专家、学者达300余人次,每年参加国际会议的外国专家也有二三百人。为了使学生有机会领略不同领域的国外知名专家、学者的学术风采和精神风貌,扩大外国专家来访的受益面,我们积极会同校科技处、社科处、学生处等部门,组织设立了不同学科类别的外国专家"名家讲座"项目,取得了比较好的效果。

如,我校科技处2005年主办了195场自然科学"名家讲座"项目,其中外国专家讲座146场;2006年主办了281场自然科学"名家讲座",其中外国专家讲座227次。我校社科处2005年主办了50场人文社会科学"名家讲座"项目,外国学者讲座14场;2006年,主办了86场,其中外国专家讲座23场。另外,学生处主办的"人类文明与生存发展"讲座项目也先后邀请了俄罗斯、美国等国家或地区的知名学者作了精彩的学术报告。名家讲座项目作为一种蓬勃发展的引智形式深受师生欢迎。一些对外合作交流密切、学术气息浓厚的院系也纷纷设立了专题性系列学术讲座项目,如我校教育部人文社会科学重点研究基地——理论法学研究中心设立的"海外学者讲座"项目迄今已经举办了51期专题学术讲座;经济学院、公共外语教育学院等也纷纷开设了独具专业特色的专题性系列讲座。作为引智工作有力补充的名家讲座活动的广泛开展,使我校引智工作无论从形式上还是从内容上都得到了丰富与提高,加速了我校国际化校园学术氛围的建设。

为了加快实现高等教育国际化,发挥高校在建设国家创新体系中的重要作用,需要进一步加强国际合作与交流处在高校引智工作中的主导地位。培养引智工作管理者国际化的视野和多面手的能力,把握工作重点,不断开拓工作思路,策划形式多样、内容丰富的引智项目,使引智工作向更高层次、更高水平发展。

高等教育国际化视野下的学生跨国流动

夏红卫　马　岚[*]

当今世界,随着经济全球化的加速发展,高等教育国际化趋势已成为不可阻挡的时代潮流。在我国,一个普遍的观念认为大学国际化是指在大学和学院水平上,教师、学生和校友等参与相关的国际化教学、科研、社会服务、教育拓展(Out Reach)等活动的状况。[1] 高等教育的国际化主要可以从学生、教师、课程及研究这四个维度来展开。而其中以国际学生的流动人数最为庞大,带来的隐性影响也最为重要。目前,大学生的国际流动已经从无序的自发行为进入到有组织的自觉形式,并且成为各国经济竞争、软实力竞争的一个重要方面,学生跨国流动的数量和质量也已成为高校国际化的重要标志,在世界高校的不同排名中,与学生的国际化和国际交流相关的指数频繁出现。

最早对大学进行评价及排名的《美国新闻与世界报道》采用的主要指标就包括国际学生数目一项。2005年英国《泰晤士报·高等教育增刊》对世界高校进行排名主要依据六个指标：同行评议(Peer Review)、海外教师(International Faculty)、海外学生(International Students)、师生比(Faculty/Student)、论文引用/教师(Citations/Faculty)以及雇主评议(Recruiter Review)。其中海外教师和海外学生都是反映高校国际化程度的重要参数。

在2005年世界大学整体排名中,虽然北京大学首次跻身世界前20名之列,但仅从海外学生和海外职员这两项参数看,北大与世界其他知名高校相比仍相距甚远(表一)。

---

[*] 作者简介：夏红卫,男,北京大学国际合作部常务副部长,副研究员,兼任北京大学国际合作委员会委员,中国高等教育学会出国留学管理分会常务副秘书长,主要研究领域：跨文化交流、高教管理。马岚,女,北京大学国际合作部项目主管。

表一　世界前五十名大学海外学生及教员人数比较[2]

学校	哈佛大学	麻省理工	剑桥大学	牛津大学	斯坦福大学	北京大学	东京大学	香港大学
排名	1	2	3	4	5	15	16	41
海外学生	23	41	34	37	30	4	12	21
海外职员	17	12	65	58	10	7	2	82

由表中的数字可以看出，排名前五位的高校在海外学生和职员这两个参数方面得分都很高。而北京大学虽然位居第15位，但与位于41名的港大相比，在这两个参数上差距很大。单就海外学生这一参数来看，位于第16位的东京大学得分也远高于北大。这种差距意味着中国高校的国际化在新的时代背景下在学生的跨国流动方面仍存有很大的建设空间。

一、教育国际化的时代背景

首先，随着经济全球化趋势的加强，教育贸易成为左右教育国际化进程的主轴之一。"二战"结束后，发达国家开始无偿援助发展中国家发展高等教育，资助发展中国家的学生和学者到他国进行学习或研究。近几十年来，发达国家的无偿援助和特殊照顾逐渐终止，高等教育国际交流的重点由援助和合作转向以赢利为主要目的的教育贸易。其中主要原因之一是经济全球化推动了教育资源的国际流动，各国之间的经济联系不断加强，从而带动了政治、科技、文化、教育等各个领域的国际合作。

具体而言，经济全球化对于高等教育主要提出了两方面的要求：其一，经济全球化需要大量的国际化人才。只有拥有国际化视野的人才可能真正从一个全球化的视角来推动本国发展。获取大量的国际化人才目前已经成为了许多国家增强自身竞争力的重要措施。其二，全球化的发展推动了知识的普遍性和国际性。越来越多的科研成果需要通过多个国家的科学研究共同得出，没有教育国际化的基础，这种联合科研也无从实现。

在这种情况下，越来越多的国家希望通过教育的国际化来实现更长远的经济利益,一方面通过国际教育的发展带动本国经济增长,另一方面吸纳本国及外国留学人员,扩大本国国际人才队伍。[3]

其次,高等教育国际交流的主体从政府变为高校和学生个人。近年来,高校出于影响力和经济收益的驱动,积极投身于对外交流,成为高等教育国际交流的主体。与此同时,学生自主选择空间随之增加,学生个体在教育国际交流中发挥重要作用。

第三,学生跨国流动的规模急剧扩大。据联合国教科文组织2006年最新统计资料,从1999年到2004年,全世界"流动学生"的人数增加了41%。在此期间,接纳外国留学生最多的国家是美国,占全球留学生人数的23%,其次是英国、德国、法国、澳大利亚和日本。这六个国家共接纳了全球67%的留学生。外国学生的主要输出国是中国、印度和韩国。西欧各国留学生人数也比较多,总计达40.7万。中国已经成为了世界上海外留学人数最多的国家,中国的大学留学生占全球总数的14%。[4]

二、北京大学学生跨国流动现状分析

面对教育国际化的挑战,北京大学采取了一系列的措施,不断推动学生的跨国流动,在不同层面形成了促进学生跨国流动的有效机制。

1. 学校层面

国际化的校园首先要以国际化的视野为基础,增强学生国际交流的能力,通过多元渠道为学生提供机会,这是构成学生跨国流动的基本要素。在这一点上北大通过多种形式将本校学生送出去,把国外学生引进来,从而实现学生的跨国流动,在很大程度上活跃了学生的对外交流。

(1) 中国学生的海外交流

2003年12月,北大启动了海外学习项目(Education Abroad Program,EAP),目前共有31个校际互换项目、3个海外暑期学校,每年有近200名学生参与该项目并从中获益。EAP项目旨在为在校生提供一定期限的海外学习、实习、交流、研究的机会,涉及20余个国家和地区,参与者既有本科生也有研究生,几乎囊括了北大的所有院系。目前北大已与世界上51个国家和地区的240所大学建立了学术交流合作关系,学校通过校际协议为学生提供广泛的海外交流机会。除校际交流协议外，还有很大一部分 EAP 项目来自于政府、国际组织的支持，通过开通留学渠道、提供奖学金为学生们创造海外求学的机会。EAP 所涉及的项目大多根据协议免去学费或由相关组织、部门向学生提供奖学金，从而降低了海外求学的经济门槛，因此对于大多数的学生来讲，均有能力进行申请。EAP 项目通过不同的交流形式，让北大的学生有机会在海外进行长期或短期的进修，进而在一定程度上实现了人才的国际化培养。

除依据正规学制进行的海外学习项目外，北大还为学生提供了暑期海外交流的机会，如"耶鲁大学暑期项目"、"欧盟奥地利暑期学校"、"约克大学暑期学校"等。在两校签订协议的基础上，北大每年选派若干同学参加不同的海外暑期学校，选修外语及相关专业课程。通过学习，学生们的研究能力、语言水平均在短期内得到了一定程度的提高。目前，北大已有近百名学生参加了不同形式的海外暑期学校，而这一需求还在继续扩大。

(2) 海外学生求学北大

将中国学生送出国门旨在拓宽学生的国际视野，而实现校园内部的国际化则需通过中外学生的相互融合来实现。除招收常规留学生外，北大还设计特色项目吸引更多的学生求学燕园。目前北大有近 30 个英文授课的短期"中国学项目"，通过与世界知名高校的合作，吸引海外学子负笈北大，如 2006 年启动的"北大/耶鲁联合本科项目"，聘请两校精英教授，英文教学，每学期来到北大学习的 24 名耶鲁本科生与相同人数的北大学生共居一室，互帮互学。这一项目是跨文化教学的全新尝试，突破了原有模式，将联合教学与有效的文化交流有机结合起来，中外学生进一步加深了彼此的了解，使项目收益实现最大化。

(3) 联合培养

为了实现"强强合作"，北大还与合作学校开展学生联合培养项目，学生们通过不同学年、在合作学校所在国的交叉学习，得到综合培养，目前已经形成了几个颇具规模的重点项目。如"北京大学—莫斯科大学联合研究生院"，自 2002 年 5 月成立至今，北大已派出 25 名研究生赴俄学习，莫斯科大学的 17 名学生也在北大的不同院系进行研修。我校派出学生分别来自全校 11 个院系，在俄期间充分利用对方学校学术资源进行本专业研究，并取得了一定的学术成就。完成学业的学生均已回到国内,在不同的领域为中俄双方的合作发挥作用。联合培养的模式同样实现了学生的跨国流动,并使参与的学生在学习期限内得到了国际化的培养。

2. 院系层面

在学校大力发展国际交流的基础上,北大的各个院系也在寻求合作机会,为学生们开创更多的海外项目。由院系操作的海外交流专业针对性更强,更有利于培养特定领域的国际化人才。如北大国际关系学院与伦敦政治经济学院(LSE)国际理论系联合设立的国际事务双硕士项目。该项目面向全球招生,英文授课,学生第一年在北大学习,第二年赴 LSE 学习,学业结束后获得两校的学位。此外,北大光华管理学院、法学院也与剑桥大学、康奈尔大学等世界多所知名高校的管理学院和法学院进行合作,在自身专业领域内开创合作项目,为学生提供对外交流的机会,进一步提高院系自身的国际化水平。

3. 学生层面

随着中国教育国际化趋势的不断加速,学生自身对于参与海外交流的需求也不断增强。在北大,学生的跨国流动出现了一个新的元素——学生自发的海外交流。目前,北大拥有 30 余个涉外学生社团,最早的成立于 1997 年,至今已有近十年的历史。学生们举办各种形式的活动,如学术研讨、实践参观、文化体验等,丰富了校园内的"民间"国际交流。如自 2004 年开始举办的"北大—哈佛交流营"活动,完全由学生自发与哈佛学生实现互换交流,开创了全国第一个由学生组织的国际交流活动,并已在校内外形成了广泛的影响。2006 年初春,中日关系极其紧张,北大学生自发与东京大学的学生建立联系,创办了两校学生的国际论坛,"京论坛",有效地增进了两国青年学子的互通理解,产生了积极的国际影响。学生们这些自发性的活动一方面体现了其自身对于参与国际交流的积极态度,另一方面又从基层推动了学校整体的国际化进程,增强了发展的动力。

三、学生跨国流动因素初探

北大推动学生跨国流动的各项举措及其成效引发了我们的进一步

思考,影响学生跨国流动的因素有哪些？作为积极推进学生跨国流动的中国高校,我们又将面临怎样的机遇与挑战？

1. 语言和文化相近的程度

目前选择北大作为跨国流动目标的国际学生中,亚洲邻国的学生远远超过欧美学生,究其原因,语言文化的相近性就是一个重要的因素,而欧美学生的来校学习却仍受制于英文授课的局限。研究表明,大部分学生在跨国流动中都会倾向于选择语言相近的国家,语言是进行任何一种学习的前提,只有为最大多数的人提供了合适的语言环境才能够吸引更多的海外学生。以荷兰为例,第二次世界大战之后,荷兰为了招收第三世界国家学生,各大学逐渐开设以英语授课的课程。就欧洲来看,荷兰英语教学的课程数量仅次于英国,其所接收的国际学生数目也是占据了很大的比重。[5]

与此相比,目前中国高校能够进行英文授课的还是少数,中国学生和留学生的课程体系不同,对于国际学生而言,语言问题成为了很大的障碍。这方面,北大近年来积极主动采取了一些措施,如组织从海外学成归来的年轻学者用英文开设专业课程,与海外高校合作开展联合项目等。2008年,北大还计划启动国际暑期学校,全部采用英文授课的形式,吸引国内外学生共同参加。虽然这些举措为中外学生提供了良好的学习机会,但也存在诸多问题,如对于开设英文授课缺乏激励机制,能否英文授课并没有与教师职称的评定直接挂钩,因此亟须对这些课程进行全面评估,以求改革完善。

2. 经济的诱因

在北大开展的各个层次的学生跨国流动项目中,学生的首选目的地往往指向经济发达国家和地区,如美国和欧洲。这与现有的对学生跨国流动目的地国的数据统计(表二)不谋而合。在现有统计中,排名前几位的国家中日本是少数的非英语国家之一,这在很大程度上是来自于经济方面的推动作用。而经济高速发展的美国在高等教育的国际化过程中则始终处于领先地位,其中的重要原因之一在于其发达的经济水平。

表二　21个学生跨国流动目的地国[6]

美国	日本	瑞士	约旦	韩国
(547 092)	(59 656)	(24 729)	(12 154)	(2 737)
英国	西班牙	意大利	葡萄牙	
(222 576)	(40 506)	(21 229)	(10 998)	
德国	比利时	瑞典	新西兰	
(185 179)	(37 789)	(20 631)	(7 603)	
法国	加拿大	土耳其	丹麦	
(134 783)	(34 536)	(17 635)	(7 124)	
澳大利亚	奥地利	荷兰	爱尔兰	
(69 668)	(30 064)	(13 949)	(5 564)	

国际学生的流动趋势始终是向经济水平发达地区集中,这是因为经济水平是教育、学术水平的基础,雄厚的经济实力能够确保教育硬件的优良,从而为学生提供良好的学习环境。

虽然与欧美等国相比,中国的经济水平仍需进一步发展,但从经济潜力来讲,中国经济的腾飞对国际学生具有极大的吸引力。目前世界各国通过各种方式学习汉语的人数已超过3 000万,100个国家超过2 500余所大学在教授汉语。在美国,汉语已成为学习人数增长最快的外语。[7] 目前北大已与七所海外知名高校共建孔子学院,推广汉语教学。由此可见,在经济发展的推动下,中国将日益成为国际学生跨国流动的目的地,而北大也将在这样的大背景下接收越来越多的海外学生。2000年至今,我校在学的长期留学生数字持续上升,从2000年入学的1 375人发展到2006年的2 408人,几乎增长了一倍(表三)。这种快速增长一方面与北大国际地位的提高有关,另一方面则是与中国快速发展的经济水平紧密相连的。

表三　北京大学长期留学生人数

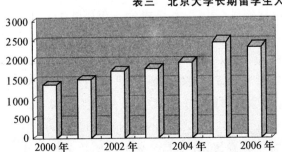

3. 目的地国的学术水平

现阶段北大学生跨国流动中,指向名校的交流往往最受青睐,如耶鲁暑期学校、LSE 国际事务硕士项目每年的申请均人满为患,竞争激烈。学生们纷纷追逐世界名校,因为名校代表着一流的学术水平。所以,学生选择跨国流动的另一个重要原因就在于想要获取更高的学术造诣。当然,学术吸引力同样也是多样的,国际教员的增加,知名教授的聘请都可以在一定程度上提高高校国际化的程度。在世界范围内,目前的状况是优质的高等教育资源处于供不应求的状态。通过表四我们可以看到,世界知名高校的海外学生数量均占据了很大的比例,如哈佛大学、牛津大学等,雄厚的学术基础奠定了其在高等教育领域的重要地位。

目前,北大也正在通过与世界其他高校进行合作进一步强化自身的学术优势。现在北大拥有博士学位的教授中有三分之一是"海归",他们不仅在教学上将国际先进的课程体系、教学理念和教学方法引入课堂,而且还在管理上积极借鉴国际一流大学的办学体制和成功经验,增强北大对各国学生的吸引力。但我们需要看到的是,提高自身学术水平并非朝夕可得,我们仍有很大的一段距离需要去追赶。

表四 世界著名高校海外学生数量比较[8]

国家	院校名称	学生总数	海外学生数	海外学生比	分布国家
美国	哈佛大学	18 000	3 000	17%	100 多个
英国	牛津大学	16 590	4 977	30%	130 多个
	剑桥大学	16 500	1 155	7%	100 多个
	伦敦大学	17 300	5 190	30%	140 多个
德国	柏林自由大学	42 500	5 500	13%	140 多个
	洪保大学	37 655	4 497	12%	100 多个

4. 相关制度保障

任何一个长期的目标都需要有相关的制度保障才能顺利实现,教育的国际化并非一蹴而就,其间需要有一定的机制、政策辅佐才可能达到。而在学生跨国流动过程中最大的瓶颈之一就是相关的政策保障。以学生跨国流动中学分转化的问题为例,北大学生的跨国交流已有多年的发展,但是近年来仅仅是保持平稳发展,并没有呈现加速的趋势。这其中的重要症结之一是,学生们对于海外学习归来后学分转换问题存在顾虑。出国学习的内在成本就是耽误了在自身学校的学习,最终难以在规定的时间内修满学分。因此,海外学习的学分转换问题日显重要。

在这一点上,欧洲为学生跨国流动提供的制度保障在世界范围内具有示范作用。1998年5月,法国、英国、德国、意大利四国教育部长发表了一项旨在协调统一欧洲高等教育体制结构的《索邦宣言》(Déclaration de Bologne/Sorbonne),揭开了欧洲高等教育体制改革的序幕,内容之一便是推广欧洲学分转换系统(European Credit Transfer System)的学分制,或与其相容的学分制,使学分可以跨校、跨国转换。[9]因此,在制度保障下的欧洲内部学生的跨国流动是非常活跃的。

5. 调动本国学生进行国际交流的积极性

学生跨国流动中本国学生的海外交流是推动高校国际化的内在动力之一,也是世界各大高校都在积极推进的重要方面,不仅学生是受益者,学校也将通过学生国际视野的开阔而提升自身的国际化层次。这一方面需要提供更多的机会;另一方面,适当的经济资助将会更有效地推动不同项目更广泛地开展。随着国际化程度的提高,北大学生跨国流动的热情日益高涨,但专项经费的匮乏一直是制约学生流动的瓶颈。

世界其他国家在这一方面都有一系列有效的措施或政策不断地鼓励本国、本校的学生进行海外学习或者从事与国际交流相关的学生活动。如从1987年开始的旨在资助欧洲大学生流动的欧盟"依拉斯玛斯"(ERASMUS)计划堪称有史以来最成功的学生跨国流动资助计划之一。其目标是使10%的欧洲大学生能够出国学习一段时间,并且获得一些资助以支付由于留学而需要的开支。另外,美国的众多高校,如哈佛、耶鲁、斯坦福等也都拥有一流的学生海外学习项目。扩大学生海外学习的范围,同样也是推动教育国际化发展的重要途径之一。

四、推动学生国际流动的措施

高等教育的国际化源远流长,在不同时期各有兴衰。但是,很显然,自从20世纪80年代以后,此议题持续受到区域组织和各国政府的重视,并制订长期性政策以提升高等教育国际化的程度,特别是在促进学生国际流动方面。高等教育的各国学生在国际化的过程中看到了更广阔的求学机遇,面临着更多样的选择,这些都构成了大学教育所面临的机遇和挑战。在这样的形势下,北大及中国其他高校在学生跨国流动方面需要采取更加积极的措施,有效推动自身的国际化发展。

1. 健全学生交流的制度保障,建立师生的支持体系

首先,在学生方面,要进一步完善学分转换规定。目前,北大已初步推出了学分转换的规定,将参与海外交流学生的学分根据不同性质转化为必修或任选学分,从而消除学生海外交流的顾虑。虽然我校在这方面已经起步,但与国外完善的学分转换规定相比,仍有许多方面需要改进。

其次,在教学方面,为了激励教师英文授课,我校有意在课程评估相关政策上推行改革,将教师英文授课计入教学工作量并与职称评定挂钩,力求扩充北大的英文课程。在未来五年内,我校计划开出一定数量的英文精品课,一方面吸引更多的海外学生来校求学,另一方面让北大的在校生也能从中受益,从而增加北大学术氛围的国际化因素。

第三,为学生的跨国交流提供资助。跨国学习意味着求学本体(学生)与客体(海外学校)之间会出现经济上的不平衡,对于许多中国学生而言,如何支付海外昂贵的学费是他们需要解决的第一要务。因此,北大计划于明年推出专门的"学生海外留学基金",试行"三一制",即学校、院系、学生个人分别承担部分交流费用,这样既减轻了学生海外学习的经济负担,同时又增强学生对学校、学院的归属感。

2. 构筑国际交流的平台,拓宽跨国流动的渠道

开拓交流项目、搭建广阔的国际交流平台是一个"将蛋糕做大"的过程。在政策和资金的支持下,学生们能够更加公平地获得"蛋糕",最终从逐渐增多的海外交流项目中获益。

首先,进一步密切与姐妹学校的合作,加强合作深度。目前,北大200余所姐妹学校中有30余所高校与北大签订了学生互换的交流协议。早期的校际交流多集中在教员交换等层面,但近年来,学生互换则一跃成为高校合作的核心内容之一。因此,通过深化与姐妹学校的合作,开拓更广泛的学生交流项目是扩大学生交流平台的最基本途径。

其次,发挥大学国际联盟的作用。目前,北大有选择性地加入了一系列有影响力的大学组织和联盟,如东亚研究型大学联盟(AEARU)、环太平洋大学联盟(APRU)、研究型大学国际联盟(IARU)等,有力地促进了教育领域信息的交换,扩大了成员学校间的合作可能性。如何充分利用这种组织和联盟的平台,推动学生的国际流动,是我们在未来几年发展的重要方向。明年,北大将与研究型大学国际联盟的成员高校合作,共同开设暑期学校,成员高校的学生们可以自主选择在不同高校开设的暑期课程,实现跨国流动。

第三,利用国家相关支持政策为学生提供更多机会。2006年,国家留学基金委启动了为期五年的"国家建设高水平大学公派研究生项目",资助"985项目"高校的研究生赴国外一流大学/科研机构联合培养或者攻读博士学位。在该项目实行的第一年,来自北大29个院系所中心的282名研究生获得了该项目的支持,在全国高校入选者数目中居于首位。这一方面反映出北大学生积极争取海外学习的旺盛需求,另一方面也让我们开始思考如何能够充分利用国家的支持政策,为学生开辟更多的国际交流的渠道。在此基础上,我校针对该项目进行了问卷及跟踪调查,全面分析项目在实际操作中存在的问题,为日后的进一步改进奠定了基础。

3. 建设专业化的队伍,提供职业化的服务

随着学生跨国流动规模的不断扩大,学生海外交流项目的独立性也随之增强。因此,需要在管理方面及工作人员培训方面加大力度,使其与日益增加的学生需求相匹配。为此,北大推出了海外学习项目交流计划(EAP Shadowing Project)。通过与姐妹学校沟通,定期将从事海外交流的工作人员交换至海外知名高校,如斯坦福大学、早稻田大学、墨尔本大学等,在对方国际交流部门进行短期的工作培训(Shadowing),学习海外高校在学生国际交流方面的成熟理念和实践,如项目设计、经费运作、综合调研等方面,积累专业化的经验,培养职业化的人才,以期丰富我校海外学习项目的运作,并通过提供更人性化的服务,吸引更多的学生加入到国际流动的行列中来,从而进一步提高北大及中国高等教育的国际化水准。

参考文献

1. 马万华.大学教育国际化与人才培养新趋势——环太平洋大学联盟国际化问题研究.大学教育科学,2006(2).
2. 参见http://www.gzu521.com/campus/article/campus/200511/11993.htm.
3. 徐海宁.高等教育国际化的多视角分析.高等教育国际化,2006(2).
4. 转引自联合国网站新闻中心 http://www.un.org/chinese/News/fullstorynews.asp?newsID=5759.
5. 戴晓霞.高等教育的国际化:外国学生政策之比较分析(续).复旦教育论坛,2004,2(6).
6. (德)芭芭拉·M.柯姆著,程化琴译.大学生国际流动对人力发展和全球理解的贡献.北京大学教育评论,2005.1,3(1).
7. 参见http://www.caea.org.cn/newscenter/redian/2005072202.htm.
8. 转引自李联明,吕浩雪.高等教育国际化进程中制约国际学生流向的主要因素,比较教育研究,2004(6).
9. 高兴亮.欧洲高等教育一体化的启事.黑龙江教育学院学报.2006(2).

编　后　记

中国高等教育学会引进国外智力工作分会有幸将《大学国际化：理论与实践》一书奉献给从事高校国际合作与交流工作的同仁和广大读者。出版本书旨在向大家展示本会理事院校对大学国际化这一课题的研究成果，以供交流与借鉴，从而促进高校国际合作与交流工作的发展。

本研究会是全国高校的一个群众性学术团体，我们始终将推动和组织高校国际合作与交流工作的理论与实践研究视为本研究会的立会之基、发展之源，积极为各理事院校搭建交流研究成果的平台。本书是从中国高等教育学会引进国外智力工作分会历届研讨会和会刊的稿件中精选而成的。

在本书出版过程中，我们得到了教育部、国家外国专家局、中国高等教育学会、广大理事院校和北京大学出版社的大力支持，谨致以诚挚的谢意。感谢中国高等教育学会会长、教育部原副部长周远清教授亲自撰稿；感谢北京大学校长许智宏院士在百忙中为本书作序；感谢中国人民大学校长纪宝成教授、同济大学党委书记周家伦教授、武汉大学副校长黄进教授、知名高等教育研究专家潘懋元教授和陈学飞教授为本书赐稿；感谢积极参与和关心本书出版的全国高校从事国际合作与交流工作的同仁们。

本研究会2003年12月才成立，尚属草创阶段，对大学国际化的研究刚刚起步，加上篇幅有限，挂一漏万，疏漏之处难免，敬请批评指正。

编　者